W0072004

Alfred Grosser

**Wie anders sind
die Deutschen?**

Alfred Grosser

Wie anders sind die Deutschen?

Aus dem Französischen
von Joachim Umlauf

Verlag C.H.Beck

Die Deutsche Bibliothek – CIP-Einheitsaufnahme

Grosser, Alfred: Wie anders sind die Deutschen? / Alfred Grosser.
Aus dem Franz. von Joachim Umlauf. – München : Beck, 2002
ISBN 3 406 49328 9

© Verlag C. H. Beck oHG, München 2002
Satz: Janß, Pfungstadt
Druck und Bindung: Pustet, Regensburg
Gedruckt auf säurefreiem, alterungsbeständigem Papier
(hergestellt aus chlorfrei gebleichtem Zellstoff)
Printed in Germany
ISBN 3 406 49328 9

www.beck.de

Inhalt

Einleitung
Ist Deutschland noch auf andere Art anders als die anderen?

Am 12. September 1990 wurde der *2 + 4-Vertrag* in Moskau unterzeichnet. Die vier Siegermächte von 1945 – die Vereinigten Staaten von Amerika, die Sowjetunion, Großbritannien und Frankreich – beendeten damit ihre «Rechte und ihre Verantwortlichkeiten in bezug auf Berlin und Deutschland als Ganzes» und gewährten dem vereinigten Deutschland in Zukunft vollständige Hoheit in allen innen- und außenpolitischen Angelegenheiten. Zwei Regierungen aus der Bundesrepublik und der Deutschen Demokratischen Republik vertraten Deutschland. – Am 22. September 2002 wählen die Bürger des einzigen deutschen Staates ihre Volksvertreter in den 15. Bundestag der Bundesrepublik Deutschland. Den anderen deutschen Staat gibt es nun seit zwölf Jahren nicht mehr. Sein Gebiet und seine Bürger gehören der Bonner Republik an, deren Hauptstadt jetzt Berlin ist.

Am 31. August, weniger als zwei Wochen vor der Unterzeichnung des Vertrages in Moskau, war zwischen den beiden deutschen Staaten bereits ein anderer Vertrag unterzeichnet worden: dieser regelte die deutsche Vereinigung durch Beitritt der DDR zur Bundesrepublik Deutschland, deren Grundgesetz und Verfassung beitrittsbedingte Änderungen erfuhr. Bis zum Abschluß des *2 + 4-Vertrages* wurde demnach einer der beiden Staaten nur noch am Leben erhalten, um den Vertrag mit unterzeichnen zu können. Zudem berücksichtigten die Verhandlungen über den Vertrag vom August nicht den Grundsatz, welchen man ja theoretisch erst in Moskau außer Kraft sctzcn wollte, daß nämlich die Siegermächte sich jene Rechte und Verantwortlichkeiten hinsichtlich Berlin und ganz Deutschland, einschließlich seiner Wiedervereinigung vorbehielten. Die verschiedenen Regierungen in Bonn hatten seit langem einen entscheidenden Begriff, das Alleinvertretungsrecht für Deutschland, anders ausgelegt als die drei westlichen Siegermächte: Für Washington, London und Paris war die Bundesrepublik zwar der einzige international legitimierte deutsche Staat, ohne aber deswegen gleich das Recht beanspruchen zu dürfen, im Namen aller Deutschen zu sprechen. Genau das aber wollten in der Regel die westdeutschen Regierenden. Der DDR gelang es jedoch, sich zu Beginn der siebziger Jahre auf internationalem Parkett zu etablieren, und beide deutsche Staaten traten 1973 gemeinsam der UNO bei. Die Vereinigung durch Erweiterung bestätigte dann letztendlich nicht nur ein Monopol auf Alleinvertretung, sondern ein Monopol auf Alleinexistenz.

Wie weit sollte diese Erweiterung gehen? Bereits 1970 hatte der damalige Kanzler Willy Brandt den endgültigen Charakter der Grenze zu Polen anerkannt und damit den Verlust fast eines Viertels deutschen Bodens, wie ihn der bereits sehr harte Vertrag von Versailles definiert hatte, in Kauf genommen. Und 1990 stimmte Helmut Kohl, nachdem er im Namen des wiedervereinigten Deutschlands einen neuen Beschluß hatte herbeiführen wollen, seinerseits zu, daß die deutsch-polnische Grenze dem Lauf der Oder, dann dem der westlichen Neiße folgte, das heißt der Linie, die 1945 in Potsdam von den USA, Großbritannien und der Sowjetunion willkürlich festgelegt worden war. Wobei die drei Siegermächte in die Vertreibung der deutschen Bevölkerung aus Schlesien und Pommern einwilligten. Die Tatsache, daß die seit 1997 bestehende *Euregio Neiße* deutsche und polnische Städte zu beiden Seiten des Grenzflusses heute in freundschaftlicher Zusammenarbeit vereint, mag als Zeichen dafür gelten, daß das vereinigte Deutschland den Landverlust und den Zustrom von Schlesiern und Pommern überwunden hat.

Ist das vereinigte Deutschland des Jahres 2002 mit seinen nun unumstrittenen Grenzen also ein ganz normales Land geworden, anders nur in dem Sinne, wie jedes Land anders, von anderen verschieden ist, durch diesen oder jenen Aspekt seiner geographischen Situation und internationalen Beziehungen, oder in bezug auf seine Politik, seine Gesellschaft und vorherrschende Einstellungen seiner Einwohner? Sollte es immer noch auf eine ganz andere Art anders sein? Gibt es also nicht doch eine deutsche Einzigartigkeit, die über einfache Eigentümlichkeiten hinausgeht?

Selbst ohne sich den konkreten Tatsachen zuzuwenden, kann man die Frage mit «Ja» beantworten, weil jede Idee, selbst die falscheste, eine gesellschaftliche und politische Tatsache darstellt. Denn die weiter bestehenden Vorstellungen von Deutschland, im Ausland oder in Deutschland selbst, mögen noch so wenig die objektiv wahrnehmbare Realität reflektieren, sie tragen doch dazu bei, diese Realität zu formen oder vielmehr zu deformieren.

So gibt es in Frankreich noch viele festgefahrene Vorstellungen, in denen Deutschland ewig negativ besetzt ist. «Die deutsche Seele» birgt da stets eine Mischung aus Rührseligkeit und Gewalttätigkeit, zynischem Realismus und Herrscherwillen. Deutschland sei immer angriffslustig gewesen, selbst während der Jahrhunderte, wo es noch nicht existierte (also bis zum 19. Jahrhundert …), zu Zeiten von Richelieu, Ludwig XIV. oder Napoleon. Hitler sei nicht ein dikker Ast im Baum der deutschen Geschichte, er sei ihr Gipfel, der Endpunkt einer als vorbestimmt und zielgerichtet zu verstehenden Entwicklung. Die Vorzeichen Hitlers finde man in den verschiedensten Personen und Geschehnissen, so wie der christliche Leser die Anzeichen des kommenden Christus fast überall im Alten Testament zu finden weiß. Der französische Außenminister Hubert Védrine mag da nach der ertragreichen Afghanistan-Konferenz im Dezember 2001 schreiben: «Man glaubt es kaum, daß sich einige in unserem Lande über eine in Bonn abgehaltene UNO-Konferenz aufregen können! Das war doch sehr gut.» – immer noch schrecken selbst Wissenschaftler nicht vor absurden, deshalb nicht zu widerlegenden Einschätzungen zurück: «Die Deutschen wissen gar nicht, zu welchen Herrschafts- und Expansionsgedanken sie die neue geopolitische Situation Deutschlands zwangsweise anstiften wird.» – «Aber niemand in Deutschland denkt so.» – «Richtig, weil sie ihre unabwendbaren zukünftigen Gedanken eben noch nicht kennen!»

Viele deutsche Intellektuelle, darunter auch Historiker, bewahren eine anfechtbare Vorstellung von der deutschen Besonderheit. Ihnen zufolge habe es einen *Sonderweg*, eine ganz unverwechselbare Ausprägung in der Entwicklung Deutschlands gegeben. Handelte es sich dabei einfach nur darum, der deutschen Geschichte, wie den anderen Geschichten von Nationen, eigenständige Züge zuzugestehen, wer wollte dagegen etwas einwenden? Doch man sieht sich einer Anhäufung von Wehklagen gegenüber, deren Rechtfertigung durch einfache Vergleiche mit der französischen Geschichte erschüttert werden kann: «In Deutschland ist die Revolution von 1848 gescheitert». Und in Frankreich? Ihre Niederschlagung war dort viel blutiger als in den deutschen Staaten. Zudem hat der Sturz des Bürgerkönigs Louis-Philippe schnell die sehr autoritäre Herrschaft von Napoleon III. herbeigeführt. «Unsere Republiken werden nur nach Niederlagen geboren»: soll man wirklich glauben, daß die Ausrufung der Republik in Paris am 4. September 1870 von Siegesstimmung begleitet war? «Bei uns hat die Republik bereits in ihrer Gründungsphase Blut vergossen. Denkt an die Morde von Karl Liebknecht und Rosa Luxemburg.» Aber wieviel wiegen die wenigen Toten der blutigen Woche im Januar 1919 gegenüber den Zehntausenden von Opfern, welche die schreckliche Repression unter den Überlebenden der Pariser Kommune von 1871 forderte?

* * *

Aber weil es Hitler gab, bleiben Fragen unausweichlich und notwendig. Fragen nach dieser Schreckensherrschaft, nach den Wegen, die dort hingeführt haben, nach den Konsequenzen für Deutschland nach 1945. Und deshalb ist es immer noch wichtig, sich die Frage nach der deutschen Besonderheit zu stellen. Wegen des Blickes von außen. Vor einer Reihe von Jahren verbrachte ich einen Tag an der Michigan State University, damals die Hochburg der quantitativen Soziologie. Alles sei meßbar, erklärte man mir. Auf meine Frage aber: «Wie würden Sie den Machtverlust quantifizieren, den für die Bundesrepublik die Existenz Hitlers in ihrer Vergangenheit verursacht?» blieb man mir die Antwort schuldig.

Auch wegen des Blickes von innen. Nicht nur um von allem zu wissen und um gegen Rückfälle gewappnet zu sein. Warum sprechen die verschiedenen Verteidigungsminister, der Christdemokrat Volker Rühe wie der Sozialdemokrat Rudolf Scharping, nicht von Nation und Vaterland, sondern von der Verteidigung der Freiheit und der Mitverantwortung für die Freiheit anderer? Bei einem seiner ersten Besuche in Paris, im Dezember 1998, speiste der neue Außenminister Joschka Fischer, nach einem Gespräch mit seinem französischen Amtskollegen und einem Jogging im Pariser Stadtwald Bois de Boulogne, mit einigen der besten französischen Journalisten und einem persönlichen Gast. Dieser erzählt ihm von einem gerade veröffentlichten Kommentar, in dem er seine französischen Mitbürger auffordere, Deutschland nicht andauernd mit der Nazi-Vergangenheit zu erpressen. Zur Überraschung der Journalisten zeigt sich Fischer nicht einverstanden: «Ich werde mein ganzes Leben ein Enkel von Auschwitz bleiben».

Aber eine solche Grundhaltung rechtfertigt keinesfalls permanente Anschuldigungen und Verdächtigungen gegenüber Deutschland. «Er lauerte auf jede Beleidigung», so beschrieb der britische Botschafter in Paris das Verhalten von de Gaulle während der Kriegs- und Nachkriegsjahre. Daran dachte ich, als ich sah, wie sich Elie Wiesel über die Freude der jungen Deutschen beim Fall der Mauer am 9. November 1989 erregte. Sei dieser Tag nicht auch der Jahrestag der Reichskristallnacht, des Pogroms von 1938? Darauf antworteten ihm Daniel Cohn-Bendit und Dominique Moïsi – der stellvertretende Leiter des französischen Instituts für Internationale Beziehungen –, daß sich mit diesen Freiheitsfeiern der deutschen Jugend eine große Hoffnung erfülle. Nach dem Zusammenbruch des Hitler-Deutschlands habe man sich kaum mehr so etwas vorzustellen gewagt.

Der Fall der Mauer, anschließend die Wiedervereinigung: Deutschland im Jahre 2002 weist wahrscheinlich als weitere Besonderheit auf, daß es aus zwei ganz verschiedenen Teilen zusammengesetzt ist, die fünfundvierzig Jahre lang ihre eigene Entwicklung nahmen. Korea lebt immer noch mit solcher Teilung. Die Mehrheit der Taiwanesen – das ergab erst jüngst wieder eine Wahl – verspürt nicht die geringste Lust, mit dem großen kommunistischen China (wieder-) vereint zu werden. Ohne daß sie eine Teilung hätten erleiden müssen, können Ungarn und Polen die ihnen von den Sowjets aufgezwungene totalitäre Vergangenheit heute aufarbeiten. Im wiedervereinten Deutschland gibt es naturgemäß viele verschiedene Sichtweisen auf die vergangene DDR. Um diese richtig einschätzen und beurteilen zu können, muß man sich die außergewöhnliche Beschaffenheit dieser Wiedervereinigung vor Augen halten.

Fast zehn Jahre nach der wiedergefundenen Einheit entspann sich, als die Hauptstadt nach Berlin verlagert wurde, eine heftige Debatte darüber, wie man sich die Berliner Republik, die nun die Nachfolge der Bonner Republik antrat, vorzustellen habe. Am 19. April 1999 nahm der Sozialdemokrat Wolfgang Thierse, Bundestagspräsident und selbst ehemaliger Bürger der DDR, recht vehement Stellung zu dieser Frage. Während der ersten Berliner Sitzung unter seinem Vorsitz im renovierten und wieder eröffneten ehemaligen Reichstag erklärte er: «Wir wollen keine andere Berliner Republik. Auch nach dem Umzug bleibt der föderale, soziale Rechtsstaat, was er ist.» In Bonn wurde der Abschied am 2. Juli in den Regierungsgebäuden und im Bundestag mit einem Tag der offenen Tür gefeiert. Ich hatte die große Ehre, die letzte öffentliche Rede im alten Bundestag, unter dem Vorsitz von Wolfgang Thierse, halten zu dürfen. Als Thema hatte ich gewählt: «Bonn bleibt Bonn …. in Berlin». 1919 hatte sich in Weimar eine verfassungsgebende Versammlung eingefunden und ihre Arbeit gerade in dem Moment zu Ende gebracht, als die deutschen Gesandten, ohne vorherige Verhandlungen zwischen Siegern und Besiegten, den Vertrag von Versailles zu unterzeichnen gezwungen waren. Diese Gleichzeitigkeit destabilisierte von vornherein die durch die Verfassung geschaffenen Organe. In Weimar selbst wurde nie getagt. Und doch hat man ständig von der Weimarer Republik, dem Weimardeutschland, der Weimarer Demokratie gesprochen. Selbst wenn heute also die Hauptstadt der Bundesrepublik Berlin ist, selbst wenn sich zahlreiche Fragen über Deutschland nun anders oder neu stellen, so ist es doch die Bonner Demokratie, die sich in Berlin niedergelassen hat, was zu sehr verschiedenen Schlußfolgerungen Anlaß geben kann.

Im Prinzip war Bonn nur ein Provisorium, das über ein einfaches Grundgesetz, aber keine Verfassung verfügte. Bonn war vor allem zur Hauptstadt gemacht worden, weil die kleine Stadt am Rhein nichts von einer Hauptstadt hatte. Im Artikel 146, dem letzten des Grundgesetzes, hieß es, daß dieses Gesetz an dem Tag seine Gültigkeit verliere, wo eine vom deutschen Volke freiheitlich beschlossene Verfassung in Kraft trete. Man entschied sich dann jedoch, auf den Artikel 23 zurückzugreifen. Dieser besagte, daß das Grundgesetz bis auf weiteres in den westlichen Bundesländern und in Berlin Gültigkeit besitze. «In anderen Teilen Deutschlands ist es nach deren Beitritt in Kraft zu setzen». Die Vereinigung vollzog sich also durch Ausweitung des provisorischen, 1949 gegründeten Staates.

Wie kam es dazu? Bestätigte dies nicht den ironischen Spruch, den man im März 1990, vor den Wahlen, die über das Schicksal der DDR entscheiden sollten, an den Mauern in Ost-Berlin allenthalben lesen konnte: *23: Kein Anschluß unter dieser Nummer!* Dieser von der automatischen Telefonansage her bekannte Satz spielte natürlich auf den *Anschluß* Österreichs 1938 an, und selbst im Französischen wird das deutsche Wort in diesem Sinn gebraucht. Es wird also genauerer Betrachtung wert sein, in welchem Maße die Wiedervereinigung von 1990 den Charakter eines Anschlusses der DDR an die BRD hatte.

Der Rückgriff auf den Artikel 23 konnte jedenfalls leicht gerechtfertigt werden. Gewiß, die rechtliche Legitimität der beiden deutschen Staaten war dieselbe. Ab 1945 hatten die vier Siegermächte die Hoheit über Deutschland gemeinschaftlich ausgeübt. Da zählte es wenig, daß eine bzw. drei von ihnen aus der Gemeinschaft ausscherten, um einen Teil dieser Hoheit zunächst deutschen Behörden, und später einem deutschen Staat zu übertragen. Aber die Freiheit, mit der und auf deren Grundlage sie entstand, legitimierte die Bundesrepublik in besonderem Maße, wohingegen die DDR eine Diktatur war, die eben jene Freiheiten verneinte, in deren Namen Widerstand – übrigens auch kommunistischer – gegen Hitler geleistet worden war. Zudem wies das Provisorium nach vier Jahrzehnten erfolgreichen Bestehens nichts Provisorisches mehr auf. Die Wiedervereinigung wurde folglich als Erweiterung der Freiheit Deutschlands begriffen. Und schließlich war die alte Bundesrepublik, genauso wenig wie später das vereinte Deutschland, kein völlig souveräner Staat: sie gehörte zur Europäischen Gemeinschaft.

In Deutschland hat man oft von der *Westbindung* gesprochen. In der Tat war der Begriff stets zweideutig. Er konnte zum einen bedeuten, daß Deutschland *an* den Westen gebunden war. Dies war weitgehend das Verständnis ausländischer Politiker und Journalisten, insbesondere der Franzosen, für die Deutschland am Mast des europäischen Schiffes angebunden werden mußte, so wie sich Odysseus an den Mast seines Schiffes binden ließ, um dem betörenden Gesang der Sirenen nicht nachzugeben (in bezug auf Deutschland kamen die verführerischen Töne natürlich aus dem Osten). In Wirklichkeit war die Bundesrepublik im Westen *ein*gebunden. In diesem Sinne bildete die Wiedervereinigung die erste Erweiterung der Europäischen Gemeinschaft. Ein einziger Ausländer saß am 3. Oktober 1990, während der feierlichen Sitzung anläßlich der vollendeten Wiedervereinigung zwischen den deutschen Politikern. Bundespräsident Richard von Weizsäcker begrüßte ihn herzlich und sprach ihm Dank aus: Jacques Delors, der Präsident der Brüsseler Kommission, hatte sofort die Bedeutung der Wiedervereinigung begriffen und alles getan, um sie zu erleichtern. Kurz darauf, am 20. Dezember, in seiner Antrittsrede als Alterspräsident des ersten von allen deutschen Bürgern gewählten Bundestages, unterstrich Willy Brandt die Bedeutung der europäischen Integration, die die Wiedervereinigung sehr befördert habe, und er fügte hinzu, daß vor diesem Hintergrund Jean Monnet als einer der Väter der wiedergefundenen deutschen Einheit angesehen werden könne. Die Verfassungsänderung von 1990 hat den Artikel 23 abgeschafft, weil er angesichts der zu diesem Zeitpunkt vollendeten Einheit überflüssig geworden war – womit auch die endgültige Anerkennung der Grenzen gemeint war. Es wurde jedoch ein neuer Artikel 23 geschaffen, der die Übertragung von Hoheitsrechten an die Europäische Gemeinschaft betrifft.

* * *

So weist Deutschland heute zwei Besonderheiten auf: zum einen das Gewicht und die spezifische Last der Vergangenheit, zum anderen die vor nicht allzu langer Zeit verwirklichte, teils gelungene, teils mißlungene Vereinigung bzw. Wiedervereinigung. (Beide Ausdrücke können gleichermaßen verwendet werden: während sich *Wiedervereinigung* vor allem auf die Situation 1945 bezieht, als die Siegermächte beschlossen, daß Deutschland nicht geteilt wird, beschreibt *Vereinigung* eher die herbeigeführte Einheit zweier Staaten, die zuvor niemals ein gemeinsames Deutschland gebildet haben). Man könnte die Besonderheit Deutschlands relativieren, indem man auf die Probleme verweist, die wir in Frankreich beispielsweise mit der Erinnerung haben. Es bleibt trotz alledem eine Tatsache, daß Deutschland in Hinsicht auf beide genannten Aspekte ein Land ist, das doch auf andere Art anders als die anderen ist.

Beginnt man aber miteinander zu vergleichen – und Vergleiche sind immer notwendig – stellt man fest, daß die Unterschiede etwa zwischen Deutschland und Frankreich in den meisten Bereichen des öffentlichen und privaten Lebens eigentlich nicht grundsätzlicher, sondern gradueller Natur sind, ob es sich nun um die Institutionen und ihre Funktionsweisen, um die Stellung der politischen Parteien und der Interessensvertretungen, um Einwanderung oder Überalterung handelt, ob es um Gewalt oder Erziehung, Auswirkungen der Globalisierung oder um die Steuerung der Unternehmen, um das Verhältnis zur Europäischen Union oder die Beziehungen zwischen Kirchen und öffentlichem Leben geht.

Vergleiche werden wir in erster Linie mit französischen Realitäten anstellen. Der französische und deutsche Leser kann daraus nur Gewinn ziehen, wenn er die Gegebenheiten seines eigenen Landes kennt – oder wenn er bereit ist, seine Kenntnisse zu überprüfen und in Zweifel zu ziehen. Ich erinnere mich an eine Gruppe junger Franzosen, die zu Beginn der fünfziger Jahre von einer Reise nach Deutschland zurückkamen. «Wir haben eine Automobilfabrik besucht. Das war toll. Ja, die deutsche Organisation, die deutsche Technologie!» Ich fragte nach, ob sie jemals eine Fabrik von Renault oder Citroen besucht hätten. «Nein, warum?». Heute hieße dies zum Beispiel: «Die Flüchtlinge werden in Deutschland nicht gut aufgenommen». – «Haben Sie schon von den Dutzenden von französischen *Centres de rétention* (Haftzentren) und ihren menschenunwürdigen Zuständen gehört?» – «Nein, warum?» Und man glaubt umso mehr zu träumen, als Deutschland beispielsweise unter den europäischen Ländern mit Abstand die meisten Afghanen, 50 000 etwa, aufgenommen hat.

Um genauer vergleichen zu können, muß man die Vorstellung aufgeben, dieselben Wörter hätten in verschiedenen Sprachen immer den gleichen Sinn, die gleiche Tragweite. Als Beispiel seien drei genannt, die in diesem Buch einen gewichtigen Platz einnehmen werden:

– *Die Republik* übersetzt man natürlich mit *La République*. Aber die gefühlsmäßige, moralische Dimension fehlt im Deutschen, sonst könnte sich die – aus französischer Sicht – am wenigsten republikanische aller deutschen Parteien nicht *Die Republikaner* nennen. «Die Republik ruft ...»: die französische Schule bereitet die Kinder darauf vor, in der Republik jene Frau zu erblicken, die mit der Trikolore in der Hand auf dem Gemälde von Delacroix oder auf dem Arc de Triomphe die Fahne der Freiheit schwenkt. Die deutsche Auslegung ist strenger, juristischer, mehr dem Recht als dem Gefühl geschuldet.

– Selbst wenn die Wörterbücher angeben, daß *die Wirtschaft* und *l'économie* dasselbe seien, so ist doch der französische Begriff viel nüchterner, während der deutsche eine Gruppe von Menschen bezeichnet, über die wirtschaftlich korrekt denkende Zeitungen zuweilen unterwürfig, zumindest aber mit Achtung sprechen. *Die Wirtschaft denkt … die Wirtschaft will*: im Französischen denkt die Wirtschaft nicht, sie *will* auch nicht. Man spricht höchstens ziemlich prosaisch von den *führenden Kreisen der Wirtschaft*.

– Im Innenhof des Reichstagsgebäudes in Berlin kann man heute eine enorme Inschrift erblicken, umgeben von Erde, die aus allen deutschen Gegenden herbeigebracht wurde: *Der deutschen Bevölkerung*. Es gab darum eine Kontroverse. Warum heißt es nicht *Dem deutschen Volk*? Teils, weil man die auf deutschem Boden lebenden Ausländer einbeziehen wollte, vor allem aber weil das Wort *Volk* zu negativ besetzt ist. Selbst nach der friedlichen Revolution in der DDR, die mit dem Ausruf «Wir sind das Volk» (den Machthabern gegenüber) begann, und sich dann mit der Formulierung «Wir sind *ein* Volk» (auf beiden Seiten der Mauer) fortsetzte. Der so oft gebrüllte, schreckliche Satz *Ein Volk, ein Reich, ein Führer* ist noch zu gegenwärtig. Wie auch das Wort *völkisch*, mit seinem ethnisch-rassischen Unterton. In Frankreich dagegen lehnt sich das gewöhnlich aus Sinnesbrüdern zusammengesetzte *Volk* gegen die Tyrannen auf, ob sie nun in Palästen oder in großen Firmenzentralen sitzen. Aber wird das französische Volk auch ein korsisches, baskisches oder bretonisches Volk mitumfassen können? Die Diskussionen darum sind noch lange nicht beendet, aber wenn vom «Europa der Völker» die Rede ist, wenn man es fordert, geht es nicht um Regionalismus, sondern immer noch um den Gegensatz zwischen denen da oben und denen da unten, und zwar ohne ethnischen Beiklang. Wir sollten diese Unterschiede nicht vergessen, wenn wir über die Anzahl der Einwanderer, den prozentualen Anteil von Älteren oder die Übermittlung und die Bedeutung des «kollektiven Gedächtnisses» Vergleiche anstellen wollen, hinsichtlich der Einstellungen zur Europäischen Gemeinschaft.

1. Kapitel
Die Politik: Wie weit geht der Respekt vor der Verfassung?

Hat sich in der Bundesrepublik ein Verfassungspatriotismus herausbilden können? Jenes Gemeinschafts- und Zugehörigkeitsgefühl, das sich unabhängig vom jeweiligen Regime viel mehr auf die Verfassung gründet als auf das geliebte Vaterland? In Frankreich konnte man lange die führenden linken von rechten Politikern anhand der Schlußsätze ihrer Reden unterscheiden. Links hieß es da: «Es lebe Frankreich! Es lebe die Republik!» – Demnach findet Frankreich erst in der Republik ganz zu sich selbst. Und rechts: «Es lebe die Republik! Es lebe Frankreich!» – Frankreich bedeutet uns doch noch mehr als nur die Republik! Aber weder die einen noch die anderen haben jemals die Republik als solche in Zweifel gezogen, auf jeden Fall nicht mehr seit der von Papst Leo XIII. geforderten Aussöhnung der katholischen Religion mit ihr und der Anerkennung der «bürgerlichen» Republik durch die Arbeiterbewegung.

In Deutschland ist der Glaube an den Grundwert Rechtsstaat – bei dem die Achtung vor der Verfassung einen wesentlichen Bestandteil bildet – jüngeren Ursprungs. Es ging nicht ausschließlich darum, einem Staat, der nur einen guten Teil des deutschen Vaterlandes repräsentierte, eine solide Basis zu verleihen. Es war vielmehr der Beweis zu erbringen – ja man schuldete sich ihn geradezu –, daß der geistige Sieg über den Nazismus restlos vollzogen war. Am 23. März 1933 hatten alle im Reichstag vertretenen politischen Gruppierungen – mit Ausnahme der bereits verbotenen Kommunisten, in Haft sitzender Abgeordneter anderer Parteien und der Sozialdemokraten, die sich «feierlich zu den Grundsätzen der Menschlichkeit und Gerechtigkeit, der Freiheit und des Sozialismus» bekannten – dem «Ermächtigungsgesetz» zugestimmt, welches der Regierung Adolf Hitlers das Recht verlieh, ohne Zustimmung des Parlamentes und ohne Rücksicht auf die Verfassung Gesetze zu erlassen. Zwei Tage zuvor hatte die weithin geschätzte Berliner *Vossische Zeitung* die Abgeordneten auf die Tragweite der Abstimmung aufmerksam gemacht: fortan könnten alle Grundrechte, sämtliche demokratischen Errungenschaften der westlichen Welt ausgesetzt werden: «Alles das sind nicht etwa Neuerungen der Weimarer Verfassung. Sie sind Gemeingut aller modernen Völker geworden, seit am 4. Juli 1776 die Vereinigten Staaten von Amerika ihre Unabhängigkeitserklärung verkündet haben. Sie sind geistiges Lebenselement namentlich des deutschen Volkes geworden (…). Sie sind die rechtlichen Grundlagen, auf denen sich Wirtschaft und Kultur der europäischen Welt seit anderthalb Jahrhunderten entwickelt haben.»

Es kam dann wie vorausgesehen. Im Anschluß an die «Nacht der langen Messer», dem Massaker an den SA-Chefs, erklärte der damals schon bedeutende Jurist Carl Schmitt: «In Wahrheit war die Tat des Führers echte Gerichtsbarkeit. Sie untersteht nicht der Justiz, sondern war selbst höchste Justiz,» da «der wahre Führer (…) auch immer Richter» sei. «Aus dem Führertum fließt das Richtertum. Wer beides voneinander trennen oder gar entgegensetzen will, macht den Führer entweder zum Gegenführer oder zum Werkzeug des Gegenführers (…)». Und kurz danach legte der «Reichsrechtsführer» Hans Frank den Staatsanwälten und Richtern in einem Rundschreiben dar: «Gegenüber Führerentscheidungen steht den Richtern kein Prüfungsrecht zu.»

1948/1949 kehrten die Verfassungsgeber dann zu einer Tradition zurück, in der Vaterland und Freiheit untrennbar

vereint sind. Gemeint ist die Tradition des Hambacher Fe-
stes und die von 1848, die der Rechte und Freiheiten der
Weimarer Verfassung, kurz die der schwarz-rot-goldenen
Fahne. Drückte sich nicht die ganze Zaghaftigkeit der Verfassungsgeber von 1919 in Artikel 3 aus: «Die Reichsfarben
sind schwarz-rot-gold. Die Handelsflagge ist schwarz-
weiß-rot, mit den Reichsfarben in der oberen inneren
Ecke»? Von der Machtübernahme Hitlers an haben die
schwarz-weiß-rote Fahne des wilhelminischen Deutschlands und die Fahne mit dem Hakenkreuz nebeneinander
existiert. Als der gegenüber Einwanderern sehr anspruchsvolle hessische CDU-Ministerpräsident im Jahre 2001
meinte, jeder junge Deutsche müsse lernen, sich vor der
Fahne zu verneigen, konnte man sich sehr wohl die Frage
stellen, um welche der beiden Fahnen es sich handeln sollte.
Und die erbitterte Debatte um den Begriff einer *Leitkultur*,
die von den nach Deutschland kommenden Einwanderern
angenommen werden soll oder auch nicht, hätte vereinfacht
werden können, indem man deutlich darauf hingewiesen
hätte, daß es zwei deutsche *Leitkulturen* gibt und es nur
von Vorteil sein könne, wenn alle die schwarz-rot-goldene
Kultur annähmen.

   Der Grundpfeiler der nach Berlin umgezogenen Bonner
Republik ist sicherlich die *freiheitlich demokratische
Grundordnung.* Die deutsche Verfassung besitzt nicht ganz
den quasi sakralen Charakter der amerikanischen, die nur
geändert werden darf, indem man dem unantastbaren Ur-
sprungstext die Verfassungsänderungen hinzufügt. Schon
vor der Wiedervereinigung war das Grundgesetz durch
Abänderungen, Streichungen, Ersetzungen und Hinzufü-
gungen insgesamt fünfunddreißig Mal geändert worden.
Ein wesentlicher Grundsatz war aber stets durchgehalten
worden, Platz und Bedeutung nämlich der Grundrechte
und des Paragraphen 3 des ersten Artikels, der besagt: «die
nachfolgenden Grundrechte binden Gesetzgebung, vollzie-

hende Gewalt und Rechtsprechung als unmittelbar geltendes Recht.»

In der Verfassung der Weimarer Republik befanden sich diese Grundrechte erst am Ende. In Frankreich steht die Frage nach der direkten Anwendbarkeit der Erklärung von 1789 und der Präambel von 1946 im Zentrum zahlreicher Diskussionen um den *Conseil constitutionel*, des in Anlehnung an das deutsche Modell eingerichteten französischen Verfassungsrates, der allerdings weniger Befugnisse hat. Der viel gepriesene Rechtsstaat ist trotzdem nicht ohne Schwächen. Zunächst weil auch Deutschland nicht nur ein Rechtsstaat, sondern auch ein Land der Juristerei ist. Mit anderen Worten: man stößt auf äußerst kleinliche rechtliche Auslegungen. Hier nur ein Beispiel: es ist untersagt, einen politischen Flüchtling in sein Heimatland zurückzuschicken, wenn das Risiko besteht, daß er dort gefoltert wird. Das Bundesverwaltungsgericht aber hat eine solche Ausweisung genehmigt, weil der Antragsteller zwar gefoltert worden war, aber da in seinem Land ja sowieso systematisch gefoltert werde, habe er nicht beweisen können, daß der Hintergrund der erlittenen Folter politischer Natur gewesen sei! Wenn außerdem kein Grundrecht, wie es der Artikel 19 präzisiert, in seinem Wesensgehalt geändert werden darf, ist es wohl erlaubt zu fragen, worin denn der Wesensgehalt so eines Grundrechtes besteht, angesichts der drei langen Zusätze, die 1993 dem schlichten und klaren Satz des Artikels 16: «Politisch Verfolgte genießen Asylrecht» hinzugefügt worden sind. Zudem haben im Jahre 2001 vier Gruppen kritischer Juristen den fünften *Grundrechte-Report* vorgelegt, der anhand vieler Beispiele aus der Wirklichkeit eine allerdings eher übertriebene Interpretation der Grundrechtsverletzungen vornimmt.

Das Wesentliche liegt woanders. Die Erinnerung an das Scheitern der Weimarer Republik hat widersprüchliche

Verhaltensweisen hervorgebracht: Einerseits müssen die Rechte aller gewahrt bleiben. Andererseits müssen aber auch alle Rechte gewahrt bleiben. Beide Forderungen sind nicht immer miteinander zu vereinen. Von daher war die Auslegung einer in den siebziger Jahren sehr häufig gebrauchten Formulierung, *Wehret den Anfängen,* durch Regierung, Polizei und Justizapparat nicht eindeutig. Entweder konnte man darunter verstehen: «Unterbindet jegliche, selbst die geringste extremistisch motivierte Verletzung der Regeln des Rechtsstaates» oder aber: «Die Behörden mögen nicht beginnen, die Rechte einzuschränken, weil solche Präzedenzfälle weitreichende Folgen haben können». 1933 war das Tun und Treiben der Hitleranhänger nicht auf Anhieb gutgeheißen worden – als aber Hitler die Pressefreiheit abschaffte, war die Republik schon zu sehr an die Notstandsgesetze, die viele Verbote ermöglichten, gewöhnt. Das Zögern, welche der beiden Interpretationen die richtige sei, ist noch heute zu spüren. Im Januar 2002 wurde in Berlin ein provozierender Aufmarsch der rechtsextremen NPD genehmigt, um das Versammlungsrecht nicht einzuschränken. In anderen Fällen hat das Verfassungsgericht von dem Ausweg Gebrauch gemacht, den es selbst 1975 angestoßen hat: die Verfassung hat es befugt, über die Verfassungs*widrigkeit* der Verhaltensweisen einer Partei, einer Gruppe oder eines Individuums zu befinden, nicht aber über eine Verfassungs*feindlichkeit*, was ein viel weiterer, unschärferer Begriff ist. Und welcher Mittel, so kann man sich fragen, darf sich heute der Verfassungsschutz bedienen, damit sich sein Vorgehen klar von dem der Stasi, der ehemaligen, allgegenwärtigen Geheimpolizei des ostdeutschen Staates unterscheidet?

Muß die Verfassung geschützt werden? Dies scheint die heutige französische Verfassung sagen zu wollen, deren Artikel 5 folgendes zum Prinzip erhebt: «Der Staatspräsident trägt dafür Sorge, daß die Verfassung geachtet wird». Mit anderen Worten ist er gehalten, darüber zu wachen, daß die anderen Machtträger im Staate die Verfassung achten, ohne indes seinerseits einen «Wächter» zu haben, der ihn selbst kontrolliert. In den meisten anderen Demokratien legt der Staatschef einen Treueeid auf die Verfassung ab. In Deutschland beinhaltet der Eid die Verpflichtung, die Verfassung und die Gesetze zu achten und zu verteidigen. Sind dem deutschen Bundespräsidenten dazu die Mittel gegeben?

In allen deutschen sowie ausländischen Schriften und Lehrbüchern wird die Schwäche des deutschen Bundespräsidenten und seine sehr begrenzte institutionelle Macht hervorgehoben. Gern gesteht man ihm dagegen zu, die höchste moralische Instanz zu sein. Tatsächlich haben sich die drei Präsidenten des wiedervereinigten Deutschland als Wächter der kollektiven Ethik verstanden. Angesichts von zwei aufeinanderfolgenden machterpichten, mehr um Effizienz als um Moral besorgten Kanzlern haben sie darauf hingewirkt, daß der nationale Zusammenhalt auf einer Ethik der Achtung für alle Menschen begründet sei. Der 1984 gewählte und 1989 für eine zweite und letzte Präsidentschaft wiederberufene Richard von Weizsäcker hat sicherlich die größte Beliebtheit und Achtung erfahren. Trotzdem ist auch er nicht immer gehört worden. 1995 erinnerte er so in seiner Rede auf dem evangelischen Kirchentag mit gewisser Bitterkeit daran, wie vier Jahre zuvor sein Anliegen gescheitert sei, die Westdeutschen zu einem zweiten Lastenausgleich zu bewegen, wie es ihn in der damals noch viel ärmeren Bundesrepublik für die Millionen von deutschen Flüchtlingen aus dem Osten gegeben hatte. Hatten die Einwohner der DDR mehr als jene ihr Schicksal verdient? Und Weizsäcker beklagte: «Was ist der Grund dafür, daß jemand, der 1991 öffentlich zu einem zweiten Lastenausgleich aufrief, alsbald einem Proteststurm aus den Finanzverwaltungen, den führenden Wirtschaftsredaktionen

und eben vor allem auch der politischen Führung ausgesetzt war?» Nach seinem Abschied hat Richard von Weizsäcker indessen unverändert hohes Ansehen genossen. Daß
er bestimmt wurde, den Vorsitz der Kommission zu führen, die sich mit der Reform der Bundeswehr beschäftigte,
ist nur ein weiteres Anzeichen dafür.

Sein Nachfolger, Roman Herzog, war Präsident des
Bundesverfassungsgerichtes gewesen. Dem bedeutenden
Juristen für Öffentliches Recht gelang es als Bundespräsident, seinen scharfen, bissigen Geist in Zaum zu halten.
Und er wurde, von Rede zu Rede mehr, ein beachteter Für-
sprecher geistiger Öffnung, sei es in Hinsicht auf die Mitbürger aus der ehemaligen DDR oder den Islam. Als Präsident des Verfassungsgerichtes oblag es ihm, mit seinem
französischen Amtskollegen Robert Badinter die Grund-
züge einer rechtlichen Regelung der Konflikte im ehemaligen Jugoslawien auszuarbeiten, die allerdings nie zur Anwendung gekommen ist. Als ehemaligem Bundespräsidenten vertraute ihm die Gesamtheit der Länder der
Europäischen Union die Ausarbeitung der Europäischen
Grundrechte-Charta an, die 2000 auf dem Gipfel in Nizza
verabschiedet worden ist.

Er hatte von Beginn an erklärt, nur für eine Amtszeit zur
Verfügung zu stehen und hielt abgesehen von einem leich-
ten Zögern gegen Ende seines Mandats daran fest. 1999
mußte dann natürlich ein Sozialdemokrat auf zwei christ-
demokratische Präsidenten folgen. Es hätte die sehr fähige
Präsidentin des Verfassungsgerichtes, Jutta Limbach, treffen können. Sie wäre so Roman Herzog gewissermaßen
gleich zweimal nachgefolgt. Vielleicht wird sie 2004 die
Nachfolge von Johannes Rau antreten, der – wie es ihm
seine Partei versprochen hatte – 1999 gewählt worden ist.
Er ist zwar nicht so präsent und verschafft sich bislang
weniger Gehör, hat sich aber sofort in die Linie seiner Vorgänger gestellt, so zum Beispiel in seiner Antrittsrede am

23. Mai 1999, wo er sich auf die fremdenfeindlichen Ausfälle in der Bevölkerung und bei zahlreichen Politikern bezog: «Fünfzig Jahre ist das Grundgesetz nun in Kraft. Ich möchte meinem Wunsch Ausdruck verleihen, daß wir, über alle konkreten Kontroversen und unausweichlichen und notwendigen politischen Auseinandersetzungen hinaus, uns immer daran erinnern, daß wir eine Reihe von unveräußerbaren Prinzipien endgültig in unsere Verfassung eingeschrieben haben: so, daß die Würde des Menschen unantastbar ist. Dort steht nicht: die Würde der Deutschen, sondern eben die Würde des Menschen ….»

Der wirkliche Wächter über die deutsche Verfassung ist aber ohne jeden Zweifel das Bundesverfassungsgericht. 2001, im Jahre seines fünfzigjährigen Bestehens, wurde allenthalben, selbst in den kritischen Bestandsaufnahmen, die eminent wichtige, ja hervorragende Rolle, die es seit seiner Einrichtung spielt, unterstrichen. In Frankreich hielt damals die Vierte Republik noch an der Idee fest, daß dem Willen der Mehrheit – im Gesetz zum Ausdruck kommend – keine Beschränkung auferlegt werden dürfe. Die Verfassung von 1946 sah zwar einen Verfassungsausschuß vor, aber dieser sollte nur genau in Augenschein nehmen, ob «die mehrheitlich beschlossenen Gesetze Verfassungsänderungen bedingen». Als der Generalsekretär der Sozialistischen Partei 1982 erklärte: «Der Verfassungsrat scheint mir nicht in der französischen Tradition zu stehen», hatte er sicher nicht unrecht. Als aber daraufhin ein Abgeordneter im französischen Parlament sagte: «Sie haben juristisch unrecht, weil Sie politisch in der Minderheit sind», löste dies eine Entrüstung aus, welche verdeutlichte, daß sich Traditionen gewandelt hatten und die Notwendigkeit einer Instanz anerkannt wurde, wo entschieden werden sollte, ob die Mehrheit nicht die höheren Regeln und Prinzipien aufgrund des gegenwärtigen Volkswillen verletze.

In der Gründungsphase der Bundesrepublik zog unvermeidlich Rousseau gegenüber Montesquieu den Kürzeren, nachdem zwölf schreckliche Jahre «Volkswille» geherrscht hatte, der sich plebiszitär im «Führer» Bahn gebrochen hatte. Natürlich waren nicht alle der 2800 Bundesverfassungsgerichtsurteile der letzten fünfzig Jahre von großer Bedeutung für das politische und gesellschaftliche Leben in Deutschland. Das Gericht in Karlsruhe aber (eigentlich: eines der beiden Gerichte, da der Bundesgerichtshof, der in etwa dem französischen *Cour de Cassation* entspricht, in derselben Stadt angesiedelt ist) war stets ein Antrieb für die deutsche Demokratie. Es hat dabei sicherlich nicht so prägend auf Deutschland gewirkt wie der Gerichtshof in Luxemburg auf die Europäische Gemeinschaft. Das Bundesverfassungsgericht ist jedoch im Laufe der Zeit viel wichtiger geworden, als es seine Erfinder zu Beginn gedacht hätten.

Im Verhältnis zu Bundestag und Parteien hat es stets zwei Schwierigkeiten angetroffen, die der französische *Conseil constitutionel* im übrigen schließlich auch bekommen hat: von der politischen Minderheit als Berufungsinstanz gegen die parlamentarische Mehrheit verwendet zu werden, oder als Sündenbock der Mehrheit zu dienen, die in Wirklichkeit eine ihrer innerparteilichen Strömungen befriedigen oder eines ihrer unvorsichtigen Wahlversprechen nicht einhalten will. Es gibt auch Aufgaben, die mit einer gewissen Scheinheiligkeit erfüllt werden. Dazu zählt insbesondere die Überwachung der Rechtmäßigkeit der Wahlvorgänge. Der französische *Conseil constitutionel* hat es so unterlassen, die Ergebnisse einer Pariser Wahl für nichtig zu erklären, obwohl er in seiner Entscheidung die betrügerischen Absichten herausstrich. Es sei aber nicht erwiesen, daß der Betrug den Ausgang der Wahl beeinflußt habe. Das deutsche Bundesverfassungsgericht hat im Februar 2001 zugestanden, daß die geheimen Finanzquellen der siegreichen Partei bei Wahlen in einem Bundesland nicht sittenwidrig seien, weil sie das Ergebnis der Wahlen nicht auf *unerträgliche* Art und Weise beeinflußt hätten.

Nur selten wird die Legitimität der Richter wegen der politischen Hintergründe, der sie ihre Ernennung verdanken, angezweifelt. Oft wird zwar von einem der beiden Senate des Verfassungsgerichtes behauptet, er sei stärker von den Sozialdemokraten oder den Christdemokraten bestimmt als der jeweilige andere. Aber die Wahl der Richter durch den Bundestag wird durch eine Verpflichtung zum Kompromiß gemildert, da eine Zweidrittelmehrheit erreicht werden muß. Die Urteile werden außerdem ausführlich (oft zu ausführlich!) begründet, das Ergebnis der abschließenden Abstimmung wird veröffentlicht, einschließlich der Entscheidungsgründe der Minderheit. Nach dem Vorbild des Obersten Gerichtshofes in Amerika wird der *dissenting vote* eher als Akt der Bescheidenheit denn als Schwächung des Gremiums angesehen. Man erkennt dabei an, daß beispielsweise eine andere Stimmabgabe von zwei der Karlsruher Richter eine mit fünf zu drei Stimmen getroffene Entscheidung hätte umstoßen können, wie auch daß die Argumente der in der Abstimmung Unterlegenen durchaus schlüssig sind.

Die hauptsächliche Schwierigkeit des Bundesverfassungsgerichtes liegt an der Art und am Zeitpunkt der gefällten Urteile. Die in letzter Instanz durch einzelne Bürger, oder, was stets für Aufsehen sorgt, durch die Regierungen von Bund und Ländern oder die Parteien erhobenen Einsprüche und Beschwerden bezüglich der Grundrechte können die Abschaffung seit langem existierender Gesetze nach sich ziehen und ganz allgemein alle geltenden Gesetze betreffen. In Frankreich ist eine Anfechtung von Gesetzen nur in dem Zeitraum zwischen der endgültigen Verabschiedung im Parlament und der Verkündung durch den Staatschef möglich. Und zu solcher Anfechtung sind nur die Präsidenten von Staat, Parlament und Senat sowie seit 1974 sechzig

Parlamentarier gemeinschaftlich befugt. Nachdem das Gesetz einmal verkündet worden ist, ist es endgültig verfassungsmäßig. Eines der hauptsächlichen Verdienste Jacques Chiracs um Europa besteht darin, daß er 1986 seine politischen Sinnesgenossen daran hindern konnte, zu einem Zeitpunkt Beschwerde gegen die «Einheitliche Europäische Akte» einzulegen, als der *Conseil constitutionel* bereit schien, diesem Vertrag die Verfassungsmäßigkeit abzusprechen. Nachdem sie erst einmal im *Journal officiel,* dem offiziellen Amtsblatt erschienen war, konnte sie niemand mehr antasten. In Deutschland muß sich das Bundesverfassungsgericht mitunter fragen, wie es mit den Konsequenzen einer Gesetzesabschaffung, zum Beispiel eines Steuergesetzes, umgehen will. Darf der Staat die zuviel erhobene Steuer behalten? Welchen Anteil muß er zurückzahlen?

Und hätte das Gericht, ist ein Gesetz erst einmal abgeschafft, nicht eigentlich die Pflicht, die Dinge voranzutreiben und zu erläutern, wie ein gutes Gesetz denn hätte lauten müssen? Verletzt man aber nicht den Grundsatz der Selbstbeschränkung, des in den USA oft beschworenen *self restraint* – ein in den französischen Sprachgebrauch schlecht integrierter Begriff –, indem man an die Stelle des Gesetzgebers tritt und diesem vorschreibt, ab welchem Prozentsatz erhaltener Wählerstimmen Parteien Zuschüsse vom Staat bekommen, oder wenn man die genaue Höhe der finanziellen Vergünstigungen festlegt, die kinderreichen Familien gewährt werden sollten? Das Gericht hat oftmals Anlaß zu solchen Vorwürfen gegeben. Seine Antwort beruhte stets auf zwei Argumenten: Einerseits wolle es vermeiden, daß neuerlich Berufung eingelegt wird, und damit der Vorwurf entsteht, es ziehe die Dinge in die Länge. Andererseits stelle es sich die Frage, was es zu tun habe, wenn der Bundestag nicht den Maßnahmen zustimme, die in einem Urteil als verfassungsmäßig unverzichtbar für die Wahrung eines Grundrechtes erklärt worden sind. So ha ben die Richter 1999 entschieden, daß die Familien steuerlich bessergestellt werden müßten. Fristen wurden gesetzt, indem man zum Beispiel erklärte, wenn bis Januar 2002 keine angemessene Gesetzgebung erfolgt sei, würde die Besteuerung des elterlichen Einkommens bis zur Höhe von 5616 DM jeglicher legaler Grundlage entbehren. Die Verärgerung der Richter darüber, daß der Gesetzgeber ihre Grundsatzentscheidungen nicht umsetzt, ist verständlich, aber steht es ihnen zu, die Verschuldung des Staatshaushaltes durch weitere Ausgaben in Milliardenhöhe zu verschlimmern?

Viele Urteile des Bundesverfassungsgerichtes haben trotz allem ihren Beitrag zur Präzisierung und Stärkung der grundlegenden Freiheiten geleistet, sei es die Unabhängigkeit der Rundfunk- und Fernsehanstalten gegenüber der Regierung, die Pressefreiheit oder das Versammlungsrecht. Spektakuläre Entscheidungen sind bezüglich kontrovers diskutierter Themen getroffen worden. Es äußerte sich beispielsweise 1975 und 1993 zur Problematik der Schwangerschaftsabbrüche, 1995 über das Anbringen von Kruzifixen in Klassenräumen (wobei es, im Gegensatz zu der gleichlautenden Betitelung in der *Frankfurter Allgemeinen Zeitung* und der *Süddeutschen Zeitung* keineswegs das Kruzifix verbot, sondern nur die Verpflichtung aussetzte, es aufzuhängen). 1973 ging es um die Verpflichtung, in jedem Abkommen mit der DDR die Forderung nach der deutschen Einheit aufrechtzuerhalten, 1994 schließlich um die Berechtigung militärischer Einsätze außerhalb der deutschen Grenzen, die sich heute jede Regierung durch den Bundestag genehmigen lassen muß.

Die im Frühjahr 2002 aus dem Amt geschiedene Präsidentin des Gerichtes, Jutta Limbach, schrieb kurz zuvor, das Gericht befürchte, besonders schwierige Urteile zur Bioethik fällen zu müssen. Daß es aber nicht vor unbequemen Entscheidungen zurückschreckt, hat cs im Januar 2002 bewiesen, als es das Recht der Muslime auf das Schächten, die rituelle Tötung der Schafe also, der Ausübung der Religionsfreiheit zurechnete. Es sah darin nicht, ganz im Gegensatz zu mancher großen Zeitung oder mancher Parteivorsitzenden, ein Hindernis für die staatsbürgerliche Integration der islamischen Einwanderer. Schließlich kann es auch vorkommen, daß das Gericht die Rolle eines Streitschlichters spielt. So hat es, im Dezember 2001, keine Entscheidung zur Verfassungsmäßigkeit des sogenannten LER – (*Lebensgestaltung, Ethik, Religionskunde*) – Schulgesetzes verkündet, das der Landtag von Brandenburg 1995 verabschiedet hatte. Beide Kirchen hatten in Karlsruhe Klage erhoben, weil das Gesetz das Grundgesetz verletze, in dem Religionsunterricht als ordentliches Lehrfach vorgesehen ist. Das Gericht hat den verschiedenen Parteien empfohlen, einen Kompromiß zu suchen – der dann auch wirklich angestrebt wurde.

Natürlich kann kein Verfassungsgericht allein die Gesellschaft verändern. Aber es kann um so besser dazu beitragen, indem ihm der Text, auf den es sich stützt und beruft, die Möglichkeiten dazu verschafft. Wenn die Präambel der französischen Verfassung von 1946 behauptet: «Das Gesetz gewährleistet der Frau in allen Bereichen dieselben Rechte wie den Männern», ist die daraus abzuleitende direkte Verpflichtung kaum stärker als bei der Aussage: «Jeder hat das Recht auf Arbeit». In Deutschland besagt der Artikel 3 der Verfassung: «Männer und Frauen sind gleichberechtigt» und führt dann aus, daß der Staat diese Gleichheit verwirklichen und auf die Ausräumung von noch bestehenden Hindernissen hinwirken muß. In Wirklichkeit sind die gesetzgeberischen Fortschritte hin zu dieser Gleichheit im allgemeinen weder in Deutschland noch in Frankreich auf den Eingriff von Verfassungsrichtern zurückzuführen.

* * *

Eine der Hauptaufgaben des Bundesverfassungsgerichtes besteht darin, durch sein Einschreiten das gute Funktionieren des föderalen Systems sicherzustellen. In Frankreich vergißt man zu häufig, daß die Bundesrepublik ein föderaler Staat ist. Während in Deutschland der Begriff «Föderalismus», weil dieser sich insgesamt auf harmonische Art und Weise vollzieht, positiv besetzt ist, macht das Wort den Franzosen Angst, seitdem die zentralistischen *Montagnards* den föderalen *Girondins* 1793 die Köpfe abgeschnitten haben. Die deutsche Version des föderalen Systems sollte einen zum Nachdenken über seinen offensichtlichsten Vorteil anregen: seit einigen Jahrzehnten werden in Frankreich starke, zum Teil von Gewalt begleitete regionale Ansprüche erhoben. Ob es Korsika, die Bretagne, das Baskenland oder das Elsaß sei: keine der vier Situationen hat ein vergleichbares deutsches Gegenstück. Darüber sollte man in beiden Ländern eigentlich mehr Erstaunen zeigen. Die deutsche Einheit geht erst auf 1871 zurück. Bis nach dem Zweiten Weltkrieg hatte bei Historikern und Germanisten eine ethnische Bestimmung der deutschen Gebiete Konjunktur. Sie beriefen sich dabei auf jenen kaum ins Französische übersetzbaren Begriff *Stamm*. Die *Stämme* also, Bevölkerungsgruppen, die alle eigene charakteristische Merkmale aufweisen und sich sehr weit in die Vergangenheit zurückverfolgen lassen, seien die Wurzel der deutschen Vielfalt. Teils griff man auf klimatische Bestimmungen wie die nordischen Nebel oder die rheinische Sonne zurück. Dabei ist Bayern sicherlich heute das Bundesland, welches am stärksten die eigene Besonderheit hervorhebt, stets Wert auf die Bezeichnung *Freistaat* legt, ohne dem jedoch eine besondere, konkrete Bedeutung zu geben. Warum akzeptiert Bayern also trotzdem klaglos einen deutlich institutionell verankerten Föderalismus?

Nun gibt es andere Gründe als den Föderalismus an sich. Der Flüchtlingsstrom von 1945 hat die «ethnischen»

Grundlagen in Bayern verändert, und nur sehr wenige Bayern argumentieren wie die korsischen «Nationalisten», die allen nicht von Korsen abstammenden Menschen sowieso jegliches Korsentum absprechen. Die Grenzen der Bundesländer wurden nach dem Krieg eher im Hinblick auf die Besatzungszonen als auf geschichtliche Traditionen gezogen. Das kleine Land Bremen gibt es nur, weil die Amerikaner einen Freihafen als Enklave in der britischen Zone brauchten. Rheinland-Pfalz geht auf den französischen Wunsch zurück, eine eigene Zone zu haben. So schnitt man ein Stück britischer Zone im Norden, ein Stück amerikanischer Zone im Süden ab und verband die beiden Teile miteinander. Es ist jedoch bemerkenswert, daß allein die Existenz des Föderalismus, somit die Machtbefugnisse der Landesregierungen und Landtage, bei den Bürgern mit der Zeit ein Zugehörigkeitsgefühl hervorgerufen hat, das in unseren Tagen etwaige sich auf die Geschichte berufende bayrische Ansprüche auf die Pfalz absurd erscheinen ließe. Und mit Ausnahme der beinahe unmittelbar vollzogenen Zusammenführung von Baden und Württemberg hat seither kein Änderungsvorschlag, insbesondere das Zusammenlegen von zu kleinen Ländern mit ihren großen Nachbarn, Erfolg gezeitigt. Nach der Wiedervereinigung hatten die politischen Spitzen des vereinten Berlin und von Brandenburg die Verschmelzung der beiden Länder beschlossen: in dem dafür notwendigen Volksentscheid widersetzten sich die Bürger.

Ein anderer Grund für den Frieden ist sicherlich, daß es kein wirklich vorherrschendes Land gibt. Es ist nicht leicht, in Frankreich den Gedanken durchzusetzen, Preußen existiere nicht mehr, aber genau das ist der Fall. Und es ist nicht durch ein anderes Herrscherland ersetzt worden. Johannes Rau ist nicht zum Bundespräsidenten gewählt worden, weil er in Düsseldorf, der Hauptstadt des bevölkerungsreichsten Bundeslandes Nordrhein-Westfalen, als Ministerpräsident tätig war. Man gab ihm die Präsidentschaft als Ausgleich dafür, daß er zuvor eingewilligt hatte, auf das Amt des Ministerpräsidenten zu verzichten! Die großen Länder sind doppelt gestraft, fiskalisch und politisch. Die reicheren Bundesländer müssen mit den ärmeren teilen, da jedes Land Steuereinkünfte aufweist, entweder eigene oder durch Umlegung vom Bund oder den Kommunen; in einer Höhe übrigens, von der die französischen Regionen höchstens träumen können. Obwohl in der Bundesrepublik der Reichtum pro Einwohner natürlich in keinem direkten Verhältnis zu den Einwohnerzahlen der jeweiligen Bundesländer steht, mußten im Jahre 2000 doch die bevölkerungsreichen Bundesländer Hessen, Baden-Württemberg, Bayern und Nordrhein-Westfalen sowie Hamburg Zahlungen leisten. Unter den Nutznießern sind alle «neuen Bundesländer». Da die Ausgleichszahlungen zu einer weitgehenden Gleichheit der Steuereinnahmen pro Einwohner führen sollen, fühlen sich die reichen Länder für ihr gutes Wirtschaften bestraft. Deshalb haben sie in Karlsruhe Verfassungsklage erhoben und das Bundesverfassungsgericht hat ihnen weitgehend recht gegeben, was 2003 wohl zu einem neuen System des Länderfinanzausgleichs führen wird.

Dies wird zwei Fragen aufwerfen: Gelangt man so nicht zur Negierung oder zumindest zu einer substantiellen Abschwächung der Idee, daß man sich mit den östlichen Bundesländern, die nicht von der wirtschaftlichen Entwicklung der westlichen Welt haben profitieren können, besonders solidarisch zeigen müsse? Und schafft man nicht einen Präzedenzfall in Hinsicht auf die – sehr viel geringeren – Ausgleichszahlungen für mittel- und osteuropäische Staaten, die einst der Europäischen Union beitreten werden?

Auch im Bundesrat gibt es Mechanismen, die auf einen Machtausgleich zielen. 2000, auf dem europäischen Gipfel in Nizza, schien Bundeskanzler Schröder diese grundlegende Gegebenheit des deutschen Föderalismus vergessen zu haben; obwohl er doch Ministerpräsident des Landes Niedersachsen gewesen war, das ebenso wie Nordrhein-Westfalen auch über sechs Stimmen im Bundesrat verfügt, wobei die Bevölkerung des erstgenannten Bundeslandes sechs, die des zweiten aber achtzehn Millionen ausmacht. Genau gegen ein solches System bei der Stimmengewichtung im Europäischen Rat, wo wie im Bundesrat die verschiedenen Regierungen vertreten sind, hat sich Kanzler Schröder in Nizza ausgesprochen.

Die Länder verfügen über einen Handlungsspielraum, den die französische Dezentralisierung den Regionen nicht einmal ansatzweise verschafft hat. Als in Rennes die Regionalpartnerschaft zwischen der Bretagne und Sachsen geschlossen wurde, mußten die französischen Gesprächspartner den aus Dresden angereisten Ministern erklären, daß sie selbst nur sehr begrenzt weiterreichende Vereinbarungen treffen könnten. Jedes Bundesland verfügt insbesondere über sein eigenes Bildungssystem, selbst wenn die *Kultusministerkonferenz* (KMK), eine sehr formalistische und konservative Einrichtung, die in gewissen Abständen die Kultusminister zusammenführt, viele gemeinsame Regeln aufstellt. Diese Hoheit bei Bildung und Kultur geht auf das französische Drängen bei der Ausarbeitung des Grundgesetzes zurück. Später haben es die französischen Regierungen immer wieder bedauert, keinen zentralen Ansprechpartner für ihre Minister zu haben, besonders was den Französischunterricht betrifft. Diesen Ansprechpartner gibt es zwar, es ist jedoch ein Ministerpräsident eines der Bundesländer, der im Namen aller Kultusminister spricht und somit keine wirklichen Machtbefugnisse in diesen Belangen hat. Hätte man nicht wenigstens ein einziges Mal nach der Wiedervereinigung einen Landesvater eines der «neuen Bundesländer» in dieses Amt berufen sollen? Wo es sich schon um eine Angelegenheit ohne großes Risiko handelte? Beinahe hätte es Kurt Biedenkopf, den Ministerpräsidenten von Sachsen, getroffen. Aber Helmut Kohl wollte diesem potentiellen Konkurrenten innerhalb der CDU nichts gönnen, und es gelang ihm, die Ernennung zu verhindern, was zur Konsequenz hatte, daß – jedenfalls bis zum Jahre 2002 – die französischen Bildungs- und Kulturminister sich zwar aktiven und einsatzfreudigen Gesprächspartnern gegenüber sahen, die jedoch aus Mainz, Saarbrücken oder Stuttgart kamen, aus Gegenden Deutschlands also, die ohnehin in engem Kontakt zu Frankreich stehen.

Selbst wenn sie von ein und derselben Partei regiert werden, so steht es den verschiedenen Bundesländern doch frei, bei den bedeutenden nationalen Debatten unterschiedliche Positionen zu beziehen. Beim Thema der Zuwanderung haben die beiden Ministerpräsidenten der Bundesländer Hessen und Saarland, beide Christdemokraten, durch Worte und Taten fast gegensätzliche Forderungen zum Ausdruck gebracht. Und die Tragweite der Bundesratsabstimmungen über diese Problematik darf nicht unterschätzt werden.

Man kann sich deshalb die Frage stellen, warum das Wählerinteresse für die Landespolitik nicht stärker ausgeprägt ist. Die Wahlbeteiligung ist hierfür ein Indikator. Während die Wahlbeteiligung bei Bundestagswahlen um 80 % liegt, hat sie im Laufe der letzten Jahre auf Länderebene fast nur noch 60 % erreicht. Weil anscheinend zu wenig auf dem Spiel steht? In Hamburg hat erst das Entstehen einer ziemlich demagogischen «Sicherheitspartei» eine stärkere Mobilisierung der Wähler als üblich ausgelöst. Was ein weiterer Hinweis darauf wäre, daß der Bundespolitik deutlich Vorrang eingeräumt wird und die Bundestagswahl am 22. September als viel entscheidender angesehen wird. Aber vielleicht sind die Bürger auf Landesebene der Kommunalpolitik gegenüber aufgeschlossener, weil die Entscheidung sie direkt betreffen? Wie in Frankreich ist jedoch gerade dort der Anteil derjenigen, die nicht zur Wahl gehen, am höchsten. Vielleicht weil gemeinhin der Konsens in den kleinen Städten am größten ist. Unter Umständen muß man sich aber auch an den Gedanken gewöhnen, daß die Wahlbeteiligung nicht unbedingt der höchste Ausdruck demokratischen Gemeinwesens ist. Trotz schwacher Wahlbeteiligung sind die Schweiz und die USA zweifelsohne Demokratien. Und Hitler konnte an die Macht kommen, weil Millionen sonst nicht zur Urne gehender Wähler in die Wahlbüros geströmt waren …

Der deutsche Föderalismus schränkt auf jeden Fall den Handlungsspielraum der Bundespolitik ein – durch den Bundesrat, aber auch nach außen, in europäischer Hinsicht. Wenn ich in München oder Stuttgart Vorträge halte, unterstreiche ich gerne, daß trotz der bemerkenswerten Entwicklung der Spitzentechnologie in Bayern und Baden-Württemberg der amerikanische Bundesstaat Kalifornien noch viel erfolgreicher sei – obwohl Kalifornien keine eigene Vertretung außerhalb der Grenzen der USA habe. Die Bundesländer nämlich verfügen über immer umfänglichere Landesvertretungen in Brüssel, um ihre Partikularinteressen direkt und angemessen selber verteidigen zu können.

Gleichzeitig üben sie mehr und mehr Druck auf die Bundesregierung aus, damit diese sich stets des Föderalismus erinnere und keine Rechte an Europa abgibt, die dem Bund gar nicht zustehen. Einer der Gründe, warum der Kanzlerkandidat Edmund Stoiber die europäischen Mechanismen so gut kennt, liegt darin, daß er sich zu einem energischen Verteidiger der Rechte der Bundesländer aufgeschwungen hat. Rechte, die im übrigen vom Bundesverfassungsgericht bestätigt worden sind und zur Einrichtung einer Art Kontrollinstanz geführt haben, von welcher das Verhalten der Bundesregierung in Brüssel unter die Lupe genommen werden soll. Sobald verfassungsmäßige Vorrechte der Länder oder zwischen Bund und Ländern geteilte Rechte im

Spiel sind, müssen die anhängigen Texte dem Sprecher eines Rates der sechzehn Länder unterbreitet werden, wonach der Bundesregierung weitere Verhandlungen erlaubt oder untersagt werden. Die französischen Regionen kennen überhaupt nichts Vergleichbares.

* * *

Die Hauptstadt Deutschlands ist heutzutage Berlin. Eine Selbstverständlichkeit? Wahrscheinlich, aber der geschichtliche Zusammenhang und die aktuellen Umstände sind weniger eindeutig als im Fall von Paris oder London. Die Bonner Republik hatte stets erklärt, daß Berlin die eigentliche Hauptstadt bleibe. Damals war die Wahl zum Teil auf Bonn gefallen, weil die Stadt als Hauptstadt im Grunde ungeeignet war. Frankfurt am Main hätte, gerade in Erinnerung an 1848, als wirkliche Hauptstadt gelten können. Nach der Wiedervereinigung mußte man jedoch bis zum 20. Juni 1991 warten, bis der Bundestag – und dies im übrigen nur mit einer knappen Mehrheit von 338 zu 320 Stimmen – entschied, daß Berlin der künftige Sitz von Regierung und Bundestag sei. Bescheidener war man, was die Bundesministerien betraf, deren Aufteilung zwischen Bonn und Berlin im März 1994 in einem Gesetz geregelt wurde. Acht Jahre später ist das Problem der doppelten Amtssitze, des dauernden Hin- und Herfahrens, der Schwierigkeiten durch geographische Trennung von Ministerien und Arbeitseinheiten noch nicht vollends gelöst, auch wenn immer mehr in Berlin zusammengeführt wird. Erst im November 1998 tagte das Bundeskabinett zum ersten Mal in Berlin, die erste reguläre Sitzung des Bundestags fand im April 1999 statt.

Aber ist Berlin deswegen eine mit Paris vergleichbare Hauptstadt geworden? Bonn konnte man mit Städten wie Washington, Canberra oder Brasilia vergleichen, Machtzentralen fernab der wirklich großen Ballungsgebiete. In einem föderalen Staat kann eine große Hauptstadt natürlich nicht den Platz einnehmen, den Paris im zentralistischen Frankreich besetzt hält. Noch heute kommt die Bedeutung der französischen Hauptstadt durch das spinnwebartige Netz der französischen Eisenbahnverbindungen zum Ausdruck: alle Wege führen nach Paris. München, Hamburg, Frankfurt oder Stuttgart konnten bereits während der *Goldenen Jahre* der ersten deutschen Republik Mitte der zwanziger Jahre alle ihr eigenes kulturelles Leben und eigene Strahlkraft entwickeln. Nur sehr langsam und zögerlich werden sich die politischen Führungskräfte heute allerdings bewußt, daß man der wiedergefundenen Hauptstadt einen besonderen Glanz verleihen muß. Noch gestern standen die DDR und die BRD in Konkurrenz zueinander, um jeweils aus ihrem Teil Berlins ein Schaufenster der Kultur zu machen. Seit der Wiedervereinigung wird Berlin eher wie ein einfaches Bundesland behandelt. Nun ist es ja nicht unbedingt nötig, Paris nachzueifern, wo die französischen Staatschefs über Angelegenheiten wie eine Autoschnellstraße, ein architektonisch originelles Kulturzentrum, das Musée d'Orsay, die Renovierung des Louvre, die *Grande Arche* – den monumentalen Bogen in der Bürostadt *La Défense* – oder die neue Nationalbibliothek selbst entscheiden. In der deutlichen Nachfolge von Ludwig XIV. behalten sie sich sogar die Auswahl des Architekten vor. Es sollte aber, was Berlin betrifft, klarer gesagt werden, daß beispielsweise die Museumsinsel in der Spree, wo sich einzigartige Kunstwerke in hoher Anzahl und Dichte befinden, ein nationales Kulturgut ist, dessen Erhaltung und Entwicklung dem Bund obliegt. Selbstverständlich muß die Bundesregierung dabei den Anschein vermeiden, die Vorrechte der Bundesländer verletzen zu wollen. Wurde nicht starke Kritik laut, als der Kanzler in seiner Regierung den Posten eines Staatsministers «für Angelegenheiten der Kultur und der Medien» schuf? Der erste Stelleninhaber schied nach zwei Jahren aus dem Amt, da er es bevorzugte, einer der beiden Mitherausgeber und Chefredakteure der bedeutenden politischen und kulturellen Wochenzeitung *Die Zeit* zu werden. Sein Nachfolger hat noch nicht recht in sein Amt gefunden.

Berlin kann auf eine reiche Geschichte, vor allem seit dem 17. Jahrhundert, zurückblicken. Für das Bild aber, das die Hauptstadt sich selbst geben und nach außen abgeben will, sind nur zwei Zeiträume von wirklicher Bedeutung: der Nationalsozialismus und die Jahrzehnte der Teilung nach dem Zweiten Weltkrieg. Der Umgang mit der Vergangenheit ist dabei nicht einfach. Als erstes Beispiel sei das Brandenburger Tor genannt. Es ist, wenn auch weniger als der *Arc de Triomphe* in Paris, ein Denkmal der Selbstverherrlichung. Nach 1961 war es ein Stück der Mauer, so daß der Bundespräsident Weizsäcker 1985 zu all denen, welche die Teilung Deutschlands in zwei Staaten als endgültig ansahen, sagen konnte: «Die deutsche Frage bleibt so lange offen, wie das Brandenburger Tor geschlossen bleibt». Die in unmittelbarer Nähe angebrachte Gedenktafel bezieht sich heute nur auf die Momente des Ruhms, anstatt beispielsweise die bemerkenswerte Karikatur abzubilden, die anläßlich des 40. Jahrestages der Machtergreifung Hitlers am 30. Januar 1973 in der *Frankfurter Allgemeinen Zeitung* veröffentlicht wurde: man sah darauf die SA und die Hitlerjugend siegestrunken, mit Fackeln in den Händen, das Brandenburger Tor durchschreiten. Ihnen folgt unmittelbar die Rote Armee. Die Gedenktafel hingegen spricht weder vom Januar 1933 noch von April bzw. Mai 1945.

Die zentrale Ansiedlung in unmittelbarer Nähe des Reichstages und des Bundeskanzleramtes sowie die erheblichen Ausmaße, die man dem Denkmal für die ermordeten Juden Europas gegeben hat, sollen dazu geeignet sein, das Gedächtnis von ganz Deutschland zu repräsentieren. Ich kritisiere es meinerseits weiterhin, aus wenigstens zwei

Gründen. Der erste entspricht einer Frage, die der ehemalige Bürgermeister von Berlin, Eberhard Diepgen, stellte, bevor der Bundestag dem Projekt seine Zustimmung gab. Er wollte wissen, ob er überhaupt für das Denkmal ausreichenden Polizeischutz garantieren könne, um Tag und Nacht die hellen Steine gegen Verunreinigungen und Graffitis zu schützen – in denen die Außenwelt unvermeidlich und häufig zu Unrecht ein Zeichen von Antisemitismus erblicken würde. Hinzu kommt, daß die Fläche von einer Art Grabsteinen bedeckt sein wird. Der Versuch der Auslöschung aller Juden Europas vollzog sich jedoch durch Vergasung und Massenerschießungen an zuvor ausgehobenen Gräben, die dann als grauenvolle Massengräber dienen mußten. Wäre es nicht sinnvoller gewesen, ein Mahnmal in der Nähe der Rosenstraße zu errichten, wo sich der Sitz der Gestapo befand, vor dem im Mai 1943 die christlichen Ehefrauen jüdischer Männer acht Tage lang lautstark deren Freilassung forderten und schließlich erhielten? Sie haben gewonnen – unter Einsatz ihres Lebens: was für eine Lehre für die jungen Generationen, welche klare Aussage, welche stumme Anklage gegen alles «Man-konnte-nichts-tun»!

Die Verbindungen zwischen beiden Vergangenheiten erweisen sich auch in der unendlichen Diskussion um den Wiederaufbau des einstigen Hohenzollern-Schlosses mitten im Herzen der Stadt. Im September 1950 hatte es Walter Ulbricht, Staatschef der gerade gegründeten DDR, in die Luft sprengen lassen. Die Kommunisten hatten mit der kaiserlichen und bürgerlichen Vergangenheit endgültig Schluß machen wollen. «Der Wiederaufbau soll ein Symbol für den Sieg über die kulturelle Barbarei bedeuten.» – «Aber Ulbricht hat doch nur die Ruinen der Bombardierungen vom 3. März 1945 zerstört.» – «Es empfiehlt sich sehr, das monumentalste Bauwerk des Barock nördlich der Alpen wieder erstehen zu lassen.» – «Der im Laufe der Jahrhunderte immer wieder veränderte Bau war so ein architektonisches Mischmasch, daß der Expertenausschuß, der sich im Januar 2002 für einen Wiederaufbau ausgesprochen hat, wesentliche Veränderungen empfohlen hat.» Wie dem auch immer sei, die Photos weisen das Vorkriegsschloß als ziemlich häßlich aus, und wenn es schon als Symbol wiederaufgebaut werden sollte, wäre immer noch der Symbolwert eines solchen Denkmals in zentraler Lage im heutigen Berlin genauer zu benennen. Die Situation ist auf jeden Fall anders als in Dresden, wo der langwierige und kostspielige originalgetreue Wiederaufbau der Frauenkirche unzählige Unterstützungsaktionen in Dresden selbst, im In- und Ausland auf den Plan gerufen hat, da die Hauptkirche der Lutheraner ebenso den vergangenen Glanz der Residenz der Prinzen Sachsens als auch die schrecklichen und zerstörerischen Bombardierungen vom April 1945 repräsentiert. Das Stadtschloß in Berlin hat nur für eine Minderheit emotionale Bedeutung.

Das Bundesland Berlin hat jedenfalls nicht die finanziellen Mittel für den Wiederaufbau. Die Hauptstadt Deutschlands ist fast pleite, obwohl sie vorrangig in den Genuß spezieller Finanzspritzen zu kommen scheint. Vom Finanzausgleich zwischen den Bundesländern erhält sie den Löwenanteil, 5,5 Milliarden Mark waren es im Jahre 2000, während Sachsen 2,3 Milliarden Mark erhält, und die nachfolgenden Länder 1,4, 1,3 bzw. 1,1, Milliarden Mark. Das einstige Westberlin aber verbuchte noch sehr viel mehr Vorteile, angefangen bei den Investitionsanreizen für Industrieunternehmen bis hin zu Zuwendungen für junge Paare, die man zum Bleiben bewegen wollte. Nach dem Fall der Mauer fielen auch diese Vorteile weg, während gleichzeitig die Industrie in Ostberlin einbrach. Seit 1989 gingen 400 000 Arbeitsplätze in der Industrie verloren. Es bleiben heute ungefähr 120 000. Eberhard Diepgen hat dafür geworben, daß die Olympischen Spiele in Berlin stattfinden. Im Anschluß an eine Fernsehdebatte gab er 1993 im Vertrauen zu, daß er die Hoffnung hegte, auf diese Art an diejenigen Subventionen des Bundes zu kommen, die man ihm ansonsten verweigerte. Vielleicht ist die Mißwirtschaft in Berlin zu einem guten Teil verantwortlich für die schlimme Situation. Im Vergleich zu Hamburg sind die Personalausgaben bei einem sehr viel niedrigeren Pro-Kopf-Einkommen in Berlin höher, wohingegen die Sozialausgaben geringer sind. Folglich ist die Regierungsbeteiligung der PDS ab Januar 2002 für die ehemaligen Kommunisten nicht nur mit Vorteilen verbunden. Stellen im öffentlichen Dienst zu streichen, die Ausgaben zu dämpfen und Steuern zu erhöhen – keine leichte Aufgabe für eine Protestpartei und für den jetzt zum Wirtschaftssenator aufgestiegenen Gregor Gysi, die Vorzeigefigur seiner Partei.

Dies umso mehr, als der Zuzug der Bundesbeamten und der Interessenverbände nicht in Gänze die erwarteten zusätzlichen Einkommensquellen eröffnet hat. Wobei Berlin jedoch eine einzige große Baustelle ist, von privater Hand ebenso wie vom Bund. Der berühmte Potsdamer Platz sollte sich eigentlich Sony- und Daimler-Platz nennen, so sehr beherrschen ihn die gewaltigen Gebäude der beiden Unternehmen. Die Botschaftsgebäude entstehen nach und nach, das französische hat etwas Verspätung. Der Reichstag ist umgebaut worden. Der englische Architekt Sir Norman Foster wurde vom Bundestagspräsidenten beauftragt, eine herrliche Glaskuppel zu entwerfen und auszuführen, in der die Bürger sanft hinauf- und hinabsteigen, während weit unter ihnen ihre Volksvertreter zu sehen sind, wenn der Bundestag tagt. Die Kuppel wurde geraume Zeit vor dem Kanzleramt fertiggestellt, das sich Helmut Kohl monumental gewünscht hatte, dessen Höhe aber ebenfalls auf Bitte des Bundestagspräsidenten begrenzt wurde: es war doch nicht statthaft, die Exekutive in einem höheren Gebäude als dem Reichstag untergebracht zu wissen! Von außen recht mächtig anzuschauen, bietet das Kanzleramt zum Innern

hin einen monumentalen Eingangsbereich, dessen Symbolwert ebensowenig angemessen ist wie der des französischen
Finanzministeriums am Quai de Bercy in Paris. Die beiden
nahegelegenen, sehr gelungenen Gebäude, die für die im
Bundestag vertretenen Parteien, die Fraktionen, die Abgeordneten, ihre Assistenten und Sekretäre gebaut wurden,
könnten aufgrund ihrer schönen Proportionen leicht Anlaß
dazu geben, die Macht, die der Bundestag in Wirklichkeit
ausübt, zu überschätzen.

* * *

«Der Bundestag im Reichstagsgebäude»: die offizielle Bezeichnung spiegelt die Angst vor dem Vorwurf, man wolle
in die Vergangenheit zurückkehren. In Frankreich tagen die
Abgeordneten der Republik im königlichen *Palais Bour-
bon*, ohne daß sich irgend jemand an dieser monarchischen
Bezeichnung stößt. In Berlin wie in Paris sind parlamentarische Demokratien fest im Sattel. Ihre politischen Reprä-
sentationsmechanismen sind allerdings nicht ganz dieselben. In föderalen Staaten soll eine der beiden Kammern die
Mitglieder der Föderation repräsentieren. In den Vereinigten Staaten von Amerika werden die Senatoren direkt gewählt. Jeder Staat stellt, wie zahlreich auch immer seine
Bevölkerung sein mag, zwei Vertreter. In Deutschland ist
der Bundesrat eine Versammlung der einzelnen Landesregierungen, die je nach Größe des Landes 3, 4, 5 oder 6 Sitze
in Anspruch nehmen können, was den kleineren Ländern
zum Vorteil gereicht, allerdings weniger als in den USA.
Seine Machtbefugnisse gegenüber dem Bundestag sind beträchtlich, und es gibt Gesetzesanträge, insbesondere die
Finanzen betreffend, die niemals in Kraft treten, weil ihnen
die notwendige Zustimmung verwehrt bleibt.

Die Landesregierungen entscheiden sich meistens nach
ihrer Parteizugehörigkeit und stimmen folglich den Texten
des Bundestages zu, wenn diese dort von der eigenen Partei

als gut befunden worden sind. So ist es aber nicht immer. In einer Reihe von Fällen wird das gemeinsame Interesse der Länder von Regierungen verschiedener politischer Ausrichtung verteidigt, und es kommt auch vor, daß diese oder jene ärmere Landesregierung ihre Stimme diskret gegen besondere Finanzbeihilfen des Bundes eintauscht. Gerhard Schröder ist nicht der erste Bundeskanzler, der sich dieser Waffe bedient hat.

Im Frühjahr 2002 stellte sich jedoch hauptsächlich die Frage nach der Zusammensetzung der Landesregierungen. Wie stimmt das Land im Bundesrat ab, wenn seine Regierung aus einer Koalition besteht? Bei insgesamt 69 Sitzen benötigt man mindestens 35 Stimmen für die Mehrheit im Bundesrat. Alle Länder werden entweder durch einen sozialdemokratischen oder christdemokratischen Ministerpräsidenten regiert. In den beiden kleinen Bundesländern Brandenburg und Bremen, die zusammen über sieben Stimmen verfügen, regieren große Koalitionen aus CDU und SPD. Der Zufall wollte es, daß – bis zu den Landtagswahlen in Sachsen-Anhalt im April 2002 – die restlichen Stimmen im Verhältnis 31 zu 31 auf CDU – (und CSU – in Bayern) sowie SPD-Landesregierungen verteilt waren. Dabei haben die Sozialdemokraten deutlich mehr Probleme mit ihren Koalitionspartnern, da sie nur zwei Länder allein regieren, wohingegen in vier Ländern Christdemokraten allein an der Macht sind. In zwei Bundesländern sind die Grünen ein eher unbequemer Regierungspartner, in zwei weiteren, darunter Berlin, wird gemeinsam mit der PDS, der Nachfolgepartei der SED, regiert, und in einem dritten Bundesland, Sachsen-Anhalt, wurde die SPD-Minderheitsregierung von der PDS geduldet, bis im April 2002 eine Koalition aus CDU und FDP das Ruder übernahm. Obwohl manchen nicht ganz klar ist, wie weit seine Machtbefugnisse reichen, und trotz des teils zweifelhaften Charakters der dort ablaufenden Verhandlungen, ist die Rechtmäßigkeit des Bundesrat nie ernsthaft in Zweifel gezogen worden, was sicherlich auch auf die Seltenheit der schwerwiegenden Konflikte zwischen den beiden Kammern zurückgeht, da der Vermittlungsausschuß meistens einen Kompromiß zu finden versucht. Am 22. März 2002 aber ist es zu einer echten, in ihrer Art beispiellosen Krise gekommen. Der Bundestag hatte dem Einwanderungsgesetz zugestimmt, es fehlte noch die Zustimmung des Bundesrats. Die Mehrheitsverhältnisse waren so, daß alles von dem Bundesland Brandenburg, wo CDU und SPD gemeinsam regierten, abhing. Gewöhnlich enthält sich ein Land, wenn seine Regierung bezüglich einer anstehenden Entscheidung gespalten ist. Handelt es sich um eine Gewohnheit oder um eine dem Grundgesetz entspringende Verpflichtung? Die Experten und Professoren haben je nach Parteisympathie widersprüchliche, selbstverständlich rein wissenschaftliche Gutachten in der Presse abgegeben. Manfred Stolpe stützte sich auf die Brandenburger Verfassung, die dem Ministerpräsidenten das Recht gibt, in solchen Fällen die Entscheidung für das Land zu treffen, und gab die vier Stimmen des Landes der Ja-Seite. Sein CDU-Innenminister bemerkte sofort, er sei nicht einverstanden (was nachher jedoch zu keiner Regierungskrise im Land führte). Der amtierende Bundesratspräsident, nämlich der Berliner Regierende SPD-Bürgermeister Wowereit, verkündete daraufhin, das Gesetz sei angenommen. Es folgten Aufregung und wüste Beschimpfungen. Mehr Theater als Überzeugung? So stellte es jedenfalls wenige Tage später der Saarländische CDU-Ministerpräsident Peter Müller dar. Im Gegensatz zu den meisten deutschen Kommentatoren darf man der Ansicht sein, daß dieser gemäßigte, nüchterne, offene Christdemokrat der Hauptschuldige gewesen ist. Er hatte vorher das Gesetz als befriedigend bezeichnet. Nun hatte er gewissermaßen aus Fraktionszwang dagegen gestimmt. Dabei verkannte er die Verfassungsfunktion des Bundesrats. Es ist zugleich witzig und widersinnig, daß gerade Edmund Stoiber, der als bayrischer Ministerpräsident die Autonomie der Länder vehement verteidigt, als Kanzlerkandidat soviel Zorn gegen Manfred Stolpe und soviel Genugtuung über die Unterwerfung von Peter Müller gezeigt hat.

Im allgemeinen ist es viel eher die Rechtmäßigkeit parlamentarischer Repräsentation überhaupt, an der Zweifel geäußert wurden und werden. Und dies vor allem im Zeichen von Basisdemokratie. Einer der Gründe, warum die Väter des Grundgesetzes die Praxis der Volksabstimmungen verbannten, war die Erinnerung an die Abstimmungen in der Weimarer Republik und die Volksentscheide unter Hitler. Die Geschichte des Pazifismus und der Umweltbewegung in der BRD ist geprägt von antiparlamentarischen Elementen: Dienten Demonstrationen dabei der einstweiligen Legitimierung durch das Volk, sollte sich anschließend in Volksentscheiden der Wille des Volkes noch genauer übersetzen. Während der großen Debatten über die Stationierung von amerikanischen Mittelstreckenraketen als Entgegnung auf die russischen SS20-Raketen konnte Kanzler Kohl zu Recht behaupten, daß sein klarer Sieg bei den Bundestagswahlen 1983 der Diskussion demokratisch ein Ende gesetzt habe, da sich die Wahlkampagne zu einem guten Teil auf die Stationierung der atomar bestückten Raketen bezog. Seitdem die Sozialdemokraten 1998 wieder an die Macht gelangt sind, wurden Forderungen nach mehr direkter Demokratie vor allem von Seiten der Christdemokraten laut, sei es nun der Antrag Edmund Stoibers, jegliche Änderung des europäischen Institutionensystems durch Volksentscheid bestätigen oder verwerfen zu lassen, oder die (viel weniger nachvollziehbare) Absicht der hessischen CDU-Opposition im Jahre 1999, ein neues Staatsbürgergesetz durch eine recht demagogische Unterschriftenkampagne zu verhindern.

Zweifel an der Rechtmäßigkeit des Verfahrens, wie die

Abgeordneten gewählt werden, hat es kaum gegeben. Au-ßer 1990. Seit 1953 galt die 5 %-Klausel, nach der eine Par-tei 5 % der im ganzen Bundesgebiet abgegebenen Stimmen auf sich vereinen mußte. Die Wiedervereinigung hatte aber eine völlig neue Situation geschaffen, da die PDS, Nachfol-gepartei der SED, natürlich nicht auf dem Gebiet der alten Bundesrepublik vertreten war. Das Verfassungsgericht ent-schied, daß man, aber nur bei den Wahlen 1990, auf ein System zurückgriff, das 1949 bereits der bald darauf ver-schwundenen Bayern-Partei zu Gute gekommen war: 5 % regional erhaltener Wählerstimmen reichten aus, um auf nationaler Ebene repräsentiert zu sein und in den Bundes-tag einzuziehen.

1994 reüssierte die PDS im übrigen durch eine andere Klausel: selbst ohne 5 % zu erreichen, kann man durch drei Direktmandate in den Bundestag einziehen. Seit mehr als einem halben Jahrhundert müht man sich umsonst, den französischen Medien das deutsche Wahlrecht zu erklären. (Gelungen ist dies bei der Briefwahl, die in Frankreich 1976 abgeschafft wurde, während es in Deutschland bei der Bun-destagswahl 1998 16 % Briefwähler gegeben hat.) Die Hälf-te der Abgeordneten wird zwar namentlich in einem einzi-gen Wahlgang in ihren Wahlkreisen gewählt, wozu der Wähler sich seiner «Erststimme» bedient. In der Spalte da-neben kreuzt er aber mit seiner «Zweitstimme» die Partei seiner Wahl an. Daraus ergibt sich die Anzahl der Listen-plätze der Sozialdemokraten, Christdemokraten, Grünen etc. Die Summe schließlich aus Direktmandaten und Li-stenplätzen, also die Anzahl der in den Bundestag gewähl-ten Abgeordneten, soll dem Anteil an Zweitstimmen ent-sprechen. Es ist das Prinzip dieser Summe, das die franzö-sischen Medien auch bei den nächsten Bundestagswahlen falsch darstellen werden. Hat nämlich eine Partei einmal mehr Direktmandate erworben als ihr nach dem Verhältnis-wahlrecht der Zweitstimmen zusteht, behält sie diese Überhangmandate, womit der Bundestag einige Abgeordnete mehr als vorgesehen umfaßt.

Man hätte anfangs denken können, daß diese beiden Spezies von Bundestagsabgeordneten, die «echten» Gewählten und die von ihren Parteien «nur» auf einen guten Listenplatz gesetzten Parlamentarier, verschieden hohes Ansehen genießen würden. Dies ist aber keineswegs so, selbst wenn die direkt gewählten Abgeordneten im allgemeinen auch noch in ihren Wahlkreisen sehr präsent sind. Aus zwei Gründen jedoch ist die Situation der deutschen Abgeordneten vor Ort nicht mit Frankreich zu vergleichen. Zum einen fallen die meisten Dinge, die französische Abgeordnete auf Wunsch ihrer Wähler während ihrer wöchentlich vier Tage in Paris in Angriff nehmen sollen, in Deutschland nicht in die Zuständigkeit des Bundes. Zum anderen bildet der Abgeordnete, der zugleich das Amt des Bürgermeisters einer Ortschaft bekleidet, eine französische Besonderheit. Daß sogar ein Minister oder selbst der Premierminister gleichzeitig Bürgermeister einer großen Stadt sein kann, stößt in Deutschland auf Unverständnis. Als Jochen Vogel, der München zwölf Jahre regiert hatte, 1972 Bundesminister wurde, legte er sofort sein Bürgermeisteramt nieder. Dasselbe tat Oskar Lafontaine, Bürgermeister von Saarbrücken, als er 1985 zum Ministerpräsidenten des Saarlands ernannt wurde.

Das Verhältniswahlrecht wirkt sich auch in anderer Hinsicht aus: es dient zur Verteilung der Vorsitze der parlamentarischen Ausschüsse, wohingegen in Frankreich sich diese alle in den Händen der Mehrheit befinden. So ist es in Deutschland sowohl in den Ländern als auf Bundesebene üblich, daß der Vorsitz des Haushaltsausschusses der größten Oppositionspartei zusteht. Die tatsächlich sehr effektive Arbeit der Ausschüsse, die im Vergleich zu Paris wenig Mitglieder haben, erklärt zum Teil die häufige Abwesenheit der Abgeordneten während der Bundestagssitzungen, wodurch den Bürgern allerdings, wie in Frankreich auch, ein klägliches Bild von der parlamentarischen Demokratie vermittelt wird. Wie in Frankreich auch sind die Debatten nämlich langweilig, das Niveau der Reden hält sich in Grenzen. Die Fernsehübertragungen zeigen – häufig in aller Länge als Direktübertragung in öffentlichen Fernsehkanälen – die Mißachtung des Verbotes, Reden nicht abzulesen, daneben vorwurfsvolle Gesten gegenüber dem anderen politischen Lager, und im Saal kollektive Mißfallensbekundungen oder Beifall, mit den zu erwartenden Störungen und Einwürfen.

Vor einigen Jahrzehnten hatte ich die Gelegenheit, das Parlament in Bombay zu besuchen. Es gab dort drei offizielle Sprachen. «Verstehen die Abgeordneten diese Sprachen?» – «Nein, jeder hat seine Sprache.» – «Wird übersetzt?» – «Nein.» – «Wie können sie sich dann verständigen?» – «Wozu das? Jeder stimmt mit seiner Fraktion, ohne sich von den Rednern der anderen Parteien beeinflussen zu lassen!» Im Unterschied dazu haben in Berlin und Paris wirkliche Diskussionen stattgefunden, allerdings hinter verschlossenen Türen, in den verschiedenen parlamentarischen Fraktionen. Überdies darf sich die Regierungspartei nicht zu leicht dem – zuweilen wechselhaften – Willen des Präsidenten bzw. Premierministers in Frankreich oder des Bundeskanzlers in Deutschland unterwerfen. Eine solche Unterwerfung ist umso wahrscheinlicher, wenn der Regierungschef besonderes Gewicht erlangt, indem er gleichzeitig Vorsitzender seiner Partei ist. Dies war bei Helmut Kohl der Fall, und es gilt ebenso für Gerhard Schröder.

Auf den Kanzler kommt es an: dieser Wahlslogan drückt eine politische Realität aus, die man jedoch etwas differenzieren sollte. Um die Situation vom Juli 1932 zu vermeiden, als Kommunisten und Nazis mehr als die Hälfte der Sitze auf sich vereinten und damit jede Mehrheit unmöglich machten, haben die Verfassungsgeber das «konstruktive Mißtrauensvotum» vorgesehen: die Wahl eines neuen

Kanzlers führt zur Auswechslung des alten. Fast hätte der Mechanismus ein erstes Mal im Jahre 1972 gegriffen, aber zwei Stimmen fehlten dem christdemokratischen Kandidaten Rainer Barzel, um den Platz Willy Brandts einzunehmen. Dann ermöglichte es jedoch am 1. Oktober 1982 Helmut Kohl, damals schon seit zehn Jahren Vorsitzender der CDU, den Sozialdemokraten Helmut Schmidt als Kanzler abzulösen – um es dann sechzehn Jahre lang zu bleiben. Er übertraf damit zeitlich die Regentschaft Konrad Adenauers wie auch die Dauer der Weimarer Republik, die beide vierzehn Jahre umfaßten. Helmut Kohl war 1980 nach dem Mißerfolg von Franz-Josef Strauß Kanzlerkandidat geworden. Eine vorhersehbare Niederlage, denn der polternde und sanguinische Bayer hatte wenig Chancen außerhalb seines eigenen Bundeslandes. In Frankreich hätte man gesagt, diese Niederlage habe *eine alte Hypothek eingelöst*, aber dieser in der III. und IV. Republik so geläufige Ausdruck hat im Deutschen keine rechte Entsprechung … Gerhard Schröder selbst ist auf ganz normalem Wege, nach der Wahlschlappe seines Amtsvorgängers, Kanzler geworden. Vorher hatte er indes seine eigene Partei davon überzeugen müssen, daß er der geeignete Kandidat sei, und in einer sehr demokratischen innerparteilichen Abstimmung seine SPD-Mitkonkurrenten niedergerungen.

Helmut Kohl ist stets von seinen Gegnern unterschätzt worden. Strauß brachte ihm unverhohlen Mißachtung entgegen. Helmut Schmidt hielt ihn für inkompetent, insbesondere in Wirtschaftsfragen. Die Linksintellektuellen lästerten über seinen geschwollenen Redestil und seine Ideenlosigkeit, wobei sie die von Kohl angekündigte geistige und moralische «Wende» in Abrede stellten. Die *Wende* fand nicht statt, und heute hat das Wort nichts mehr mit 1982 zu tun, da es für alle, und insbesondere für die Ostdeutschen, die Veränderungen bezeichnet, die der Untergang der DDR mit sich brachte.

Helmut Kohl leitete seine Partei mit eiserner Faust, unablässig darum bemüht, diejenigen auszuschalten, die als Konkurrenten oder entschiedene Vertreter einer abweichenden Meinung eine Gefahr für ihn bildeten. Wie die meisten Machtmenschen hat er die eigene Nachfolge nicht organisieren können noch wollen. Aber während der langen Jahre an der Macht hat er an der Spitze verschiedener Koalitionsregierungen und in Hinsicht auf die großen Weichenstellungen – die Vereinigung und der Euro – seine Vorstellungen durchsetzen können.

In Großbritannien führt das Mehrheitswahlrecht mit einem Wahlgang in den jeweiligen Wahlkreisen zur Bedeutungslosigkeit der kleineren Parteien und erlaubt es der Siegerpartei, schon mit nur einer relativen Mehrheit zu regieren: seit 1945 haben weder die *Labour Party* noch die Konservativen jemals 50% der abgegebenen Stimmen für sich verbuchen können. Das Verhältniswahlrecht dagegen macht Koalitionsregierungen notwendig. Nur Konrad Adenauer verfügte von 1957 bis 1961 über eine Ein-Parteien-Regierung mit absoluter Mehrheit im Bundestag. Freilich kann man zur Ansicht gelangen, daß eine CDU/CSU-Regierung an sich schon eine Koalition ist, da die bayrische CSU sich seit jeher als eine eigenständige Partei versteht.

Befindet sich nur eine kleine Partei in der politischen Mitte, kann sie das Zünglein an der Waage spielen. Einmal bildet sie den linken Flügel einer Rechtskoalition, ein anderes Mal den rechten Flügel einer Linkskoalition. Die politische Karriere von François Mitterrand wurde maßgeblich durch die Stellung der kleinen Partei UDSR bestimmt, in der er, zusammen mit Rene Pléven, zur wichtigsten Figur avancierte, was ihn zum Ministeramt prädestinierte. In der Bundesrepublik hat die FDP diese Rolle gespielt. 1969 erlaubte es ein Bündniswechsel Willy Brandt, Kanzler zu werden. Ein erneuter Bündniswechsel der FDP brachte 1982 den Sturz Helmut Schmidts mit sich. Und Hans-Dietrich Genscher konnte so von 1974 – als er auf Walter Scheel folgte, der Bundespräsident wurde – bis 1992, als er aus eigenen Stücken aus dem Amt schied, (ein im übrigen hervorragender) Außenminister bleiben. Kritiker eines solchen Verhaltens sprachen und sprechen von einer *Pendler-Partei*. Und jedesmal, wenn die kleine Partei wieder einmal auf die erpresserische Drohung des Koalitionsbruchs zurückgreift, kommt auch der treffende Ausdruck *Der Schwanz wedelt mit seinem Hund* zur Anwendung.

Der Erfolg der Grünen hat die erpresserische Macht der bis vor kurzem bei den Wählern zunehmend erfolglosen FDP in Frage gestellt und gleichzeitig die Koalition der Schröder-Regierung noch konfliktreicher gestaltet, als es schon die vorhergehenden Bündnisse der beiden sozialdemokratischen Kanzler mit den Liberalen waren. Obgleich in Bonn oder Berlin wie auch in Paris meistens der kleine Koalitionspartner die Kröten schlucken muß, was der Parteibasis nicht schmecken will, vor allem wenn der Kanzler sie auf erpresserische Weise mit der Vertrauensfrage verbindet. Eine Ablehnung käme dem Ende der Regierung und folglich auch der Beteiligung an der Macht gleich. Die Zustimmung allerdings ist ein Akt der Unterwerfung. Am 16. November 2001 stellte die Regierung von Schröder in Abwesenheit von vier Abgeordneten eine solche Vertrauensfrage und gewann sie mit 336 zu 326 Stimmen – die absolute Mehrheit lag bei 334 Stimmen – , wobei ihr die Koalition aus 293 Sozialdemokraten und 47 Grünen im Prinzip eine Mehrheit von sechs zusätzlichen Stimmen hätte geben müssen.

* * *

In Deutschland verwendet man häufig zwei anscheinend widersprüchliche Ausdrücke, um das politische System vereinfacht zu beschreiben. Da spricht man zuweilen von der *Kanzlerdemokratie*, zuweilen vom *Parteienstaat*. Die

Machtverhältnisse zwischen dem Regierungschef und seiner eigenen Partei sind variabel. Der Kanzler wäre nicht an die Macht gekommen, gehörte er nicht einer der beiden großen politischen Formationen an, welche ihrerseits jedoch wissen, daß sie die Wahlen nicht ohne (wenigstens oberflächliche) Geschlossenheit hinter dem Kanzler oder dem Kanzlerkandidaten gewinnen können. Ein Minimum an Gefügigkeit ist mithin unverzichtbar.

Im Grunde genommen befinden sich die deutschen Parteien jedoch in einer wesentlich besseren Situation als die französischen, und zwar durch die Verfassung und durch Gesetze, aber auch was ihre tatsächliche soziale Integration betrifft. Und dennoch genießen sie fast einen ebenso schlechten Ruf wie die französischen Parteien.

Der Artikel 4 der französischen Verfassung von 1958 besagt, daß die politischen Parteien und Gruppierungen dazu beitragen, dem Willen der Wähler zum Ausdruck zu verhelfen. Man hatte sich – in recht abgeschwächter Form – an den Artikel 21 des Grundgesetzes der Bonner Republik angelehnt: «Die Parteien wirken bei der politischen Willensbildung des Volkes mit». Welche Gebiete von dieser Feststellung betroffen sind, ist im 1. Artikel des Bundesgesetzes über die deutschen Parteien niedergelegt, das seit 1967 in Kraft ist und seitdem nur unwesentliche Änderungen erfahren hat. Danach wirken die Parteien «an der Bildung des politischen Willens des Volkes auf allen Gebieten des öffentlichen Lebens mit, indem sie insbesondere auf die Gestaltung der öffentlichen Meinung Einfluß nehmen (…) auf die politische Entwicklung in Parlament und Regierung Einfluß nehmen, die von ihnen erarbeiteten politischen Ziele in den Prozeß der staatlichen Willensbildung einführen.» Staatlich unterstützte Stiftungen sollen zur staatsbürgerlichen Erziehung beitragen. Sie dürfen auch im Ausland tätig sein, entweder um Deutschland bekannt zu machen oder um demokratische Entwicklungen in anderen Ländern zu befördern. Dies trifft besonders auf die CDU-nahe Konrad-Adenauer-Stiftung und die SPD-nahe Friedrich-Ebert-Stiftung zu. Die Hanns-Seidel-, Friedrich-Naumann- und Heinrich-Böll-Stiftung, die CSU, FDP und Grünen nahestehen, haben weniger finanzielles Gewicht und Einfluß.

Im Gegensatz zu französischen Parteien haben die deutschen Parteien zahlreiche Mitglieder, obwohl – mit Ausnahme der FDP – 2001 erneut ein Rückgang der Mitgliederzahlen festzustellen war. So hat die SPD angeblich 718000, die CDU 609000, die CSU 178000 (787000 also insgesamt die beiden christdemokratischen Parteien), die FDP 64000, die Grünen 46000 und die PDS 84000 Mitglieder.

Diese Zahlen treffen sicherlich eher zu als die aus der Luft gegriffenen französischen Angaben, doch auch sie sind mit Vorsicht zu genießen, weil sie kaum Aufschluß darüber geben, ob auch alle Mitglieder ihre Beiträge regelmäßig bezahlen. Dies gilt noch mehr für die Frage, ob ihre Mitglieder die Gesamtbevölkerung repräsentieren: Frauen sind nämlich selten, junge Leute noch seltener. Trotz einer höheren Wahlbeteiligung leidet auch Deutschland unter der Ablehnung von Parteien. Der Ausdruck *Parteiverdrossenheit* kann somit als eine gewisse Müdigkeit gegenüber den Parteien, härter gesagt als völliger Überdruß verstanden werden. In die Öffentlichkeit getragene interne Querelen oder persönliche Rivalitäten, nicht gehaltene Wahlversprechen, aber auch eine «Das-sind-ja-sowieso-alles-Gauner» – Grundhaltung tragen zu diesem Liebesentzug bei.

Zweifelhafte Verbindungen zwischen der Welt des Geldes und der Politik haben viele Skandale ausgelöst, von denen nicht wenige schnell unter den Teppich gekehrt wurden, was die Bürger zur Ansicht gelangen ließ, bei den bisherigen Aufdeckungen habe es sich nur um die Spitze des Eisbergs gehandelt; und das obwohl die diesbezügliche deutsche Gesetzgebung, die aufgrund verschiedener Urteile des Bundesverfassungsgerichtes mehrfach verändert wurde, den politischen Parteien eine großzügige öffentliche Finanzierung garantiert und zugleich prinzipiell eine strenge Kontrolle über Einkünfte und Vermögen der Parteien hergestellt hat. Dies hatte zur Folge, daß ich mich vor einem Senatsausschuß, der mit der Ausarbeitung eines neuen französischen Gesetzes beauftragt war, lächerlich machte: ich analysierte das deutsche System und lobte es über den grünen Klee – einige Tage bevor die Flick-Affäre uns belehrte, wie die Gesetze in Deutschland umgangen werden konnten.

1984 lud eine Enquetekommission Helmut Kohl diesbezüglich vor. Zwei Jahre später war klar, daß er nicht die ganze Wahrheit gesagt hatte, obwohl er unter Eid ausgesagt hatte. Der damalige Generalsekretär der CDU lieferte dazu eine schöne, mit einem Anglizismus geschmückte Erklärung: «Er hatte vorübergehend einen *blackout*.» Am 28. Februar 2001 verurteilte die siebte Strafkammer des Bonner Landesgerichtes den Abgeordneten Dr. Helmut Joseph Michael Kohl mit einer ausführlichen Begründung zu einer erheblichen Geldstrafe, da er hohe Geldspenden an seine Partei verheimlicht habe. Der Ausgang dieser Affäre, im Laufe derer sich der ehemalige Kanzler strikt geweigert hatte, die Namen der großzügigen und diskreten Spender preiszugeben, wurde von den meisten Kommentatoren als skandalös bezeichnet.

Ein solcher Ausgang warf verschiedene Probleme auf. Zunächst hinsichtlich der Unabhängigkeit der Gerichte. Wie woanders auch gehen die deutschen Richter strenger mit kleinen Gaunern als mit den großen Finanzbetrügern um. Die Staatsanwälte sind eigentlich unabhängiger als in Frankreich. Im Jahre 2001 hat jedoch ein couragierter bayrischer Staatsanwalt aufgedeckt, wie sein Vorgesetzter der Regierung gefügig war, Gerichtsverhandlungen blockierte sowie Verhaftungen verzögerte und so die Flucht von Kriminellen möglich machte, die an der Macht befindliche Spitzenpolitiker hätten kompromittieren können. Bei diesem Anlaß erinnerten verschiedene Bücher und Artikel an die finanziellen Verstrickungen von Franz-Josef Strauß, seinem Sohn und seinem Freundeskreis. Im März 2002 war es plötzlich die SPD, die sich in einer ganz schwierigen Lage befand. In Köln und dann in ganz Nordrhein-Westfalen häuften sich die Enthüllungen. Wie in Frankreich ging es um heimliche Provisionen auf Aufträge der Gemeinden, insbesondere für die Müllabfuhr. Die Presse veröffentlichte aus diesem Anlaß nicht gerade kurze Listen ähnlicher Skandale seit der Geburt der Bundesrepublik. Man nahm auch zur Kenntnis, daß auf jener Art von «Hitparade der Korruption», die *Transparency International* regelmäßig erstellt, Deutschland zuvor auf dem reichlich unschönen vierzehnten Platz der nicht-korrupten Länder gestanden hatte und 2001 auf dem zwanzigsten gelandet war.

Gibt man einmal zu – was nicht selbstverständlich ist –, daß die Parteien ständig zusätzliche Einnahmen benötigen, liegt das Hauptproblem wahrscheinlich in der Frage nach dem Endzweck der Täuschung, der Hinterziehung oder des Betruges. Eine grundsätzliche Unterscheidung ist in Frankreich Standard geworden: war persönliche Bereicherung im Spiel? Bei Franz-Josef Strauß sicherlich, bei Helmut Kohl sicher nicht. Noch eine andere Unterscheidung darf nicht außer acht gelassen werden. Sie stammt von Henry de Montherlant, aus seinem Theaterstück *Le Maître de Santiago*. Dort sagt der Held des Stückes, als er die Bereicherungen anprangert, welche die spanischen Eroberungen in Lateinamerika ermöglichten: «Einst liebte man das Gold, weil es Macht verlieh und diese Macht erlaubte große Taten. Heute liebt man die Macht, weil sie Gold einbringt und dieses Gold erlaubt kleine Taten.» Helmut Kohl gehört zur ersten Kategorie. Es war zwar unrecht, auf illegales

Geld zurückzugreifen, aber er hat sich dessen bedient, um seine Macht (besonders über seine Partei) zu festigen, was ihm die Durchsetzung der großen Taten erleichterte.

Zudem hat der Begriff der *persönlichen Vorteile* unscharfe Grenzen. Und in vergleichbaren Situationen sind die Sanktionen politischer oder juristischer Art nicht immer dieselben. Die in Deutschland geübte Strenge ist manchmal schrecklich: die Vorsitzende der liberalen Fraktion in Berlin mußte zurücktreten, nachdem sie sich die Friseurkosten hatte erstatten lassen. Auch ein Detail kann Symbolcharakter haben. Kurt Biedenkopf stolperte in Dresden weniger wegen seiner herrschaftlichen Ausgaben (Ferienresidenz, private Dienerschaft auf Kosten der öffentlichen Hand) als vielmehr wegen eines kleinlichen Handels seiner Frau, die als «first lady» von Sachsen bei einem bekannten Möbelhersteller einen Rabatt erzwingen wollte. Die Gründe, weswegen der beliebte und effiziente Ministerpräsident Baden-Württembergs, Lothar Späth, 1991 zurücktreten mußte, sind dagegen weit weniger klar und hätten ihn in Frankreich gewiß nicht sein Amt gekostet. Die Diskussion über seinen Fall hätte die Rolle betreffen können, die der Regierungschef bei der Werbung für die baden-württembergische Industrie im Ausland spielte: gehört die Suche nach Investoren, welche die Entwicklung des Landes befördern, in den Zuständigkeitsbereich der Landesregierung? Er konnte auf jeden Fall nachher sein Organisationsgeschick und seine Werbetalente in den Dienst der elektronischen Industrie in Jena stellen, wo ihm für ein östliches Bundesland ein außergewöhnlicher wirtschaftlicher Erfolg gelang.

«Affären» können aber auch ganz einfach dazu dienen, den politischen Gegner zu diskreditieren. Als der Bundestagsvorsitzenden Rita Süßmuth vorgeworfen wurde, sie habe ihr Dienstfahrzeug ihrem Mann, Universitätsprofessor wie sie auch, überlassen, mußte sie für die von der christdemokratischen Parteilinie abweichenden Stellungnahmen, insbesondere zur Frage der Abtreibung, büßen. Der Vorwurf selbst machte deutlich, daß man in Deutschland die Dinge ernster als in Frankreich nimmt. Gleiches gilt für den Privatgebrauch von Regierungsflugzeugen. Johannes Rau hätte wegen seiner Flüge als Ministerpräsident in Düsseldorf, deren privater oder dienstlicher Charakter nicht eindeutig zu bestimmen war, beinahe nicht Bundespräsident werden können.

Daß persönliche Skandale schwerwiegende politische Konsequenzen nach sich ziehen können, scheint dagegen normal. In Berlin gäbe es keine SPD/PDS-Koalition, wenn sich die CDU rechtzeitig von einem ihrer lokalen Spitzenpolitiker distanziert hätte, der offensichtlich in einen Bankenskandal verstrickt war. Die Weigerung der Sozialdemokraten, die Position der anderen großen Koalitions- und Regierungspartei zu billigen, führte zur Auflösung des Senats und Neuwahlen.

Der ehemalige Verteidigungsminister Rudolf Scharping verlor dramatisch an Ansehen, als er 2001 den deutschen Soldaten, die auf dem Balkan eine Mission voller Risiken erfüllten, eine Stippvisite abstattete: er kam aus Mallorca und flog wieder zurück nach Mallorca, wo ihn seine Geliebte und Lebensgefährtin erwartete. Die Photos ihrer Romanze hatten zahlreiche Illustriertenseiten gefüllt. Beeinträchtigung des Privatlebens? Aber es war der Minister selbst, der für die Photographen posiert hatte. Es lag ihm daran, sein privates Glück bekanntzugeben, so wie es der Kanzler und sein Außenminister nicht versäumten, sich vorzeitig mit ihrer künftigen vierten Frau zu zeigen, während sich die Sensationspresse zugleich mit ihren «Noch-Frauen» beschäftigte. Die deutschen Paparazzi sind zwar hinter Privatgeschichten her, aber im großen und ganzen zeichnen sich die deutschen Medien durch mehr Zurückhaltung als die britischen aus, und es sind die Politiker selbst, die ihre Beliebtheit steigern möchten, indem sie dem Publikum ihr persönliches Glück kundtun – und dabei oft ihr Leid und ihre Schwächen verbergen.

✳ ✳ ✳

Wie in Frankreich droht das Bild, das man dem Wähler vermittelt, die Ideen, die man vertritt, zu überdecken. Dieses Bild besteht zunächst aus dem *Look*, wie man in Deutsch und Französisch sagt. François Mitterrand hat sich die Eckzähne abschleifen lassen, um etwas leicht Vampirhaftes loszuwerden. Der persönliche Berater von Helmut Kohl, der ehemalige Chef des österreichischen Fernsehens, hatte eine Liste mit den Maßnahmen erstellt, die nach einer Niederlage zu ergreifen seien. Absoluten Vorrang hatte die Änderung des Haarschnitts. Aber schon Konrad Adenauer hatten amerikanische Experten sehr weise empfohlen, auf seinen Plakaten die zukunftsfrohe Farbe Blau anzulegen.

Der Look ist heute jedoch nicht alles. Lächeln und Körperhaltung, die richtigen Argumente, Händeschütteln und Küsse auf die Wangen von Kindern, nichts wird von den Spezialisten für Kommunikation mehr dem Zufall überlassen. Die Kandidaten unterwerfen sich ihnen ohne Gegenwehr und akzeptieren Trainingseinheiten mit öffentlichen Auftritten und Debatten. Eine Überzeugung braucht man nicht, um ein solcher Berater in Sachen Kommunikation zu werden: der Berater von François Mitterrand konnte anschließend auch der von Jacques Chirac werden. Eine solche Situation und Entwicklung ist auch in Deutschland nicht unbekannt.

Dabei brauchen sich die Kommunikationsberater nicht allzu große Mühe geben, ihre Chefs von der Bedeutung von Meinungsumfragen zu überzeugen. Sie lauern nämlich auf jedes Ergebnis, das ihnen Anhaltspunkte darüber verschafft, was sie in der Öffentlichkeit sagen und tun, vorschlagen und verwerfen sollen. Die Herrschaft der Meinungsforscher bringt den Verzicht auf politische Initiativen mit sich. Derjenige, dessen Meinung ausgeforscht wird, kann sich nur schlecht eine andere Situation als seine eigene, gegenwärtige vorstellen. Wenn Robert Schuman im April 1950 die Frage hätte stellen lassen: «Wollen Sie, daß Frankreich und Deutschland miteinander gleichberechtigt die Kohle- und Stahlproduktion des Ruhrgebietes und von Lothringen verwalten?», hätte sich, knapp fünf Jahre nach der Kapitulation der Deutschen, ein Proteststurm erhoben. Doch sein Vorschlag vom 9. Mai wurde sehr positiv aufgenommen. Während einige Monate später die Befürworter der deutschen Wiederbewaffnung in die Defensive gedrängt wurden, mußten die Gegner der «Europäischen Montanunion» ständig ihre Ablehnung einer solchen lobenswerten Initiative rechtfertigen. Robert Schuman erwies sich so als großer Staatsmann. Heute besteht «politischer Realismus» darin, die Meinungsumfragen zum Vorwand zu nehmen, um alle unpopulären Maßnahmen zu vermeiden.

Selbst Staatsmänner greifen zuweilen zu einer List, um ihre Sicht den Wählern aufzuzwingen. Konrad Adenauer und de Gaulle haben viel taktiert, der eine hinsichtlich der Wiederbewaffnung, der andere in bezug auf Algerien. Es ging jedoch darum, eine gewisse Politik durchzusetzen, nicht aber um jeden Preis die Macht zu erhalten bzw. mit Versprechen, welche die Meinungsumfragen als Wünsche der Wähler ausgeben, die Wahlen zu gewinnen. Selbst der naivste Wähler weiß, daß nicht alle Wahlversprechen gehalten werden können. Die Kluft zwischen der Politik im Anschluß an die Wahlen und der während der Wahlkampagne gemachten Versprechen darf indessen nicht zu extrem sein. Jacques Chirac tat so nicht klug daran, die *Assemblé nationale* nur zwei Jahre nach seiner Wahl auflösen zu lassen, die von abstrusesten und widersprüchlichen Versprechen geprägt war.

In Deutschland ist die Kluft weniger tief. Zwei Versuchungen unterliegt man in beiden Ländern. Zum einen dem kurzfristigen Denken: die Verschuldung der öffentlichen Hand und die Verzögerung von unpopulären Maßnahmen bei den Renten werden zukünftige Generationen schwer belasten. Aber vor den nächsten Wahlen darf das nicht klar gesagt werden. Zum anderen schmückt man sich mit unverdienten Lorbeeren, das heißt mit Erfolgen, die einer von der Regierungspolitik unabhängigen Konjunktur geschuldet sind. Lionel Jospin und Gerhard Schröder haben sich als Väter der sinkenden Arbeitslosigkeit bezeichnet. Nimmt es da wunder, daß sie 2002 für die ansteigenden Zahlen verantwortlich gemacht werden?

Nun befinden sich die politischen Führungskräfte in einer schwierigeren politischen Lage als ihre Vorgänger. Wie hoch auch immer die Anzahl der Parteimitglieder sein mag, sie können nicht mehr auf eine große und stabile Stammwählerschaft setzen. Viele Stammwähler sind Wechselwähler geworden. Eine Untersuchung hat aufgewiesen, daß die starke Identifikation mit einer Partei in Deutschland von 45 % im Jahre 1976 auf 31 % im Jahr 2001 zurückgegangen ist, während der Anteil der Wähler, die sich keiner Partei verpflichtet fühlen, von 15 % auf 34 % angestiegen ist. Da ist es nur logisch, Wahlkampagne und Debatten auf Persönlichkeiten abzustellen (selbst in einem parlamentarischen System ohne Präsidentenwahl) und eine Strategie ins Werk zu setzen, die das persönliche Prestige der Kandidaten dazu nutzt, besser die Wählerschaft anzulocken.

Bei den Sozialdemokraten mußte der jetzige Kanzler sich natürlich erneut zur Wahl stellen, um seine eigene Nachfolge anzutreten. Die starke Persönlichkeit Gerhard Schröders setzte sich in der SPD durch. Bei den Christdemokraten gab es eine teils im Verborgenen, teils öffentlich geführte Schlacht zwischen der Vorsitzenden der CDU und dem Vorsitzenden der CSU. Angela Merkel teilte ihren Verzicht am 11. Februar 2002 mit, gerade rechtzeitig bevor sie dazu durch eine Abstimmung gezwungen worden wäre.

Edmund Stoiber hatte gezögert, seinen Anspruch auf die Kanzlerkandidatur öffentlich zu erklären. Hätte ein Mißerfolg nicht sofort den Vergleich mit Franz-Josef Strauß auf den Plan gerufen? Hätte Stoiber, Ministerpräsident von Bayern seit 1993 und seit 1999 nach einem langen Kampf auch Nachfolger von Theo Waigel (Bundesfinanzminister von 1989–1998) an der Spitze der CSU, nicht im Falle einer Niederlage Einfluß auf Bundesebene eingebüßt? Aber der Anstieg der Arbeitslosigkeit und die Beteiligung der PDS an der Macht in Berlin ließen ernsthaft an einen Erfolg glauben. Er verurteilte jedenfalls energischer die gottlose Koalition, als es die moderate und ruhige Angela Merkel tat, die zu allem Übel noch aus dem bis 1989 marxistisch-leninistisch regierten Teil Deutschlands kommt. Um die Wählerschaft der Mitte zu gewinnen, mußte jedoch auch er seinen früheren Stil korrigieren und moderatere Töne anschlagen.

Die Grünen wußten, daß sie um ihr Überleben im Parlament und vor allem in der Regierung zu kämpfen hatten. Die FDP hatte einen jungen Politiker, Guido Westerwelle, zu ihrem Vorsitzenden gemacht, der häufig in den Medien auftrat. Er traf auf dieselben Schwierigkeiten wie seine Vorgänger: wie kann man sich eine Koalition mit der einen und der anderen großen Partei offenhalten, ohne unzusammenhängend und wechselhaft zu wirken?

Dabei haben Wahlkonfrontationen nichts Dramatisches an sich. So gilt auch für die Bundesrepublik der Ausspruch von Bertrand de Jouvenel: «Will man das Spiel der Politik im Rahmen festgelegter Regeln halten, darf nicht zuviel auf dem Spiel stehen.»

2. Kapitel
Noch ist die Einheit nicht vollendet

Die Verfassung wird in Deutschland geachtet, und das Land führt heute, eingebettet in die westliche Welt, ein ganz normales politisches Leben, mit Schwächen und Stärken – und doch weist das Land eine Besonderheit auf, die es auf andere Art anders erscheinen läßt als Frankreich trotz seiner neu entfachten regionalen Probleme, als Großbritannien trotz des Nordirlandkonfliktes und der schottischen Unabhängigkeitsbestrebungen, als Italien trotz des *Mezzogiorno*, oder als Spanien trotz der Bemühungen Kataloniens um vollständige Autonomie. Die institutionelle Einigung ist zwar vollzogen, aber zwölf Jahre haben nicht ausgereicht, um psychologisch, wirtschaftlich und gesellschaftlich die Einheit herzustellen und zu erreichen, daß den Grenzen zwischen Hessen und Thüringen oder zwischen Schleswig-Holstein und Mecklenburg keine größere Bedeutung mehr beigemessen wird als denen zwischen Baden-Württemberg und Bayern oder zwischen Hessen und Rheinland-Pfalz.

Die widersprüchliche Entwicklung der innerdeutschen Beziehungen in den siebziger und achtziger Jahren spielt hier eine Rolle, insbesondere die Zeit von 1985 bis 1989, als fast alle zum sowjetischen Imperium zählenden europäischen Länder zu wanken begannen. Die Umstände, unter denen die Wiedervereinigung vonstatten ging, fallen noch direkter, selbst heute, ins Gewicht. Da wären an erster Stelle natürlich diejenigen zu nennen, die uns deutlich machen, daß die Unterschiede zwischen «Wessis» und «Ossis» keineswegs verschwunden sind, trotz des bisher Erreich-

ten, aber gerade auch wegen der Unzulänglichkeiten der
erbrachten wirtschaftlichen Leistungen und der gesellschaftlichen Integration.

* * *

Die Härte der Trennung zwischen den beiden Staaten of-
fenbarte sich nicht nur in dem Tod der etwa tausend Menschen, die bei dem Versuch umkamen, die Stacheldraht-
sperre zwischen den beiden deutschen Staaten und, seit
dem 13. August 1961, die Berliner Mauer zu überwinden.
Diese war angeblich errichtet worden, um die DDR vor
dem Eindringen westlich-faschistischer Elemente zu bewahren. In Wirklichkeit sollte damit dem Flüchtlingsstrom
vom Osten in den Westen ein Ende gesetzt werden: bis zu
diesem Zeitpunkt war es nicht allzu schwierig gewesen, von
der eigentlichen DDR nach Ostberlin, und dann von Ost-
berlin nach Westberlin zu gelangen, von wo aus wiederum
problemlos in die Bundesrepublik geflogen werden konnte.
Zu jener Zeit erregte man den Ärger Egon Bahrs, damals
Sprecher des Westberliner Bürgermeisters Willy Brandt,
wenn man schrieb, daß der Mauerbau den Weltfrieden weniger bedrohe, als es die Unterbrechung der Verbindungen
in den Westen von Westberlin aus getan hätte, so wie es die
Sowjetunion 1948 bereits vorgemacht hatte. Da das kommunistische Regime weder politischen Selbstmord begehen
noch radikale Reformen einleiten wollte – was hätte es
denn unternehmen sollen, um den Aderlaß zu stoppen, den
die Flucht von Zehntausenden seiner Bürger darstellte?

Zehn Jahre später wurde die DDR ein international voll
anerkannter Staat, trotz und teils auch wegen einer immer
stärkeren Abhängigkeit von der Sowjetunion. Die Verfas-
sungsreform von 1974 hatte die Selbstdefinition der DDR
verändert. Aus «Die Deutsche Demokratische Republik ist
ein sozialistischer Staat deutscher Nation» wurde «Die
Deutsche Demokratische Republik ist ein sozialistischer

Staat der Arbeiter und Bauern». Und im Artikel 6 hieß es nun: «Die Deutsche Demokratische Republik ist für immer und unwiderruflich mit der Union der Sozialistischen Sowjetrepubliken verbunden (… Sie) ist untrennbar Bestandteil der sozialistischen Staatengemeinschaft.» Ein anderer Artikel 6, der des Grundlagenvertrages, welcher am 8. November 1972 die Beziehungen zwischen den beiden Republiken regelte, besagte, daß sich die jeweilige Staatshoheit auf das eigene Staatsgebiet beschränke und sich beide gegenseitig Unabhängigkeit und Autonomie in inneren und äußeren Angelegenheiten zusicherten. Ein Auslegungsschreiben der Bundesregierung aus Bonn betonte, daß die Wiedervereinigung auf Grundlage der freien Selbstbestimmung des gesamten deutschen Volkes indes das Fernziel bleibe.

Dieser Vertrag bildete eine der Errungenschaften der Ostpolitik von Willy Brandt. Es galt, die Existenz der DDR hinzunehmen, ohne sie deshalb gleich als ausländischen Staat anzuerkennen, mit dem man normale diplomatische Beziehungen aufgenommen hätte. Eine in ihrer Existenz bestärkte DDR: dieser Preis war dafür zu zahlen, daß sie im Gegenzug bedeutend mehr Besucher aus der Bundesrepublik hineinließ, ihre eigenen Bürger weniger streng unter Verschluß hielt, diese ein bißchen mehr in den Westen reisen sowie vor allen Dingen vermehrt telefonieren und Westfernsehen schauen ließ.

Mußte man aber deshalb die kommunistischen Machthaber gleich als befreundete Partner behandeln? Sollte man nun denjenigen aus dem Wege gehen, die sich dem Regime im Namen der Freiheit widersetzten? Unter dem Vorwand, man wolle eine Lockerung des Regimes herbeiführen, die weit weniger destabilisierend als ein Zusammenbruch sei? Solcherart war die Haltung der westlichen Länder, die daher die polnische Opposition ignorierten und sich mit Edward Gierek verbrüderten. Auch Willy Brandt weigerte sich bei einer Reise durch Polen, als er bereits nicht mehr Kanzler war, Lech Walesa zu treffen.

Die Vereinigung im Geiste wäre nach 1990 leichter und die unterdrückerische Natur des von der SED aufgezwungenen Regimes deutlicher gewesen, wäre die zweite Hälfte der achtziger Jahre in der Bundesrepublik nicht durch eine Haltung bestimmt gewesen, die zunehmend weniger zu den Grundsätzen paßte, welche man eigentlich dem sogenannten sozialistischen Deutschland gegenüber in Anwendung bringen wollte. Da eine positive Entwicklung der UdSSR ab dem Jahr 1985, als Michail Gorbatschow an die Macht kam, möglich schien, galt es insbesondere, jegliche Provokation, die im Gebrauch des Wortes «Freiheit» gelegen hätte, gegenüber Moskau und Ostberlin zu vermeiden. Die evangelischen Kirchen in Deutschland und im ökumenischen Rat der Kirchen in Genf stellten drei Werte in den Vordergrund, die bei den kommunistischen Machthabern keinen Anstoß erregen sollten: «Frieden, Gerechtigkeit, Wahrung der Schöpfung» (damit war die Umwelt gemeint). Man strich zwar die Unterschiede heraus, hielt aber die Positionen der Gegenseite für gänzlich legitim. Dies dokumentiert und beweist am besten ein von zwei Politikern gemeinschaftlich verfaßter Text: vom hochintelligenten und gewieften Otto Reinhold im Namen der Akademie für Gesellschaftswissenschaften beim Zentralkomitee der SED einerseits und von Erhard Eppler, der großen Figur des Protestantismus und der SPD-Linken, damals Vorsitzender der SPD-Grundwertekommission, andererseits. Der Text wurde am 23. August 1987 unterzeichnet und enthielt ein Kapitel über die «Notwendigkeit einer Kultur des politischen Streits und des Dialogs». Es war nur recht und billig, daß die Sozialdemokraten dort anführten, daß für sie «pluralistisch organisierte Demokratie mit ihren vielfältigen Formen von Gewaltenteilung und Machtkontrolle der verbindliche und notfalls unter Opfern verteidigte Rahmen» sei, «innerhalb dessen sie ihre Vorstellungen von demokratischem Sozialismus verwirklichen wollen». Mußte man aber deshalb gleich hinnehmen, daß sich die Gegenseite als eine Demokratie bezeichnete, wo «die politische Macht der Arbeiterklasse im Bündnis mit anderen Werktätigen das Fundament umfassender demokratischer Rechte» sein sollte, und Demokratie für Marxisten-Leninisten «vor allem als die reale Mitwirkung der Werktätigen an der Leitung und Gestaltung der Wirtschaft und der Gesellschaft und die Kontrolle darüber» verstanden wurde? Die Inbeschlagnahme der Macht durch führende Parteimitglieder und die totalitäre Ausübung dieser Macht wurden mit keinem Wort erwähnt. Wie ließ sich dann später, nach der Wiedervereinigung, eine rasche ideologische Veränderung in der ehemaligen DDR einfordern, wo doch die Unterdrücker solcherart zu Ehren gekommen waren?

Als Kanzler Kohl in Bonn den Staatchef der DDR, Erich Honecker, empfing, war dies eine berechtigte Auslegung des Vertrages von 1972. Wenn ich dagegen zu jener Zeit hörte, wie manche Sozialisten und liberale Journalisten von «Bruder Honecker» sprachen, gab ich zu bedenken, daß ich zwischen 1940 und 1944 im Marschall Pétain niemals hätte meinen älteren Bruder sehen wollen. Als François Mitterrand am 8. Januar 1988 Erich Honecker im Elysée-Palast empfing, brachte er eine Tischrede vor, die nicht nur an den Gast gerichtet war. Er erinnerte zunächst daran, daß Honecker gegen die Nazis gekämpft hatte: «Die Vergangenheit läßt sich nicht vergessen, und bei den Franzosen bleibt die Erinnerung an die heldenhaften Bestrebungen all der Deutschen wach, die wie Sie, Herr Präsident, sich dem Nazismus widersetzt haben. Der Geist der Freiheit beseelte damals die Kämpfer aller Geistesrichtungen gegen denselben Feind. Es ist dieser Geist, der seit bald zwei Jahrhunderten unsere Auffassung von der pluralistischen Demokratie und den Bürgerrechten begründet. Möge er doch wieder zum Gemeingut des ganzen Europa werden! Denn wie können sich die Europäer über den Frieden einigen, wenn sie sich über die Freiheit trennen!»

Es ist allerdings nicht zu leugnen, daß der französische Präsident wenig später, im Dezember 1989, der erste und letzte Staatchef der westlichen Alliierten sein sollte, der die untergehende DDR besuchte, und damit den Eindruck vermittelte, als wolle er die Notwendigkeit der Existenz zweier deutscher Staaten betonen. Aber forderte nicht auch genau am Tag seines Besuches der außerordentliche Parteitag der SPD in Berlin die Bildung einer Konföderation zwischen beiden Staaten? Die sich überstürzenden Ereignisse hatten bereits dafür gesorgt, daß im selben Moment das Überleben der DDR immer unwahrscheinlicher erschien.

* * *

Die Vereinigung hatte indes lange als unmöglich gegolten. Der entstellendsten Darstellung der Wirklichkeit begegnete man sicherlich bei Egon Bahr in seinem 1988 erschienenen Büchlein «Zum europäischen Frieden. Eine Antwort auf Gorbatschow». Er verkannte dort nicht nur die Natur des sowjetischen Regimes bereits bei Lenin, sondern empfahl, indem er Westen und Osten auf gleiche Höhe stellte, das Ende jeglicher «ideologischer» Auseinandersetzungen. Die beiden deutschen Staaten sollten die Zukunft eines Deutschlands in die Hand nehmen, dessen Einheit keinerlei Erwähnung mehr finden sollte.

Meinerseits leistete ich eine zwar tadellose, aber in ihren Schlußfolgerungen völlig falsche Analyse: «Die Sowjetunion kann Polen und Ungarn ruhig weitere Freiheiten zugestehen. Ihre Existenz wird dadurch nicht bedroht. Wenn sie jedoch der DDR diese Freiheiten einräumt, wird diese untergehen, weil ihre Existenz nur durch die Diktatur der SED sichergestellt ist, die selbst wiederum nur als Statthalter des sowjetischen Lehnsherrn fungiert.» Aber ich schloß fälschlicherweise daraus, daß die Sowjetunion ihren treuesten militärischen, wirtschaftlichen und politischen Vasallen nicht ziehen lassen würde und unterschätzte somit völlig die Schwächung Moskaus und den Wunsch Gorbatschows, jedes außenpolitische Abenteuer zu vermeiden. Das Schicksal des Regimes war in der Tat an dem Tag besiegelt, als Gorbatschow, zu Besuch in Ostberlin, am 5. Oktober 1989 den DDR-Machthabern deutlich machte, daß die Rote Armee ihnen nicht zu Hilfe eilen würde, wie sie es am 17. Juni 1953 getan hatte.

Gorbatschow empfahl Honecker, tiefgreifende Veränderungen in der DDR durchzuführen. War das wirklich möglich und wünschenswert? Als Honecker und sein kurzzeitiger Nachfolger Egon Krenz abgedankt hatten, wollten viele Oppositionelle daran glauben. Der «Runde Tisch», der offen über die zukünftigen Organisationsstrukuren diskutieren wollte, sah wie viele westdeutsche und ausländische Politiker auch eine Art Konföderation vor, die eine Etappe hin zur deutschen Einheit auf der Grundlage einer neuen Verfassung werden sollte. War die Aussicht auf eine demokratisierte DDR nicht glaubwürdig, angesichts des großen Anteils, den die Bürger des Landes beim Sturz der kommunistischen Regierung gehabt hatten? Waren die Tausende, dann Zehn- und schließlich Hunderttausende Demonstranten im September 1989 in Leipzig und anderswo nicht die Teilnehmer einer wunderbaren, friedlichen Revolution gewesen?

Aber wollten diese Demonstranten wirklich die Einheit verzögern? Die ersten freien Wahlen zur Volkskammer am 18. März 1990 sollten darüber entscheiden. Sie wurden zum Triumph für die CDU, die über 40 % erreichte und die SPD mit 22 % und die sich nun PDS nennende ehemalige SED mit 16 % auf die Plätze verwies. Die Erneuerungsbewegungen wurden vernichtend geschlagen und crreichten weniger als 3 %. Die großen Parteien aus dem Westen trugen so einen eindrucksvollen Sieg davon.

Weil sie im Gegensatz zu ihren Konkurrenten aus dem Osten über beträchtliche Finanzmittel verfügten? Dies stimmte nur teilweise, weil die zum großen Teil versteckten Mittel der PDS ungeheuer groß waren. Weil die materiellen Interessen der Wähler gegenüber den demokratischen überwogen? Der Wunsch, an dem westlichen Reichtum teilzuhaben, artikulierte sich in der Tat deutlich, und das Versprechen von Helmut Kohl, man werde im Osten in Bälde «blühende Landschaften» entstehen sehen, hat zu seinem Sieg beigetragen. Aber die damaligen und heutigen Gegner dieser raschen Einheit vernachlässigen im allgemeinen einen wesentlichen Punkt: wäre im Osten ein deutscher Staat aufrechterhalten worden, hätte man schleunigst an seiner Westgrenze eine Sperre errichten müssen, da er ohne das Ergreifen von Maßnahmen gegen den Strom davonziehender Menschen schnell seiner demographischen Substanz beraubt worden wäre, eben weil der Wunsch nach Freiheit nicht der einzige Beweggrund der enormen Flüchtlingswelle zu Beginn des Jahres 1989 war. Die Berliner Mauer hatte das Ausbluten der DDR verhindert. Sollte man jetzt etwa eine neue Mauer erfinden, um einem demokratisierten ostdeutschen Staat das Überleben zu ermöglichen?

Die Wahlen brachten jedenfalls einen Regierungswechsel mit sich. Auf den ehemaligen Chef der SED in Dresden, Hans Modrow, der selbst erst am 13. November die Nachfolge von Egon Krenz angetreten hatte, folgte am 12. April 1990 Lothar de Maizière, ein Christdemokrat aus dem Osten. Im Zentrum seiner Wahlkampagne hatte die rasch herbeizuführende deutsche Einheit gestanden. Wenige Wochen Verhandlungen reichten, um den Einigungsvertrag auszuhandeln, der dann am 31. August unterschrieben wurde. Er betraf alle Gebiete des Rechts, der Wirtschaft und der Gesellschaft. Von westdeutscher Seite waren die

Verhandlungen von Wolfgang Schäuble geführt worden, der sich auf die intensive Arbeit der Ministerialbürokratien stützen konnte. Der deutsche Beamtenstolz war in diesem Falle voll berechtigt. Während noch auf anderer Ebene die 2 + 4-Verhandlungen liefen, erreichten Helmut Kohl und Hans-Dietrich Genscher in ihren in Moskau, dann im Kaukasus geführten Gesprächen mit Gorbatschow, daß die ehemalige DDR als Teil der Bundesrepublik voll in die Nato eingegliedert sein würde. Am 23. August stimmt die Volkskammer dem Beitritt der DDR zur Bundesrepublik nach Artikel 23 des Grundgesetzes zu.

Die Vereinigung vollzog sich schnell. Die Begeisterung vom 9. November 1989 und 3. Oktober 1990, der zum Nationalfeiertag wurde, verflog deshalb rasch, weil der Einigungsprozeß von einer Reihe von unvorsichtigen, ja verlogenen Ankündigungen und Entscheidungen mit schwerwiegenden negativen Folgen gekennzeichnet war, die hätten vermieden werden können, wohingegen andere unausweichlich waren.

Am 1. Juli 1990 verschwand die Währung der DDR. Auf der Grundlage einer in wirtschaftlicher Hinsicht unsinnigen Eins-zu-Eins-Gleichheit wurde die D-Mark gemeinsame Währung, wobei sie zuvor etwa fünf Mal den Wert der Ostmark gehabt hatte. Es handelte sich um eine politisch wahrscheinlich notwendige Maßnahme. Am folgenden Tag wurde der Wirtschafts- und Finanzminister Pierre Bérégovoy im französischen Fernsehen gefragt, ob er die Maßnahme gutheiße. «Das war eine politische Notwendigkeit», erklärte er und fügte lächelnd hinzu, «niemand soll aber mehr behaupten, daß die Bundesbank politisch unabhängig sei!» Die Bundesbank, deren Präsident Karl-Otto Pöhl aus diesem Grund im Jahr darauf das Amt aufgeben sollte, war sich sehr wohl der wirtschaftlichen Konsequenzen bewußt.

Man belog die Werktätigen der ehemaligen DDR, indem man ihnen vorgaukelte, sie bezögen ihr Gehalt künftig in

D-Mark, denn die ostdeutschen Produkte waren bereits wenig konkurrenzfähig. Mit der Verfünffachung der Gehälter wurden sie unverkäuflich, was den Ruin zahlreicher Unternehmen nach sich zog. Anstatt Gehälter wie in Westdeutschland bezogen Hunderttausende Arbeiter und Angestellte fortan Arbeitslosengeld. Außerdem wurde nichts unternommen, um die Absatzmärkte der insbesondere die Sowjetunion beliefernden Fabriken zu retten, die Maschinen nach rein sowjetischen Normen herstellten. Dieser Kunde wurde zeitweise zahlungsunfähig: doch statt auf Verwestlichung der Produktion zu drängen, hätte man vielleicht mehr Hermes-Kredite gewähren sollen.

Was sollte man schon mit den Industrieunternehmen und sozialistischen Landwirtschaftsbetrieben anfangen? Man entschied sich für eine rasche Privatisierung. Bei den LPG's, den Landwirtschaftlichen Produktionsgenossenschaften, erlaubte es der eingeschlagene politische Weg zahlreichen ehemaligen kommunistischen Leitern, zu niedrigen Preisen große Landwirtschaftsbetriebe aufzukaufen, deren Chef sie dann blieben. Das Geld kam dabei oft aus den Geheimkassen der ehemaligen SED. Bezüglich der Fabriken schaltete man eine neue, von der Regierung Modrow geschaffene Institution ein, deren Aufgabe aber erst im Juni 1990 genau definiert wurde. Die *Treuhandanstalt* wurde bald, in Frankreich wie in Deutschland, nur noch ganz einfach die *Treuhand* genannt. Wie man um 1975 in der französischen Presse mehr den deutschen Begriff der «Berufsverbote» als die französische Übersetzung bemühte, wie man später angesichts der deutschen Sorgen beim Begriff «Waldsterben» ähnlich verfuhr, hat auch in diesem Fall niemand in Frankreich daran gedacht, die französische Übersetzung von *Treuhand* – «office fiduciaire» – zu benutzen, wenn es um die Privatisierungen in der ehemaligen DDR ging. Die Vorgehensweise der Treuhand und die von ihr hinterlassene Verschuldung, verursacht zum Teil dadurch, daß von den Käufern wenig Garantien verlangt wurden, die Betrügereien, deren Opfer sie wurde, die Wut und Ohnmachtsgefühle, die sie bei so vielen Beschäftigten in den «Neuen Bundesländern» auslösten: all dies hätte eine ausgewogenere Bestandsaufnahme verdient gehabt. Wahrscheinlich werden in einigen Jahren sorgfältigere Untersuchungen genauer zeigen, wo die schrecklichen Unzulänglichkeiten der Treuhandanstalt lagen.

In einem wichtigen Punkt aber ist die Treuhand keinesfalls für den zentralen Fehler der Kohl-Regierung zur Verantwortung zu ziehen. Jedesmal, wenn ich diesen Irrtum in Deutschland beschreiben will, erkläre ich, daß der Kanzler die französische Geschichte nicht gut genug gekannt habe. Als nämlich 1815 der Graf der Provence als König Ludwig XVIII. aus dem Exil zurückkam, rief er die mit ihm zurückgekehrten Prinzen zusammen und sagte ihnen, natürlich auf Deutsch: «Entschädigung geht vor Rückerstattung». So kamen sie zu Gold – «le million des émigrés». Im vereinten Deutschland dagegen wurde der Rückerstattung Vorzug eingeräumt. Mit negativen Folgen, deren Nachwirkungen sich noch in Jahrzehnten bemerkbar machen werden. Gerichte werden noch etliche Jahre brauchen, um zu entscheiden, wer der «echte» Besitzer gewisser Grundstücke und Gebäude ist, wenn das Besitztum in der Zeit des Nationalsozialismus, während der sowjetischen Besatzung oder unter der kommunistischen Regierung mehrfach enteignet und freiwillig oder gezwungenermaßen verkauft wurde. Wieviel Gebäude verfallen, weil der noch nicht endgültig bestimmte Besitzer keine Reparaturen durchführen kann, während die Mieter keine Miete zahlen!

Immer öfter klagen die Erben ehemaliger Besitzer ihren Besitz ein. Sie denken gar nicht daran, dort zu wohnen und die Dinge in die Hand zu nehmen. Sie wollen das ihnen zurückerstattete Gut möglichst rasch zu einem guten Preis verkaufen.

Ob es sich nun um Rückerstattung oder Entschädigung handelt – es bleibt die Frage, ob die Regierung nicht etwas gegen die schlimme Ungerechtigkeit, die bei der Vereinigung entstanden ist, hätte unternehmen können? Alle Enteignungen seit 1949 wurden auf den Prüfstand gestellt. Dagegen blieben die von den Sowjets im Namen des Antifaschismus zwischen 1945 und 1949 vollzogenen Enteignungen unangetastet. So legte es eine Klausel im Vereinigungsvertrag der beiden deutschen Staaten fest. Es wurde behauptet – und seitdem oft von den verschiedenen Regierungen der Bonner Republik wiederholt –, es sei eine sowjetische Forderung gewesen, Gorbatschow habe aus der Unantastbarkeit des konfiszierten Besitzes und der Enteignungen eine absolute Vorbedingung seines Einverständnisses zur deutschen Einheit gemacht. Er selbst hat stets bestritten, jemals eine solche Bedingung gestellt zu haben. Das Bundesverfassungsgericht hat 1991 entschieden, daß die Klauseln des Vereinigungsvertrages unwiderruflich seien. Diese Haltung hat es 1996 bekräftigt, mit so spitzfindigen Worten indes, daß man nicht weiß, ob die zwischen 1945 und 1949 Enteigneten zumindest noch Hoffnung auf eine geringe Entschädigung hegen dürfen.

Die Veränderungen in den «neuen Bundesländern» sollten sich mittels der einzelnen Landesregierungen vollziehen. Es war nur recht und billig, daß diese von der einen oder anderen der beiden Siegerparteien von 1990 gestellt wurden, wobei diese jedoch nicht nach demselben Muster gestrickt waren. Die westdeutsche CDU hatte die Ost-CDU rasch geschluckt, und Lothar de Maizière beklagte sich später sogar über die Art und Weise, wie Kohl ihn zur Zahlung beträchtlicher Finanzmittel in die Kassen der Schwesterpartei im Westen gezwungen habe. Die Verschmelzung der beiden Parteien beruhte auf einer stillschweigenden, aber kaum akzeptablen Annahme: die Ost-CDU habe sich unter dem vorhergehenden Regime nichts zuschulden kommen lassen.

Dabei war sie seit 1949 gleichgeschaltet worden, als sich ihr wichtigster Politiker, Jakob Kaiser, später widerspenstiger Minister unter Adenauer, gezwungen fühlte, in die Bundesrepublik zu gehen. Seitdem hatte sich die Partei vollständig der SED unterworfen. Ihre wenigen Abgeordneten wurden auf einer gemeinsamen, von der SED gesteuerten Liste gewählt. Offensichtlich war ihr eine Reihe von Mitgliedern beigetreten, um nicht der SED beitreten zu müssen. Trotzdem fühlte ich mich befugt, anläßlich einer Fernsehdebatte am Abend nach den Wahlen vom März 1990 Lothar de Maizière folgende Frage zu stellen: «Wie wollen Sie die unvermeidbare Säuberung ihrer Partei organisieren, wo sie doch die schlimmsten Maßnahmen des Regimes mitgetragen hat und durch Beteiligung am künstlich aufrechterhaltenen institutionellen Leben der DDR mitverantwortlich für die ausgeübten Repressionen geworden ist?» Eine Antwort bekam ich nicht.

Von Lothar de Maizière einmal abgesehen, der sich schnell aus dem politischen Leben zurückzog, verschwanden auch die anderen Führungskräfte der Ost-CDU von der politischen Bühne. Die beiden wichtigsten Länder mit christdemokratischer Tendenz, Sachsen und Thüringen, wurden von Persönlichkeiten aus dem Westen regiert (und das sehr gut!): dem ehemaligen Generalsekretär der Partei, Kurt Biedenkopf, und dem Ministerpräsidenten von Rheinland-Pfalz zwischen 1976 und 1988, Bernhard Vogel.

Die Vergangenheit der SPD war anders. Das erzwungene Zusammengehen mit der kommunistischen Partei im April 1946 hatte sie in der DDR verschwinden lassen. Ihre Neugründung vollzog sich im Zeichen der Opposition gegen das Regime und fand in der Parteizentrale in Bonn zunächst nur gemischte Aufnahme. Dann aber unterstützte die Partei die in den «neuen Ländern» an die Macht gekommenen ostdeutschen Politiker. Es waren häufig Pastoren oder evangelische Theologen, wobei Wolfgang Thierse, ganz im Gegensatz zu seinem Aussehen und seinem Auftreten, einer der wenigen Katholiken ist, der in der SPD in die vorderste Linie gelangen konnte.

Der spätere Niedergang der Christdemokraten war großenteils zwei schwerwiegenden anfänglichen Fehlern der Kohl-Regierung geschuldet. Der erste beruhte auf der Gesamteinschätzung der Lage, der zweite betraf die Art und Weise, wie man die Aktion zur «Verwestlichung» der «neuen Länder» durchzuführen gedachte.

Als man die Vereinigung vorbereitete, unterschätzten alle die Fähigkeit der SED, ihrer Führung und Statistiker, Tatbestände zu verschleiern und Lügengebäude zu errichten: der Zustand der ostdeutschen Wirtschaft wurde folglich überschätzt. Ein ähnliches Gefühl überkam einen, wenn man nach der «Wende» mit einem Bürgermeister einer Stadt mittlerer Größe durch die Straßen schritt und ehrwürdige Fassaden gezeigt bekam, die nur den tatsächlich katastrophalen Zustand der Gebäude kaschierten, wie man leicht feststellen konnte, wenn man sie von den Hinterhöfen aus betrachtete. Alle Voraussagen bezüglich der Höhe der benötigten westlichen Hilfen sind dadurch verfälscht worden.

Es wäre leichter gefallen, den neuen Mitbürgern der Bundesrepublik die Situation zu erklären, wenn nicht die ganze Vereinigung auf die stillschweigende Annahme gegründet worden wäre, daß die wirtschaftliche Entwicklung ausreichen werde, um die Demokratie in der ehemaligen DDR zu stärken. Der erwartete Wohlstand sollte allein die Entscheidung rechtfertigen, dem Deutschland der Grundfreiheiten beizutreten. Man übersah dabei, daß in Deutschland die pluralistische und tolerante Demokratie nicht nur von den Besatzungsmächten auferlegt worden war, so wie es manche Intellektuelle im Rückblick fälschlich behauptet haben. Unzählige Männer, Frauen, Einrichtungen, Gewerkschaften, Parteien und konfessionelle Verbände haben einen demokratisierenden Einfluß ausgeübt. Im neuen östlichen Teil ist ähnliches kaum geschehen. Wie es Joachim Gauck in seiner Rede zum 50. Jubiläum der Thüringer evangelischen Akademiearbeit im Juli 1997 zum Ausdruck gebracht hat, fehlte es an Warnungen, daß das Ausbleiben der politischen Paradiese kein Beweis für die Abwesenheit der Demokratie ist und daß in dieser das weniger Schlechte einen hohen Wert hat.

* * *

«Haben wir denn im Ernst annehmen können, wir wären nach vierzig Jahren der Trennung, der unterbundenen Information und der unterschiedlichen Erfahrungen und außerdem nach zweimaligem Generationswechsel noch dieselben?»

Diese rhetorische Frage stellte Roman Herzog in seiner Antrittsrede als Bundespräsident am 1. Juli 1994. Er wußte nur zu gut, daß die Frage berechtigt war. Ja, die beiden Teile Deutschlands hatten verschiedene Geschichten erlebt. So feierte beispielsweise das Außenministerium im März 2001 sein fünfzigjähriges Bestehen. Vor der Teilnahme an einer Diskussion, die Joschka Fischer zu diesem Anlaß organisiert hatte, besuchte ich Wolfgang Thierse. Ich mußte ihm genau erklären, wie erst die «kleine Revision» des Besatzungsstatuts von 1949 die Bundesregierung am 6. März 1951 ermächtigt hat, ein «Ministerium für Auswärtige Angelegenheiten» zu errichten, was erlaubt hatte, am 18. April eine deutsche Unterschrift unter den Vertrag der Montanunion zu setzen. Das Datum hatte nur für die Bundesrepublik Bedeutung besessen. Es spielte keine Rolle in der Geschichte der DDR.

Ähnliches konnte man beobachten, als sich Joschka Fischer im Februar 1999 in Frankfurt an der Oder an eine «Bürgerversammlung» wandte. Zu dieser Zeit wurde er im Westen wegen seines Verhaltens 1968 als revolutionärer

Student angegriffen. Er schlug dem Publikum vor, auch diesen Abschnitt seines Lebens zu diskutieren. Es kam indes keine einzige Frage zu diesem Thema: für die Bevölkerung an der polnischen Grenze war das große Ereignis 1968 der Prager Frühling und seine Niederschlagung, nicht aber die Studentenbewegung in Westeuropa gewesen.

Und selbst das, was gemeinsame Geschichte sein sollte, wird nicht auf dieselbe Art erinnert. Zum 8. Mai 1995 wurde bei einer demoskopischen Untersuchung die Frage gestellt: «Wer hat im Zweiten Weltkrieg die entscheidende Rolle beim Sieg über den Faschismus gespielt?» In Westdeutschland antworteten 69 % «die USA» und 24 % «die Sowjetunion». Letztere Antwort gaben in Ostdeutschland 87 % der Befragten. Im Westen bringt man oft stolz zum Ausdruck, in Freiheit und Wohlstand gelebt zu haben. Die Westdeutschen haben sicherlich das Verdienst erworben, hart gearbeitet und den Rechtsstaat angenommen, dann aktiv unterstützt zu haben. Aber sie haben vielleicht vor allem das Glück gehabt, auf der richtigen Seite des «Eisernen Vorhangs» gewesen zu sein. Die Ost-Westbegrenzung war einzig einem doppelten Zufall der Geschichte geschuldet. Ganz allgemein zunächst der Aufteilung zwischen den beiden großen Siegermächten. Im besonderen dann wegen der Truppenbewegungen vom 1. Juli 1945, ein im Westen fast völlig ignoriertes Datum. An diesem Tag hatten die Siegermächte die Verpflichtung erfüllt, die sie im Vorjahr, vor jeglicher militärischer Präsenz auf deutschem Boden, durch ein in London unterschriebenes Abkommen übernommen hatten. Berlin sollte der Ort werden, von dem aus Deutschland gemeinschaftlich regiert würde. Obwohl sie ganz Berlin besetzt hielt, ließ die Rote Armee die anderen Siegermächte ihre jeweiligen Berliner Sektoren in Besitz nehmen. Zur selben Zeit zog sich die amerikanische Armee auf die in London willkürlich festgelegte Trennungslinie zurück und räumte ein großes Gebiet im Herzen Deutschlands. Wäre dagegen die letzte Frontlinie beibehalten worden, hätte es kein Westberlin gegeben, und die Bürger von Leipzig, Weimar, Erfurt, Jena und Schwerin hätten ebenfalls frei und wohlhabend leben können.

Die Frage nach den verschiedenen Verdiensten, welche sich Kohl, Genscher, Gorbatschow oder George Bush erworben hatten, ließ den Mut der ostdeutschen Demonstranten wie auch die Leistungen des «Runden Tisches» und der letzten Volkskammer der DDR vergessen. Am 18. März 2000 – zum 10. Jahrestag der Kammer – richtete sich der Theologe und Politiker Richard Schröder an den Bundestag. Richard Schröder, eine der moralischen Instanzen des vereinten Deutschlands, war 1990 Vorsitzender der sozialdemokratischen Volkskammerfraktion gewesen. Er zog gegenüber beiden Teilen des Landes ausgewogen und mutig Bilanz. Ohne direkte Anspielung auf den gegenwärtigen Bundestag betonte er insbesondere die menschlichen Qualitäten jener Männer und Frauen, deren Rolle im Einigungsprozeß vergessen oder verdrängt worden sei.

Die anfängliche Weigerung der Westdeutschen, mit den wiedergefundenen Schwestern und Brüdern zu teilen, wäre noch blamabler gewesen, hätte es das deutliche Bewußtsein gegeben, daß gerade jene am härtesten und am längsten unter den Folgen des Untergangs des Hitler-Regimes hatten leiden müssen. Die Weigerung dauerte nicht an, und der Transfer von Finanzmitteln wurde schließlich akzeptiert. Die psychologischen Spuren dieser verweigerten Solidarität waren dauerhaft. In seiner Wahlkampagne 1990 hatte Helmut Kohl versprochen, daß die Vereinigung von den westdeutschen Steuerzahlern keine Opfer verlangen werde. Oskar Lafontaine gab darauf nicht etwa die Antwort, daß man sich solidarisch zeigen müsse, sondern daß man die vollständige Einheit hinauszögern solle, um es den Ostdeutschen zu erlauben, selbst mit der Krise fertig zu werden.

Und dieses nicht gehaltene Versprechen machte 1991 die Zeitschrift *Metall*, das Presseorgan der größten deutschen Gewerkschaft IG-Metall, dem Kanzler zum Vorwurf, weil von da an alle westdeutschen Beschäftigten eine zusätzliche Steuer zahlen mußten, um zu versuchen, Arbeitern im Osten ihre Beschäftigung zu retten.

Es bildete sich eine gewisse Verachtung der Westdeutschen für die Ostdeutschen heraus. «Die können nicht arbeiten»: es stimmt, daß die geringen Gehälter und der beschränkte Zugang zu Konsumgütern nicht gerade zu intensiver Arbeit angeregt hatten. Als jedoch ein westlicher Käufer einer Textilfabrik – wobei er sich über eine Schließungsentscheidung der Treuhand hinwegsetzte – ankündigte, daß niemand entlassen würde, stieg die Produktivität steil an, weil man die Belegschaft als verantwortliche Personen und nicht als Gegenstände behandelte.

Die Mißachtung war real. Ein ehemaliges Au-Pair-Mädchen, seit langem schon Lehrerin in einem süddeutschen Gymnasium, besucht die Pariser Familie, in der es gelebt hatte. Sie spricht von den Partnerschaften, die mit Schulen in Fontainebleau bei Paris und Lodi, unweit von Mailand, abgeschlossen worden seien. Demnächst werde eine weitere mit einer Prager Schule zustande kommen. «Und warum nicht mit Dresden oder Leipzig?» – «Die sind noch nicht so weit». – «Aber meine Liebe, kein französischer Lehrer würde sich so über ein afrikanisches Gymnasium äußern!»

Oft ist es schwierig, zwischen Mißachtung und Ignoranz klar zu unterscheiden. Wenn man in den Abschlußklassen westdeutscher Gymnasien die Frage stellt: «Sind Sie schon einmal in Frankreich gewesen?», wird einem die bejahende Antwort im Brustton der Überzeugung gegeben, selbst in den nicht direkt an Frankreich grenzenden Bundesländern. «Und waren Sie auch schon in Sachsen oder Thüringen?» – «Nein, wieso?» Die Ignoranz ist hier eher unbewußt als mißachtend. Was soll man aber zu dem «Ossi»-Publikum sagen, das im November 1995 an der Überreichung des Wartburg-Preises an den ehemaligen Bundespräsidenten Richard von Weizsäcker, teilnahm? Auf der Wartburg, die ebenso Symbol der Zeit Luthers, der sich verfolgt hierhin zurückzog, wie auch der Studentenbewegung des 19. Jahrhunderts ist, belohnt dieser Preis moralische Anstrengungen von Menschen, die sich im vereinten Deutschland um die wirkliche Einigung der Menschen bemüht haben. Kein Amtsträger, keine Politikerin und kein Politiker aus dem Westen hatten ihre Anwesenheit aus diesem Anlaß für nötig befunden.

Oft sprechen die «Wessis» im Namen der «Ossis», als ob sie ihr Vormund seien. Oder man diskutiert die Einigung ausschließlich unter ehemaligen Westdeutschen: am Ende einer langen Fernsehdebatte anläßlich des 50. Jubiläums der Bundesrepublik, die im Mai 1999 in Berlin stattfand, bemerkte der französische Mitdiskutant, daß man doch vierzig Jahre plus zehn Jahre sagen sollte, denn 1990 habe sich doch etwas Bedeutendes zugetragen ... während die Grüne Spitzenpolitikerin Gunda Röstel nach der Sendung schmunzelnd hinzufügte, daß sie sich an diesem Abend vierfach als «Quote» gefühlt habe: als einzige Frau, als einzige Junge, als einzige Grüne, als einzige «Ossi». Sie war in der Tat erst vierunddreißig Jahre alt, während die Veteranen Rainer Barzel, Hans-Dietrich Genscher, Egon Bahr und ich alle zwischen 1922 und 1927 geboren waren.

Gleichzeitig weiden sich viele im Osten seit 1990 im Selbstmitleid und vereinfachen übertrieben mit anklägerischem Ton! In Ostdeutschland gilt es weiterhin, zu nicht vereinfachenden Vergleichen aufzufordern. Nein, die Bundesrepublik hat niemals, und niemals weniger als heute einen Wohlstand für alle gekannt. Die Arbeitslosenquote ist zwar im Osten sehr viel höher, ein Arbeitsloser aber in Duisburg, wo Stahlwerke geschlossen haben, oder in Essen, nun ohne Kohleressourcen, ist in einer ebenso dramatischen Situation wie ein Kumpel im Osten, der Braunkohle abbaute. Und man darf nicht vergessen, daß die ehemalige DDR seit den neunziger Jahren das meistbegünstigte Land des nicht mehr existierenden sowjetischen Imperiums ist. Ein ostdeutscher Arbeitsloser hat sicherlich einen höheren Lebensstandard als ein polnischer Arbeiter, der einen Lohn erhält.

Auf beiden Seiten sollte man sich immer wieder den zentralen Teil der hervorragenden Rede von Christa Wolf am 27. Februar 1994 in Dresden vor Augen halten: «Ja, die Vereinigung hat sich auf wirtschaftlicher Ebene als Verteilungskampf entwickelt, in dem die meisten Ostdeutschen keine Chancen hatten. Ja, es gibt eine Tendenz zur Kolonisierung der ostdeutschen Gebiete durch westdeutsche Verwalter, die für ihre löbliche Tätigkeit in einem unterentwickelten Land eine ‹Buschzulage› bekommen; aber irgendwann sollte jemand auch mal ein Loblied singen auf die vielen Westdeutschen auf allen Ebenen von Wirtschaft, Verwaltung, Kultur, die, selbstlos und ohne Überheblichkeit, die Probleme nicht beschönigen und mit Takt und Sachverstand mit ihren ostdeutschen Kollegen zusammenarbeiten.»

Zahlreich sind die Beispiele, in verschiedenen Bereichen der Wirtschaft. Da es kein Bankensystem in der DDR gab, haben die großen westdeutschen Banken und Sparkassen großzügige Investitionen bei Sachkosten und Personaleinsatz vorgenommen, um ihre neuen Mitarbeiter auszubilden. Wieviel Richter im Ruhestand, wieviel jüngere Juristen sind nicht herbeigeströmt, um unentgeltlich den Richtern und Anwälten der ehemaligen DDR fehlende Kenntnisse im Zivil- und Handelsrecht zu vermitteln! Manche Professoren erhielten Lehrstühle, weil sie im Westen keinen ergattert hatten; andere behielten ihren Wohnsitz im Rheinland, weil «man in Halle wirklich nicht wohnen kann» – obwohl die Stadt besonders reich an Traditionen und Kulturgütern ist. Es gab aber auch all jene, die sich in Dresden oder Greifswald niederließen. Und war es nicht Hinrich Lehmann-Grube, vormals Oberstadtdirektor in Hannover, dem die hervorragende Entwicklung von Leipzig zu verdanken ist? Er verwaltete die Stadt von 1990 bis 1998 und übergab dann das Amt an seinen ostdeutschen Nachfolger, den er selbst auf diese Aufgabe vorbereitet hatte. Währenddessen war in Dresden der von Kurt Biedenkopf aus dem Westen geholte Wirtschaftsprofessor Georg Milbradt sicherlich der beste Finanzminister in der Bundesrepublik seit 1990 – bis Biedenkopf ihn nicht mehr in seiner Regierung haben wollte.

Die Entwicklung der Einstellungen der Menschen ist nach zwölf Jahren institutioneller Einheit schwierig vorhersagbar. Welche wirtschaftliche Zukunft wird die ehemalige DDR nehmen, wo doch die heutigen Entwicklungen recht widersprüchlich sind? Zu welcher Vorstellung von der deutschen Nation können die Generationen gelangen, die nicht im SED-Staat gelebt haben werden? Aber wird es überhaupt noch junge Generationen geben? Eine berechtigte Frage, wenn man das Ausmaß der Abwanderung nach Westdeutschland und die allgemeine demographische Lage betrachtet. Welche Übermittlungsformen der Erinnerung werden unabhängig von der heutigen, gelebten Realität dazu beitragen, die künftigen Geisteshaltungen auszubilden?

Wir werden darauf Antworten geben müssen, wobei einstweilen zwei Schlußfolgerungen erlaubt sind. Zum einen stimmt es nicht, wie es ein Teil der deutschen Intellektuellen und einige Franzosen, die bedingungslose Anhänger der DDR waren, behaupten und immer wieder von sich geben, daß die PDS nämlich allgemein im Namen der Bürger der «Neuen Länder» spreche. Sie vereint nur weniger als ein Viertel aller Wählerstimmen auf sich. Es ist zwar schwierig, ihre Entwicklung angesichts ständig zurückgehender Mitgliederzahlen und ebenso ständig ansteigender Wählerzahlen vorherzusagen. Aber so zu tun, als sei sie allein ermächtigt, der Meinung der «Ossis» Ausdruck zu verleihen, wobei der Schwerpunkt ohne Unterlaß auf Enttäuschungen, Verbitterungen und Ängste gelegt wird, hieße ihren Vertretungsanspruch unerlaubterweise zu überschätzen. Implizit erscheint bei dieser Haltung stets der Hintergedanke, die ganze Wiedervereinigung nach Artikel 23 sei zu verurteilen.

Aber die Enttäuschung und Bitterkeit der anderen Seite ist ebenso ungerechtfertigt, wenn sie in den oft zitierten Ausspruch von Bärbel Bohley mündet: «Wir haben Gerechtigkeit gewollt und den Rechtsstaat bekommen». Allerdings hat die mutige Gegnerin des Regimes wirklich Grund dazu, bitter zu sein: die von ihr bekämpfte Nachfolgepartei der SED wird nach und nach hoffähig, während sie selbst beiseite geschoben, wenn nicht völlig vergessen worden ist.

* * *

Der Dialog zwischen Ost- und Westdeutschland ist um so schwieriger, als seine Ergebnisse sehr verschieden ausgelegt werden können. Zum einen schlagen die Solidaritätsbestrebungen und Erfolge, zum anderen die Rückschläge und Mißerfolge, die wenig ermutigenden Perspektiven zu Buche. Nur wenige «Ossis» bestreiten, auch wenn sie das Ergebnis als ganz natürlich empfinden, die hervorragende Entwicklung der Infrastrukturen – Straßen, Eisenbahnen, Telefon und Elektrizität. Die öffentlichen Investitionen wurden durch einen ungeheuren Transfer von Finanzmitteln ermöglicht, der zu einem guten Teil durch eine insgesamt klaglos hingenommene zusätzliche Einkommenssteuer in der alten Bundesrepublik zustande kam.

Während man in den besetzten Zonen im Westen bereits vom Marshall-Plan profitierte, wurde die sowjetisch besetzte Zone noch von ihrem Besatzer ausgeplündert. Die Ungleichheit der Chancen hat in der Tat vier Jahrzehnte bestanden. Aber die Dauer der Ausgleichszahlungen ist deshalb doch nicht zu verachten! Der Solidarpakt II garantiert den östlichen Bundesländern zwar Unterstützung bis zum Jahr 2020, aber bei allmählich zurückgehenden Summen. Stehen ihnen 2005 noch 10,5 Milliarden Euro zur Verfügung, werden es 2010 8,7, im Jahr 2015 5 und 2019, im letzten Jahr des Planes, noch 2,1 Milliarden Euro sein.

Ausländische private Investoren erhalten wie in Frankreich auch Investitionsanreize, sobald sie Arbeitsplätze schaffen und technologische Entwicklungen vorantreiben. Die «Elf-Affäre», bei der es um öffentliche Mittel zum Wiederaufbau der Raffinerie in Leuna ging, hat die Aufmerksamkeit auf mögliche, in diesem Falle sogar wahrscheinliche Veruntreuungen öffentlicher Mittel gerichtet. Die Art, wie die deutsche Justiz im Juli 2001 den Fall einstellte, während sich in Frankreich und der Schweiz die Indizien häuften, hat nur wenige Zeitungen wirklich in Entrüstung versetzt.

Großprojekte werden spektakulär in die Öffentlichkeit getragen. So errichtet BMW in Leipzig eine neue Automobilfabrik, die zehntausend Arbeitsplätze schaffen soll. In der Ankündigung vom Juli 2001 war auch von den beiden Gegenleistungen die Rede: 28 % der Investitionen würden aus öffentlichen Mitteln bestritten, und die IG-Metall erklärte sich bereit, hinsichtlich der Flexibilisierung der Arbeitszeit und der Arbeitsstundenzahl außergewöhnliche Zugeständnisse zu machen. Nach Leipzig war der große sächsische Rivale Dresden im Dezember an der Reihe, wo Volkswagen sein prachtvolles Projekt der «Gläsernen Manufaktur» vorstellte: als «Kathedrale» der Automobilfabrikation und als Experiment im Städtebau gleichzeitig soll die gläserne Fabrik zum modernsten Monument der wiederaufgebauten Stadt werden.

Bevor die Wahl auf Leipzig fiel, hatte BMW fünf verschiedene Städte als Konkurrenten ins Spiel gebracht, darunter Arras in Frankreich und Kolin in der Tschechischen Republik. Ohne öffentliche Subventionen wäre wegen der geringeren Lohnkosten Kolin der Zuschlag erteilt worden. Hier hatte man es wieder mit der dramatischen Konsequenz einer Entscheidung zu tun, die 1990 allerdings nicht anders hätte ausfallen können.

Dem Anschein nach gab es eine Alternative. Entweder man hätte noch für lange Zeit ein erhebliches Lohn- und Rentengefälle zwischen der alten Bundesrepublik und den «neuen Bundesländern» in Kauf genommen, was deren Wettbewerbsfähigkeit trotz der Produktivitätsrückstände beträchtlich erhöht hätte. Oder aber man nahm die zu erwartenden Fortschritte der Produktivität vorweg und beschleunigte möglichst die Angleichung. Wie hätte jedoch die Regierung dafür Verständnis wecken können, daß der wirtschaftliche Aufschwung unter Beibehaltung ganz beträchtlicher sozialer Ungleichheiten unternommen werden sollte, was zwangsläufig als ungeheure Ungerechtigkeit empfunden worden wäre? Die negativen Auswirkungen dieser Entscheidung beginnen erst jetzt richtig zum Vorschein zu treten und bleiben trotzdem weitgehend unbemerkt von der öffentlichen Meinung. Die Tatsache, daß es für amerikanische, französische und westdeutsche Unternehmen vorteilhafter ist, in der Nähe von Prag und Budapest zu investieren als in Leipzig, bleibt ein Tabu, das nicht gebrochen werden darf – um so mehr als die tschechische und ungarische Leistungsfähigkeit immer weniger den Vergleich mit Ostdeutschland zu scheuen braucht.

Der vorletzte Abschnitt des sehr langen Artikel 30 des Vereinigungsvertrages führt knapp aus, daß die Gehälter und Renten denen im Westen angeglichen werden sollen. Vielleicht war es wegen der Kürze dieser Äußerung in einem gigantischen Textkorpus (24 eng bedruckte Seiten enthalten 45 Artikel, im Anhang befinden sich 502 Seiten Zusatzprotokolle), vielleicht nahm man dieses Anliegen als selbstverständlich an – Bezug nahm man auf diesen Artikel nur im Zusammenhang mit der Verzögerung und den Unzulänglichkeiten seiner Durchsetzung. Auch heute gibt es in der Tat noch nennenswerte Unterschiede bei den Gehältern zweier ranggleicher Beamter oder Angestellten, die Seite an Seite in demselben Büro arbeiten. Es gilt jedoch eine psychologische Grundkonstellation zu berücksichtigen. Die «westdeutsche» Auslegung des Vertrages hat eine Rechtfertigung: die Anhänge führen im Detail, je nach ministeriellem Zuständigkeitsbereich, aus, wie die bundesdeutsche Rechtsprechung mit all ihren Rechten und Vorteilen an die Stelle der Gesetze der DDR tritt.

Hinsichtlich der konkreten Durchsetzung aber, wo der Vertrag Dinge verschwinden ließ, ohne es jemals wirklich zu sagen, hatte die Bevölkerung des sich sozialistisch nennenden Staates durchaus Grund zur Empfindsamkeit. Beispielsweise war die Kostenerstattung für orthopädische Schuhe in der DDR besser gewährleistet. Ein kleiner Zusatz im schier endlosen Abschnitt III des Sachgebietes I «Gesetzliche Unfallversicherung» sagt zur (bundesdeutschen) Verordnung über die orthopädische Versorgung Unfallverletzter vom 18. Juni 1973: «Die Verordnung tritt am 1. Januar 1991 in Anwendung. Bis zum 31. Dezember 1990 kann in dem im Artikel 3 des Vertrages genannten Gebiet nach den beim Wirksamwerden des Beitritts geltenden Regeln verfahren werden.» Verborgener und verbrämter geht es nicht. So vermied man das Eingeständnis, daß es den Bürgern der DDR bei gewissen Dingen besser gegangen war, ob sie nun Kommunisten waren oder nicht.

Die Philosophie des Vertrages entsprach der mehrheitlichen Meinung der Westdeutschen: nichts, was gewesen war, durfte bewahrt werden, weil alles mit dem Makel des «Roten» behaftet war. Die meisten Länder Europas, Frankreich einschließlich, sehen eine Schulzeit von zwölf Jahren vor. Ebenfalls die DDR. Man hätte also im wiedervereinigten Deutschland von den dreizehn Jahren Schulzeit der Bundesrepublik auf die zwölf Jahre des benachbarten Partners Frankreich umstellen können. Lieber versuchte man den «neuen Bundesländern» die dreizehn Jahre aufzuzwingen.

Die hauptsächlichen Leidtragenden dieses Grundsatzes waren die ostdeutschen Frauen. Gleichzeitig führte man die westdeutsche Gesetzgebung bei der Abtreibung ein und schloß zahlreiche angeblich «rote» Kindertagesstätten, obwohl in der DDR weit mehr Frauen berufstätig waren als in der Bundesrepublik. Die Arbeitslosigkeit der Mütter und der Zusammenbruch der Geburtenrate haben natürlich auch noch andere Ursachen gehabt, diese aber ist wirklich nicht zu vernachlässigen!

Die Entvölkerung erklärt teilweise das nachlassende Wirtschaftswachstum der «neuen Bundesländer». Aufgrund der wirtschaftlichen Rückständigkeit und des Finanzmitteltransfers verzeichneten sie zunächst ein wesentlich höheres Wachstum als Westdeutschland. Noch 1994 legten sie um 12 % zu, im Westen waren es weniger als 2 %. Innerhalb von drei Jahren folgte der freie Fall. Heute stagniert der Osten. Obgleich er sofort im Kanzleramt einen «Staatsminister für die Angelegenheiten der neuen Bundesländer» einsetzte, schien Kanzler Schröder das Problem zu unterschätzen. Als er es anschließend zur Priorität erhob, wollte er wohl auch Wolfgang Thierse ins Unrecht setzen. Der Bundestagspräsident hatte nämlich für Unruhe in seiner Partei gesorgt, als er im Dezember 2000 «Fünf Thesen zur Vorbereitung eines Aktionsprogrammes für Ostdeutschland» veröffentlichte. Seine Bestandsaufnahme war pessimistisch. Er bemerkte insbesondere, daß der Beitritt mittel- und osteuropäischer Länder zur Europäischen Union das Niveau der europäischen Hilfszahlungen absenken werde, und schlug die Beibehaltung der Transferzahlungen bis

2010 in Höhe von 3,5 % des Bruttosozialproduktes vor. Er unterstrich die Dringlichkeit, die Entvölkerung gen Westen aufzuhalten. Keine präzisen Vorschläge konnte er dagegen unterbreiten, was die besonders besorgniserregende Jugendarbeitslosigkeit im Umfeld einer allgemeinen Arbeitslosigkeit betrifft, die sowieso wesentlich höher als im Westen ist.

Die nackten Zahlen sind schon bedrückend: Zwischen 1990 und 1999 haben die Städte 15 % ihrer Bevölkerung verloren, mit Spitzenwerten von 18 % bis 19 % in Schwerin und Rostock. Selbst das industrielle und universitäre Vorzeigemodell Jena verzeichnet einen Bevölkerungsrückgang von mehr als 5 %. Mit Ausnahme von Brandenburg, das wegen der hohen Mieten in Berlin mehr und mehr zum Großraum Berlin hinzuzuzählen ist und deshalb leichte Zuwächse aufweist, haben alle «neuen Bundesländer» insgesamt zwischen 6,2 und 7,8 % ihrer Bevölkerung verloren. Aber hinter diesen Zahlen verbirgt sich noch Schwerwiegenderes. Es gab zahlreiche Hinzuziehende aus dem Westen. Sie setzten sich – und setzen sich immer mehr – aus Rentiers und Pensionären zusammen und sind auf jeden Fall älter als die Wegziehenden. Eine bemerkenswert wiederaufgebaute und sanierte Stadt wie Görlitz verliert jährlich ungefähr tausend Einwohner. «Gestern», so erklärt mir bei einem Besuch der Bürgermeister der Stadt im November 2001, «kam eine junge Frau zu mir. Sie erzählt mir, daß sie nach langer Arbeitslosigkeit eine Stelle in Bielefeld gefunden hat. Ihr ebenfalls arbeitsloser Mann wird sie begleiten. Und natürlich nehmen sie auch ihre beiden Kinder mit. Letztendlich verliert Görlitz also vier weitere Einwohner.»

Die CDU und mit ihr viele Medien unterscheiden zwischen den relativ wohlhabenden «neuen Bundesländern» und denen, wo die PDS in einer Koalition mitregiert oder mit ihrer Duldung regiert wird. Es trifft zu, daß die Schweriner Regierung aus SPD und PDS Mecklenburg-Vorpommern nicht in ein touristisches Paradies hat verwandeln können, trotz der Anziehungskraft seiner Küste und dem fast vollständigen Fehlen von industriellen Großanlagen. Und alle Welt prangert den Mißerfolg von Reinhard Höppner an, der mit Unterstützung der PDS in Magdeburg regierte. Die Landtagswahl am 21. April hat den Absturz der SPD von 35,9 % auf 20 % der Stimmen mit sich gebracht, was den Ministerpräsidenten zum Abschied aus der Politik veranlaßte.

Man bestritt Höppner das Recht, sich den Rückgang der Arbeitslosenzahlen in Sachsen-Anhalt zugute zu halten, da zahlreiche Arbeitnehmer in Rente gegangen seien und die Anzahl der «Grenzgänger», die in anderen Bundesländern arbeiteten, hoch sei. Dieser Vorteil kommt aber stärker noch in Thüringen, das an Hessen grenzt und von der CDU regiert wird, zum Tragen. Und das seit der industriellen Revolution mit den drei potenten Wachstumszentren Leipzig, Dresden und Chemnitz gesegnete Sachsen verzeichnet ebenfalls schrumpfende Bevölkerungszahlen und ansteigende Arbeitslosigkeit.

Welchen Anteil an Verantwortung tragen die Regierungen Kohl und Schröder? Welcher Teil geht auf das Erbe des «sozialistischen Staates der Arbeiter und Bauern» zurück? Die Antwort hängt von der Vorstellung ab, die sich die Ostdeutschen von der ehemaligen DDR machen. Und diese Vorstellung ist weitgehend bestimmt von der Art, wie die Erinnerung weitergetragen wird, vor dem Hintergrund der alles bestimmenden Erinnerung an die Hitlerzeit.

3. Kapitel
Deutschland unter der Last
der Erinnerung

Alle Gemeinschaften und insbesondere alle Nationen haben ein zu Unrecht so bezeichnetes «kollektives Gedächtnis». Zu Unrecht, weil es sich dabei keineswegs um eine Gesamtheit von Erinnerungen handelt. Mir ist es nicht möglich, die Erinnerung an Verdun zu haben, weil ich noch nicht geboren war. Das «kollektive Gedächtnis» besteht aus der Aneignung von Übermitteltem. Und diese Übermittlung – sei es durch die Familie, die Schule oder die Medien – hätte auch anders vonstatten gehen können. Das Georg-Eckert-Institut für internationale Schulbuchforschung in Braunschweig läßt deshalb seit einem halben Jahrhundert Geschichtslehrer aus zwei Ländern (zunächst aus Frankreich und Deutschland, später aus Deutschland und Polen sowie Deutschland und Israel) miteinander arbeiten, damit sie zu gemeinsamen Vorstellungen ihrer Nationalgeschichten gelangen. Eine der unbekanntesten und nur sehr ungern zugegebenen Schwierigkeiten ist dabei, daß die deutschen und französischen Lehrer, sobald sie sich mit jüngerer Geschichte beschäftigen, weitgehend Autodidakten sind, da ihnen dieser Zeitraum auf der Universität nicht vermittelt worden ist. Bei ihnen macht sich stark der Einfluß ihrer Lebensumwelt, wo Übermittlung mehr von Gefühlsmäßigkeiten als von Wissenschaftlichkeit geprägt ist, bemerkbar. Und sie stehen heute in Deutschland noch mehr als in Frankreich vor Schülern, für die der Geschichtsunterricht immer nebensächlicher wird und eine immer kleinere Rolle in ihrer Ausbildung spielt. Der wichtigste Grund dafür, daß viele junge Deutsche mit der Geschichte der dreißiger und vierziger Jahre des 20. Jahrhunderts so wenig vertraut sind, liegt darin, daß der Geschichte im Unterricht immer weniger Bedeutung eingeräumt wird.

Kein anderes Land auf der Welt, oder jedenfalls in Europa, hat indes so große Anstrengungen unternommen – und läßt auch heute davon nicht ab –, um die Erinnerung an die finsterste Zeit seiner Nationalgeschichte wachzuhalten, zu entwickeln und zu übermitteln. Es ist nicht ganz leicht zu unterscheiden, was durch eigenen Willen und was durch äußeren Druck zustande kommt, als Reaktion auf die ständigen, von außen herangetragenen Anklagen und Verdächtigungen. Diese Zweideutigkeit zeichnete bereits den ersten großen, dem Thema gewidmeten Regierungsakt, die Erklärung des Kanzlers Adenauer vom 27. September 1951 aus, die eine moralische und materielle Verpflichtung gegenüber den jüdischen Opfern des Nationalsozialismus darstellte.

Lange Zeit wurden auch die Zeitgenossen des Nazi-Schreckens mitangeklagt, so als ob man den Begriff der Kollektivschuld zu akzeptieren habe. Selbst während der Nürnberger Prozesse wurde diese Idee verworfen, das Gericht beschränkte sich auf die Erklärung, daß die Mitglieder einer kriminellen Vereinigung wie der SS unter Anklage gestellt werden und anschließend einzeln für ihre persönlichen Taten verurteilt werden müßten. Meinerseits gelangte ich im August 1944, nachdem ich durch eine BBC-Radiosendung erfahren hatte, daß die Schwester und der Schwager meines Vaters von Theresienstadt nach Auschwitz transportiert worden waren, zu der Überzeugung, daß es keine Kollektivschuld geben könne, mochten die Verbrechen noch so grauenhaft und die Verbrecher noch so zahlreich gewesen sein.

Trotzdem existiert natürlich eine Verantwortung, eine kollektive Bürde, die auf einer ganzen menschlichen Gruppierung lastet. Leider haben das deutsche Wort *Haftung* und das englische *liability* im Französischen keine Entsprechung. Diese Haftung lastet ebenso auf den Zeitgenossen der Verbrechen wie auf ihren Nachkommen, zumindest auf den ersten Generationen. Ich mag noch so sehr die französische Folter in Algerien verurteilt haben, ich trage dennoch gegenüber den Algeriern die Bürde der schlimmen Taten, die im Namen Frankreichs begangen worden sind. Als junger Sozialist floh Willy Brandt 1933 aus Hitler-Deutschland und kämpfte dann unablässig gegen das Schreckensregime. Doch als Kanzler der Bundesrepublik fiel er 1970 vor dem Mahnmal für das Warschauer Ghetto auf die Knie und akzeptierte die Last einer kollektiven Verantwortung des deutschen Volkes.

Die Unterscheidung ist um so notwendiger, als heute immer weniger Deutsche als Erwachsene oder selbst Jugendliche in der Hitlerzeit gelebt haben. In Frankreich können die jungen Deutschen zuweilen den Eindruck gewinnen, der Deutsche sei fähig, sich bis ins hohe Greisenalter fortzupflanzen. «Wie antworten deine Eltern, wenn du sie fragst, was sie im Krieg getan haben?» Es erscheint unglaublich, daß diese Frage überhaupt noch gestellt werden kann. Wer bei der Machtergreifung Hitlers mindestens vierzehn Jahre alt war, ist im Jahre 2002 83. Die Eltern eines heute sechzehnjährigen Jungen oder Mädchens sind gegen 1957 geboren, die Großeltern um 1930. Sie könnten höchstens noch ihre Urgroßeltern befragen – falls sie noch leben!

1930 ist im übrigen auch das Geburtsjahr von Helmut Kohl, der völlig zu Recht für seine Person die «Gnade der späten Geburt» in Anspruch nahm: 1945 war er fünfzehn Jahre alt, wohingegen sein zwölf Jahre älterer Vorgänger Helmut Schmidt erzählte, wie schizophren es gewesen sei, sich als junger Offizier tagsüber für Hitler zu schlagen, um abends seine Niederlage herbeizusehnen.

Im Laufe der kein Ende nehmenden Debatten über die

Funktion der Nazi-Vergangenheit in den aufeinanderfolgenden Phasen der deutschen Gegenwart hätte man drei
ständig benutzte Begriffe aus dem Wege räumen oder zumindest klarstellen müssen: Banalisierung, Historisierung
und Unvergleichbarkeit. «Banalisieren» hat wenigstens
zwei Bedeutungen: Aids zu banalisieren heißt zu denken,
es sei eine Krankheit wie andere auch, der man keine zu
große Bedeutung beimessen sollte. Oder aber andererseits
zu sagen, daß es zwar eine grauenvolle Krankheit sei, deren
Schrecken uns aber nicht dazu verleiten sollte, die Plage
Krebs aus unserem Bewußtsein und unseren Anstrengungen um mehr Gesundheit zu verdrängen. Im ersten Fall
meint banalisieren bagatellisieren, im zweiten, die Dinge in
einen größeren Zusammenhang zu stellen.

Versteht man unter Historisierung eine Betrachtungsweise, die sich durch keine menschlichen Regungen beeinflussen läßt, so unterstellt man den Historikern den abwe-
gigen Gedanken, daß die Geschichte ein toter Gegenstand
ist, ohne jeden Bezug zu dem, was der Geschichtswissen-
schaftler und der Leser einer geschichtlichen Untersuchung
empfinden mögen. Begreift man Historisierung als Bezug-
nahme auf vergangenes Geschehen, das für die Gegenwart
keine Bedeutung mehr hat, so übersieht man, daß die Vergangenheit in den Köpfen der Menschen durchaus präsent
ist, wird doch deren geistige Haltung nicht zuletzt auch
durch die Kenntnis des Vergangenen geprägt. Versteht man
schließlich unter Historisierung, daß der «historisierte»
Tatbestand der kritischen Untersuchung durch Historiker
unterzogen wird, und sei es noch so sehr zum Schaden
achtbarer Anschauungen, kann man sich mit solcher Historisierung nur höchst einverstanden zeigen: nichts ist wün-
schenswerter! Man sollte froh sein, daß der Zeit des «Dritten Reiches» weiterhin so viele Bücher und Artikel gewidmet werden. Ein bibliographisches Verzeichnis aus dem
Jahr 1995 listete etwa 20 000 Titel auf. Bei der Neuausgabe

des Verzeichnisses im Jahre 2000 waren es bereits 37 000. Unter den Autoren befinden sich die deutschen Forscher in großer Überzahl, von denen es wiederum eine beträchtliche Anzahl zu Lehrstühlen an Universitäten und einem gewissen Bekanntheitsgrad bringt. Ist das wirklich so selbstverständlich, wie es im ersten Moment erscheint? In Frankreich ist die Zurückhaltung größer. Zwar liegen inzwischen zahlreiche Studien über das Frankreich der Vichy-Zeit vor, und die negativsten Aspekte des Algerienkrieges geraten immer mehr in den Blickpunkt, aber welcher junge Forscher würde es wagen, seine Karriere mit Forschungen über die blutige französische Repression auf der Insel Madagaskar, die 1947 Abertausende von Opfern forderte, zu beginnen?

Ist das denn vergleichbar? Ja, alles ist vergleichbar. Es gibt zumindest zwei völlig unsinnige Wörter: undenkbar und unvergleichbar. Sagt man von einer Sache, sie sei undenkbar, hat man es soeben gedacht. Mit «unvergleichbar» will man etwas Singuläres oder Einzigartiges, sei es schrecklich oder hervorragend, bezeichnen: nachdem man es verglichen hat, sonst würde es sich um eine axiomatische, unüberprüfbare Behauptung handeln. Das Leiden der französischen Bevölkerung wird durch den Vergleich mit Weißrußland nicht gemindert, sondern nur relativiert. Begibt man sich nach Minsk, wird einem klar, was es heißt, wenn ein Viertel der Bevölkerung ausgelöscht wird, durch Hunderte von Massakern wie in Oradour, Massentötungen von Juden, Deportationen zu Hunderttausenden. Wird in Deutschland über die Leiden der Deutschen gesprochen, zieht man eher Vergleiche zu Frankreich als zu Weißrußland, der Ukraine oder Rußland.

Oftmals wäre die Entrüstung geringer, wenn ihr Vergleiche vorausgegangen wären. Im Februar 2002 verurteilte ein französisches Arbeitsgericht unmittelbar den deutschen Staat, 76 000 Euro Schadenersatz und 15 244 Euro Lohn an einen französischen Staatsbürger zu zahlen, der 1944/45 in Deutschland Zwangsarbeit hatte leisten müssen, ohne jedoch in die üblichen Kategorien zu fallen, bei denen man Anrecht auf eine Entschädigung hat. Ist es da anstößig, an einen Text wie den folgenden zu erinnern? «Man muß jene ausgelaugten, aufs Skelett abgemagerten, von Wunden übersäten Arbeiter auf den Baustellen und in den Lazaretten gesehen haben; man muß gesehen haben, wie sie sich zu Tausenden versammelten, um zur Arbeit eingeteilt zu werden …. wie lange Reihen von Männern, Frauen und Mädchen schweigsam die Wege zu den Baustellen beschreiten; man muß die Transithändler, jene modernen Sklavenhändler gesehen haben, wie sie all die Menschen ohne viel Aufheben auf den Lastwagen zusammenpferchen, sie jeglicher Witterung aussetzen, sie wie Tiere in den Viehwägen einschließen …»

So sprach Félix Houphouet-Boigny, Abgeordneter der Elfenbeinküste. Mit seiner Rede vor der *Assemblée Nationale* erreichte er die Verabschiedung des Gesetzes vom 11. April 1946, das nach ihm benannt ist und endlich der Zwangsarbeit im französischen Teil von Schwarzafrika ein Ende setzte. Hat irgend jemand jemals darüber gesprochen, wie diese noch nach dem Sieg über Hitler ausgebeuteten Menschen entschädigt werden sollten? Nun, sie waren ja schwarz ….

Seit einem halben Jahrhundert gibt es zahlreiche Formen des Erinnerns und Gedenkens in Deutschland. 1995 wurde in Frankfurt eine Gedenktafel für die jüdischen Mediziner und Patienten der Klinik eingeweiht, die mein Vater geleitet hatte. Am 3. Oktober 1998 gedachte der Kongreß der Deutschen Gesellschaft für Kinderheilkunde und Jugendmedizin im großen Saal des Dresdner Theaters der jüdischen Kollegen, die 65 Jahre zuvor demissioniert oder ausgeschlossen worden waren. Ein aus diesem Anlaß veröffentlichter großer, schöner Buchband belegte, daß die meisten von ihnen in der Emigration, durch Deportation oder durch Selbstmord zu Tode gekommen sind. Der vom Kongreß verabschiedete Text prangerte die Enthaltung und das Schweigen der nicht-jüdischen Kinderärzte als Verbrechen an. 2001 wurde in Dresden feierlich die neue Synagoge eröffnet, während in Berlin die Ausstellung über die Geschichte des Judentums in Deutschland etwas zu mondän eröffnet wurde, im 1998 fertiggestellten, architektonisch atemberaubenden Museumsgebäude von Daniel Libeskind.

Der Wille, sich zu erinnern, bleibt ausgeprägt. Und nicht nur auf höchster Ebene: so widmete die Lokalzeitung der kleinen Stadt Heidenheim am 27. Januar 2002 ihre ganze Titelseite dem Schrecken der Deportation und der Auslöschung der Juden von Württemberg. Warum gerade am 27. Januar? Weil Bundespräsident Roman Herzog 1995 den fünfzigsten Jahrestag der Befreiung von Auschwitz zum Anlaß nahm, dieses Datum zum jährlichen Gedenktag der Verbrechen zu erklären. Der Bundespräsident begab sich ohne Aufwand und schweigsam zur Feier nach Auschwitz, wo er am Eingang des ehemaligen Vernichtungslagers von Jean Kahn, dem Vorsitzenden des Repräsentativrates jüdischer Einrichtungen in Frankreich und Präsidenten des europäischen Rates der Juden, empfangen wurde. Die Anerkennung der aus der Vergangenheit entstandenen Verpflichtung hatte die gegenseitige Wertschätzung und die Zusammenarbeit ermöglicht.

Aber waren 1995, 1998 und 2001 nicht recht spät? Die Frage sollte zu einem Vergleich und einer Feststellung verleiten. Der Vergleich betrifft Frankreich: noch 2002 kann von den Ärztekammern und Medizinerverbänden nicht behauptet werden, sie hätten sich rückblickend zu der Schuld bekannt, die darin bestand, ihre jüdischen Kollegen ab Herbst 1940 im Stich gelassen zu haben. Und feststellen kann man, wenn man die Entwicklung der Bundesrepublik seit Anbeginn verfolgt hat, daß es etwa alle zehn Jahre innerhalb und außerhalb Deutschlands verlautet: «Zum ersten Male können wir in Deutschland diese Geste erleben, jenes Wort vernehmen …»; wobei es doch an Vorläufern nicht mangelt. Aus Anlaß des 8. Mai 1985 hielt Bundespräsident Richard von Weizsäcker eine vielbeachtete Rede. Er selbst wußte nur zu gut, daß er nicht der erste Amtsinhaber war, der solche Worte fand. Schon 1949 hatte Theodor Heuss als erster Bundespräsident der Idee Ausdruck verliehen, daß es keine Kollektivschuld gebe, sondern vielmehr kollektive Scham geben müsse. Und am 8. Mai 1975, genau zehn Jahre vor der Rede von Richard von Weizsäcker, hatte der damalige Bundespräsident Walter Scheel ebenso deutliche und für die Gesamtheit der Deutschen vielleicht noch vorwurfsvollere Worte gesprochen:

«Sicher, am 8. Mai 1945 brach das nationalsozialistische Regime endgültig zusammen. Wir wurden von einem furchtbaren Joch befreit, von Krieg, Mord, Knechtschaft, und Barbarei (…) Aber wir vergessen nicht, daß die Befreiung von außen kam, daß wir, die Deutschen, nicht selbst fähig waren, dieses Joch abzuschütteln (…). Warum geschah das alles? Warum diese furchtbaren Opfer? Die Antwort ist: Hitler wollte den Krieg (…). Er verwandelte unser Land in eine riesige Kriegsmaschinerie, und jeder von uns war ein Rädchen daran. Das war erkennbar. Wir haben aber die Augen und Ohren geschlossen, hoffend, es möge anders sein (…) Das sind die Folgen (zerstörte Städte, Vertreibung, die Teilung Deutschlands). Wir werden noch lange an ihnen zu tragen haben. Aber die deutsche Tragödie beginnt im Jahre 1933, nicht im Jahre 1945.»

Zwei Tage vor dem Jahrestag der Reichskristallnacht, am 7. November 1990, fand eine Podiumsdiskussion im jüdischen Kulturzentrum von Berlin statt. Der Vorstandsvorsitzende der jüdischen Gemeinde in Berlin und Zentralratsvorsitzender der Juden in Deutschland, Heinz Galinski, behauptete, daß ohne das Wirken der jüdischen Gemeinden der 9. November 1938 in Deutschland vernachlässigt worden wäre. Als Antwort zählte ich ihm aus dem Gedächtnis die Veranstaltungen, Publikationen, Artikel und Sendungen auf, mittels derer zwei Jahre zuvor der fünfzigste Jahrestag des Ereignisses begangen worden war. «Das habe ich nicht bestreiten wollen», antwortete er. In der Tat werden solche Feierlichkeiten häufig als Rituale ohne große Tragweite angesehen – und es trifft zu, daß zahlreiche offizielle Zeremonien etwas Rituelles an sich haben; doch eben daß es überhaupt ein solches Ritual gibt, hat durchaus etwas zu besagen –, während die Tragweite negativer Ereignisse regelmäßig überschätzt wird.

Ein hervorragendes Beispiel dafür war der Besuch Helmut Kohls auf dem Militärfriedhof in Bitburg. Da Ronald Reagan sowieso wegen eines westlichen Gipfeltreffens nach Europa kam, war vorgesehen, daß er an der Seite des Kanzlers zum einen den vierzigsten Jahrestag des 8. Mai 1945 in Dachau begehe, zum anderen einen Friedhof aufsuche, auf dem alliierte und deutsche Soldaten begraben liegen. Helmut Kohl beging den Fehler, den Meinungsumschwung des amerikanischen Präsidenten, der keine Ahnung von der deutschen Nachkriegsgeschichte hatte, zu akzeptieren. Reagan glaubte, daß der Besuch eines ehemaligen Konzentrationslagers aus der Hitlerzeit das deutsche Volk beleidigen würde. Man entdeckte, daß in Bitburg auch ehemalige Soldaten der Waffen-SS lagen – und der Skandal brach los. Man hätte allerdings wissen müssen, daß nur die Chefs der Waffen-SS wirklich SS-Leute waren und daß die große Mehrheit der über eine Millionen Soldaten ungefragt zum Einsatz kam, damit genauso wenig Freiwillige waren wie die Elsässer, die zu der kriminellen Einheit in Oradour zählten. Wenige Tage zuvor, am 21. April, hatte Kanzler Kohl auf dem Gelände des ehemaligen Konzentrationslagers Bergen-Belsen die vielleicht umfassendste Rede gehalten, die je ein deutscher Spitzenpolitiker über die Verbrechen der Hitlerzeit und ihre Tragweite gehalten hat:

«Versöhnung mit den Hinterbliebenen und den Nachkommen der Opfer ist nur möglich, wenn wir unsere Geschichte annehmen, so wie sie wirklich war, wenn wir uns als Deutsche bekennen: zu unserer Scham, zu unserer Verantwortung vor der Geschichte (...)

Wir erinnern uns vor allem an die Verfolgung und Ermordung der Juden (...) Bergen-Belsen, ein Ort mitten in Deutschland bleibt ein Kainsmal, eingebrannt in die Erinnerung unseres Volkes: wie Auschwitz und Treblinka, wie Belzec und Sobibor, Kulmhof und Majdanek (...) Die entscheidende Frage ist vielmehr, weshalb so viele Menschen gleichgültig blieben, nicht hinhörten, nichts wahrhaben wollten (...) Als man Bücher verbrannte, die wir zu den großen Kulturgütern unseres Jahrhunderts zählen. Als man Synagogen in Brand steckte. Als man jüdische Geschäfte demolierte. Als man jüdischen Mitbürgern verwehrte, auf Parkbänken Platz zu nehmen (...).

Als das Lager Bergen-Belsen errichtet wurde, da brachte man hierher zunächst russische Kriegsgefangene. Wie sie untergebracht und behandelt wurden, geriet für die Gefangenen zur Tortur. Über 50 000 starben allein hier im Raum um Bergen. Auch daran müssen wir uns heute ständig erinnern: Von den insgesamt fast 6 Millionen sowjetischen Soldaten, die in Gefangenschaft gerieten, überlebten weit weniger als die Hälfte (...).»

Noch heute fällt der Name von Kohl häufig im Zusammenhang mit Bitburg, wobei so gut wie niemand seine Rede von Bergen-Belsen kennt. Ebenfalls Mitte der achtziger Jahre brachte der Philosoph Jürgen Habermas eine von Polemik geprägte Debatte in Gang, die rasch zum sogenannten «Historikerstreit» ausartete. Recht unbekümmert vermengte er dabei die Texte und Aussagen verschiedenster Autoren. Dank seines hohen Bekanntheitsgrades in Frankreich und

Deutschland konnte er glaubhaft machen, daß die deutsche Geschichtsschreibung auf dem besten Wege sei, «revisionistisch» zu werden. Der klarste Fall war der des Berliner Professors Ernst Nolte, der als Geschichtsphilosoph seit Jahrzehnten immer wieder dieselbe unklare Aussage gemacht hatte: «Der sowjetische Schrecken kam vor dem nationalsozialistischen, was keineswegs einen kausalen Zusammenhang beweist, der aber doch vorhanden ist, ohne wirklich vorhanden zu sein.» Später sollte der bedeutende französische Historiker François Furet diese Haltung leider sehr ernst nehmen. Die Veröffentlichungen zum Historikerstreit häuften sich noch, als der Bundestagspräsident Jenninger durch seine Rede zum Gedenken an die «Reichskristallnacht» einen Skandal heraufbeschwor. Sein Text hatte indes nichts Schockierendes, und niemand machte ihm später bezüglich des Inhalts Vorwürfe. Jenninger beging den Fehler, ihn schlecht und unbetont vorzulesen, so daß man die Anführungszeichen nicht nachvollziehen konnte: außer dem Bezug auf die unbestreitbare Tatsache, daß das Nazitum Faszination ausgeübt habe, zählte er eine Reihe von Argumenten auf, die dazu beigetragen hatten, die Deutschen zwischen 1930 und 1933 zum Nationalsozialismus zu bekehren, ohne deutlich werden zu lassen, daß diese Argumente nicht von ihm selbst stammten. Die Reaktionen waren so aufgebracht, daß er zurücktreten mußte. Später trug Ignaz Bubis die Rede vor als sei sie sein Text. Der Beifall war groß …

Solche Reaktionen zeugten von einer deutschen Sensibilität, ja Übersensibilität, deren sichtbarste, an eine Art kollektiven Masochismus grenzende Ausprägung die Aufnahme des Buches *Hitlers willige Vollstrecker* von Daniel Goldhagen darstellte. Das 1996 in den USA erschienene Werk stand schon vor Erscheinen der deutschen Übersetzung im Zentrum zahlloser Diskussionen. Später sollte eine unwiderlegbare Studie aus Kanada aufzeigen, in welchem Maße intellektuelle Unaufrichtigkeiten Goldhagen regelrecht zur Manipulation von Quellentexten führten. Aber bereits bei Erscheinen des Buches konnte man seine erheblichen methodologischen Schwächen feststellen. Sie waren so augenfällig, daß dem Buch von Goldhagen eine eisige und stellenweise verächtliche Aufnahme durch israelische Historiker beschert war. Seine monokausale Erklärung des kriminellen Verhaltens der «gewöhnlichen Deutschen» brachte jedoch erneut die Problematik einer auf deutscher Besonderheit beruhenden Kollektivschuld ins Gespräch, so daß die Zeitungen, Fernsehsender und die jüngeren Publikumsschichten ihm einen Triumph bescherten.

Dabei hatte sich für Goldhagen, der die Deutschen vor 1945 anprangerte, seither ein radikal positiver Wandel in Hinsicht auf das Verlangen der Deutschen nach Auslöschung des jüdischen Volkes vollzogen. Die jungen Leute, die Goldhagen einen begeisterten Empfang bereiteten, waren aber nicht repräsentativ für die ganze deutsche Jugend. Da heutzutage auf jedem Deutschen andauernd die Erinnerung an die Vergangenheit und die Verantwortung lastet, läßt sich seit vielen Jahren die Tendenz zu Ablehnung und Überdruß bemerken. Bricht sich dieses Gefühl Bahn, löst es Skandale aus. Dies gilt für die Dankesrede des Schriftstellers Martin Walser am 11. Oktober 1998, als er mit dem Friedenspreis des Börsenvereins des deutschen Buchhandels ausgezeichnet wurde. Hier verhinderten schwammige Formulierungen und intellektuelle Winkelzüge eine aufrichtige Auseinandersetzung mit in meinen Augen zutreffenden Feststellungen. Walser verwarf alle Verallgemeinerungen, «die Deutschen» betreffend. Er sprach davon, daß man innerhalb und außerhalb Deutschlands ständig an den Pranger gestellt und an die vergangenen Verbrechen und die Schande erinnert werde. Er bestritt nichts, beschönigte nichts, erklärte aber, daß er angesichts wiederholter, unablässiger Darstellung des für die Deutschen so schändlichen Horrors im Fernsehen den Blick abwende. Den Skandal lö

ste vor allem sein Vorwurf aus, Auschwitz werde «instru-
mentalisiert», indem man auf Vergangenes zurückgreife,
um heutige Ziele durchzusetzen. Diese Instrumentalisie-
rung diene «immer guten Zwecken, ehrenwerten (...) Ich
zittere vor Kühnheit, wenn ich sage: Auschwitz eignet sich
nicht, (...) Drohroutine zu werden, jederzeit einsetzbares
Einschüchterungsmittel oder Moralkeule oder auch nur
Pflichtübung (...) Aber in welchen Verdacht gerät man,
wenn man sagt, die Deutschen seien jetzt ein ganz normales Volk, eine ganz gewöhnliche Gesellschaft?» Im Laufe
der folgenden, lebhaften Diskussionen fragte der sehr
kompetente und offene israelische Botschafter, um was für
eine «Keule» es sich denn handeln könne. Einem deutschen Fernsehsender gab ich die Antwort, daß die Keule
jedesmal von Israel geschwungen werde, wenn es sich ein
Deutscher herausnehme, die israelische Politik zu kritisieren. Wie in Frankreich, aber auf noch kompliziertere Weise, weil eben die deutsche Vergangenheit eine andere ist,
stellt sich in Deutschland ständig die Frage nach der jüdischen Identität. Ignatz Bubis, der in der Öffentlichkeit
sehr gegenwärtige und von allen Seiten geschätzte Nachfolger von Heinz Galinski, schien für sich selbst eine klare
Antwort gegeben zu haben: er war ein deutscher Bürger
jüdischen Glaubens. So hat er sich in seiner Autobiographie dargestellt. Auch Roman Herzog hat ihn so bezeichnet, in der schönen Lobrede, die er zum 70. Geburtstag
von Bubis in Berlin hielt. Daß er sich nach der Rede von
Martin Walser besonders empört gezeigt hat, fiel zusammen mit den Enttäuschungen und mit einer gewissen Bitterkeit, die er während seiner letzten Jahre kundtat, wobei
offen bleibt, ob sich die Realität verschlimmert hatte oder
seine Wahrnehmung der positiven und negativen Entwicklungen. Jedenfalls war schließlich sein Wunsch, in Israel begraben zu werden, gewiß nicht voll mit der verkündeten Identität
zu vereinbaren. Der Wunsch ging auf die Befürchtung zurück,

in Deutschland könne sein Grab geschändet werden. Eine tragische Ironie hat gewollt, daß dies auf israelischem Boden geschah – nicht durch einen Neonazi, sondern durch einen ultraorthodoxen Juden, der den deutschen Toten brandmarken wollte.

* * *

Zu Beginn der neunziger Jahre besucht ein neuernannter Bonner Korrespondent des französischen Fernsehens vor seinem Weggang einen Deutschlandexperten in Paris, um sich von ihm beraten zu lassen. «Was kann ich für Sie tun?» – «Sagen Sie mir, wo ich am besten junge Neonazis filmen und interviewen kann!» – «Aber es gibt doch genügend andere negative Erscheinungen im heutigen Deutschland, wenn Sie schon unbedingt nur Negatives filmen möchten.» – «Nein, ich will unbedingt berichten, wie es um die Neonazis steht.» – «Dann passen Sie auf, denn das ist auch eine Frage des Geldes: es gibt Gruppierungen, die genau aufgeschlüsselte Tarife haben, wie sie sich photographieren oder filmen lassen: Mit oder ohne Uniform, Hitlergruß eingeschlossen, verschiedene Nazi-Lieder zur Auswahl.» Manchmal drängt sich der Eindruck auf, die französischen, britischen, amerikanischen oder holländischen Leser interessierten sich für nichts anderes wirklich. Zwangsläufig mit Bezug auf Brecht: «Der Schoß ist fruchtbar noch, aus dem das kroch ....»

Selbstverständlich trifft es zu, daß es deutsches Neonazitum in zweifacher Form immer noch gibt: als Überbleibsel bei immer älter werdenden Unbelehrbahren und als sehr ernst zu nehmende Erscheinung in den Köpfen und im Verhalten Jugendlicher und jüngerer Erwachsener.

Indes haben die rechtsextremen Parteien trotz ständiger Bemühungen spezialisierter Verlage, trotz zeitweiligen Aufbaus von Propagandastrukturen, mittels derer der Einfluß erhöht werden sollte, nie dauerhaft den Durchbruch geschafft. Die Wogen schlugen hoch, als die DVU (Deutsche Volksunion) bei den Landtagswahlen in Sachsen-Anhalt 1998 überraschend 12,9 % der Stimmen bekam. Vier Jahre später hat die Partei, durch interne Streitigkeiten geschwächt, beschlossen, nicht einmal mehr an den kommenden Wahlen teilzunehmen. Ein weiteres Motiv für die Entscheidung war die Befürchtung, voraussichtlich eine deutliche Niederlage gegen die Konkurrenz zu erleiden, welche ihr in der demagogischen «law and order»-Partei des Hamburger Richters und Parteigründers Schill erwachsen ist, der man allerdings keine neonazistischen Tendenzen nachsagen kann. In Hamburg erlebte sie auf Anhieb einen solchen Erfolg, daß sie mit den Christdemokraten eine Koalitionsregierung bilden konnte. 1952 stufte das Bundesverfassungsgericht eine kleine rechtsextreme Partei als verfassungsfeindlich ein. Sie wurde daraufhin verboten. 1967 fühlte sich die Bonner Demokratie durch einen plötzlichen lokalen und regionalen Durchbruch der Nationaldemokraten (NPD) bedroht. Die CDU beschloß damals, keinerlei Bündnis einzugehen und den konservativen Wählern gegenüber klare Worte zu sprechen: «Die sind die und wir sind wir: entscheiden Sie sich!» Auch gab und gibt es noch die stets marginal gebliebene Partei der *Republikaner*. Im Jahre 2002 dreht sich die Diskussion um die NPD. Es ist bestimmt nicht dem Zufall geschuldet, daß der bayerische Innenminister die Klage in Karlsruhe angestrengt hat. Die politische Devise der CSU war stets: «Niemand rechts von uns». Dies soll nicht heißen, daß die bayrische Christdemokratie auf die rechtsextreme Linie einschwenkt. Edmund Stoiber vorzuwerfen, er habe die deutsche Gesellschaft als «durchraßt» bezeichnet, ist eine bösartige Unterstellung; er hatte im Laufe einer Diskussion über das Konzept von einer multikulturellen Gesellschaft Gegenansichten der Republikaner zitiert. Aber bei dem Umgang mit den Themen Sicherheit und Kriminalität streift die CSU öfters, manchmal übrigens auch die CDU in anderen Bundesländern, ausländerfeindliche Positionen. Aber ist das in den französischen Wahlkampagnen denn anders?

Das Verfahren in Karlsruhe war bereits seit geraumer Zeit eingeleitet, als der Bundesinnenminister im Januar 2002 zugeben mußte, daß viele Beweise gegen die NPD zwar von Parteimitgliedern stammten, es sich bei diesen aber ebenfalls um vom Verfassungsschutz eingeschleuste, sogenannte V-Männer handelte. Sofort setzte das Gericht das Verfahren aus.

Gegründet wurde der Verfassungsschutz auf Grundlage von Artikel 73 des Grundgesetzes, der die Befugnisse von Ländern und Bund abgrenzt. Er sieht Zusammenarbeit im Kampf gegen Kriminalität und «zum Schutz der freiheitlichen demokratischen Grundordnung» vor, ausgehend von der Idee, daß sich die Weimarer Republik nicht ausreichend gegen Antidemokraten verteidigt hätte. Nach und nach hat sich ein umfänglicher Geheimdienst mit etwa zweitausend Beamten und Angestellten in der Kölner Zentrale und weiteren dreitausend in den verschiedenen Zweigstellen der Bundesländer herausgebildet. Wie sollte es ohne Infiltrationen möglich sein, jährlich einen höchst genauen, vielgelesenen und vieldiskutierten Bericht zu verfassen? Angeblich 144 rechtsextreme Organisationen mit insgesamt 50 000 Mitgliedern gibt es laut des Berichtes 2000.

Derselbe Bericht enthält zahlreiche und genaue Hinweise auf islamische und islamistische Organisationen, ohne zwischen beiden immer scharf zu unterscheiden. Dieser Teil des Berichtes ist nach den Attentaten vom 11. September 2001 in New York plötzlich ins Zentrum der Aufmerksamkeit gerückt. Die Beziehung zwischen beiden Themen – Rechtsextremismus und Islamismus – hätte zu verstärkten Diskussionen auf zwei Ebenen führen müssen, zum einen bezüglich der Verdoppelung des Risikos organisierter Gewalt, zum anderen aber auch bezüglich verdoppelter Opferschaft. Der Antisemitismus hat jetzt gewissermaßen seine volle Bedeutung erlangt: jüdische Semiten sind Opfer von Gewalttaten. Islamische Semiten aber auch!

Soll man deshalb die Erscheinungsformen antijüdischen Antisemitismus einfach als Teil des sehr viel weiteren Gewaltproblems in der deutschen Gesellschaft begreifen, um daraufhin Fragen nach dessen Besonderheit im Vergleich vor allem mit der französischen Gesellschaft zu stellen? Die Antwort fällt nicht leicht. Als die *Frankfurter Rundschau* im November 2000 eine Beilage mit dem Titel «Die Opfer beim Namen nennen» veröffentlichte, wo die Photos der 93 zu Tode gekommenen Opfer der fremdenfeindlichen Gewalt abgedruckt waren, konnte man feststellen, daß fast alle Opfer wegen ihrer Hautfarbe oder ihrer physischen Erscheinung, nicht aber aus Haß gegen Juden, umgebracht worden waren.

Gleichzeitig waren zahlreiche verbale Ausfälle der Angreifergruppen durchaus dem rassistischen Wortschatz der Nazis zuzurechnen. Und es gibt traurige Belege von der Verbreitung grauenvoller Witze über Gaskammern auf Pausenhöfen und sogar in Klassenräumen. Im Januar 2002 organisierte die Evangelische Akademie Thüringen eine Tagung über den Rechtsextremismus im Bundesland. Die Einladung ging von der Feststellung eines Bürgermeisters aus: «Die Skinheads werden eine beängstigende Landplage.» Der Antisemitismus wurde nicht gesondert behandelt, die zentrale Fragestellung schloß den Kampf gegen alle Formen von Rassismus mit ein: wie kann sich die Demokratie verteidigen, ohne gegen ihre eigenen Prinzipien zu verstoßen, wie kann sie Intoleranz bekämpfen, ohne auf Toleranz zu verzichten, ohne zu leicht den Rufen nach «Keine Freiheit den Feinden der Freiheit» stattzugeben?

Eine der Antworten darauf besteht in einer Gesetzgebung, welche die Bestrafung nicht nur der Taten, sondern auch haßerfüllter und mißachtender Äußerungen möglich macht. Eine solche Gesetzgebung gibt es in Deutschland. Eine andere besteht darin, die Schrecken der Vergangenheit immer wieder in Erinnerung zu bringen. Man darf wahrscheinlich behaupten, daß es deshalb bislang noch keinen deutschen Haider gibt, weil die Bundesrepublik die Last der Vergangenheit zu tragen bereit ist, während Österreich seit 1945 lieber mit einem von den Siegermächten geschaffenen Mythos gelebt hat, durch den das Land einfach zum Opfer von Hitler erklärt wurde, obwohl für das Österreich von März 1938 zutraf, was der französische Dichter Jean Giraudoux einen seiner Theaterhelden zu Unrecht über die Frauen hat sagen lassen: «Sie weichen nur der Gewalt, aber dann mit Begeisterung!»

Die Tagung der Evanglischen Akademie fand in Thüringen, in der ehemaligen DDR also, statt. Daß die Fremdenfeindlichkeit stärker und die brutale Gewalt in den «neuen Bundesländern» ausgeprägter ist als in Westdeutschland, obwohl der Ausländeranteil dort besonders gering ist, belegen die Zahlen. Verschiedene, mitunter widersprüchliche Erklärungen werden dafür gegeben. Alle hängen mit ihrerseits wiederum stark kontrastierenden Vorstellungen davon zusammen, wie sich das Leben unter der Herrschaft des «realen Sozialismus» gestaltete und welche kollektive Erinnerung davon zu übermitteln sei.

Eine letzte Frage bleibt jedoch hinsichtlich der Ablehnung des Nationalsozialismus noch aufzuwerfen. Haben die Anprangerung der Naziüberbleibsel und der überlebenden Nazis, sowie die gerechtfertigte Suche nach der Wahrheit, die auch durch Infragestellung der gesellschaftlichen Strukturen der Bundesrepublik betrieben wurde, nicht andere, ihrerseits sehr unterschiedliche Formen der Gewalt hervorgerufen? Indem sie ihren Wortschatz häufig der DDR entlieh, wo der erklärte Antifaschismus eine neue Form der Unterdrückung zu überdecken half, hat die «außerparlamentarische Opposition» der sechziger Jahre ein negatives Bild der Bundesrepublik verbreitet, das der Rechtfertigung zahlreicher späterer Exzesse diente. Das langsame Abgleiten der im Juni 1972 verhafteten und im Mai 1975 im Gefängnis verstorbenen Ulrike Meinhof in den Terrorismus wird nur verständlich, wenn man sich bewußt macht, daß sich das von ihr sehr aufrichtig angeprangerte schlechthin Böse gleichzeitig in der Bonner Republik und ihrem Gesellschaftssystem, in Israel sowie im Vietnamkrieg der Amerikaner verkorperte. Der ehemalige Terrorist Hans Klein hat 1980 in einem sehr bewegenden Buch erzählt, wie sein antifaschistischer Vater ihn von den zunehmend faschistischen Tendenzen der Bundesrepublik überzeugt hatte, wie ihn diese Überzeugung zum Terrorismus verleitet hätte – bis er den Befehl erhielt, Juden umzubringen, weil sie Juden seien. Er riskierte sein Leben, indem er sich von seinen Komplizen abwandte. Die Flucht führte ihn nach Frankreich, bevor er 1998 verhaftet und ausgeliefert wurde. Ein guter Teil der Presse nahm seinen Prozeß im Februar 2001 zum Anlaß, Joschka Fischer, der ihn in den terroristischen Zeiten getroffen haben soll, in die Angelegenheit zu verwickeln und anzugreifen.

Hans Klein blieb daraufhin – der vorsitzende Richter bildete die einzige Ausnahme – nicht nur Verständnis versagt, die Vermengung der Dinge zeugte von einem tieferen Unverständnis, gepaart mit beträchtlicher Unaufrichtigkeit. Ja, Joschka Fischer war Revolutionär gewesen und hatte Pflastersteine auf Polizisten geworfen. Aber genausowenig wie die französischen «Revolutionäre» hatte er Terrorist werden wollen und war es auch nicht geworden. Er handelte im Bewußtsein, einer Gewalt eine andere entgegenzustellen. Im Januar 2001 hat ein Leitartikel der Springer-Zeitung *Die Welt* die Mitverantwortung des Zeitungsunternehmens für die Gewalttaten von 1968 eingestanden: die haßerfüllten Artikel der *Bild-Zeitung* hatten den jungen

Extremisten, der Rudi Dutschke tödlich verletzte, angestachelt. Joschka Fischer sollte später zugeben, daß ihn die auf den Studentenführer abgegebenen Schüsse zur revolutionären Idee bekehrt hätten.

Er war dogmatisch und doktrinär gewesen, wie viele «Jusos» zu jener Zeit, junge, theoriebesessene sozialistische Parteigänger, die letztendlich alles über einen Kamm scherten und denen eine begrenzte Doktrin alle politischen und gesellschaftlichen Wahrheiten erschloß.

Bedurfte es also einer neuerlichen Vergangenheitsbewältigung, einer zusätzlichen Auseinandersetzung mit einer anderen Vergangenheit als der Nazizeit? Der Versuch, eine Reihe von Grünen und Sozialisten solcherart in Verruf zu bringen, ist nur beschränkt gelungen. Hingegen hat die Geschichte von Joschka Fischer und Daniel Cohn-Bendit gezeigt, wie groß das pädagogische Potential der Bonner Demokratie war. Sie haben die Bedeutung der Gesetze und des Pluralismus erlernt, ohne daß ihnen jene moralische Motivation abhanden gekommen wäre, die ihre Proteste gegen Ungerechtigkeit ursprünglich ausgelöst hatte. Nicht zufällig wurde Daniel Cohn-Bendit zum Ausländerbeauftragten des Frankfurter Stadtrates ernannt. In den achtziger Jahren, während einer Fernsehsendung über die Polizei, erklärte er dann, daß keine Demokratie ohne eine Einrichtung auskomme, die das Monopol der legitimen Gewalt besitze, um das Gesetz zu bewahren und die Schwachen gegen die Starken zu schützen. Ich erwiderte mit freundschaftlicher Ironie, daß ihm dieser Gedanke im Mai 1968 in Paris noch im höchsten Maße mißfallen hätte.

* * *

Die Auseinandersetzung mit der Vergangenheit, bzw. mit den Vergangenheiten, wäre in der ehemaligen DDR einfacher gewesen, wenn man jenen schönen Text aufmerksamer zur Kenntnis genommen hätte, der am 12. April 1990 einstimmig von allen in der Volkskammer vertretenen parlamentarischen Gruppierungen angenommen wurde. Die Last der Naziverbrechen wurde dort auf sich genommen, von dem Versuch der Auslöschung aller Juden über die Millionen im Zweiten Weltkrieg getöteter Sowjetbürger bis hin zum Einmarsch in die Tschechoslowakei im August 1968.

Es entspann sich aber in der Folge eine ganz andere Debatte, die im Jahre 2002 noch lange nicht zu Ende ist, weil sie ständig auf verschiedenen Ebenen weitergeführt wird. Was war das eigentliche Wesen des Regimes? Welche seine Verbrechen? Waren sie mit den in der Sowjetunion verübten Verbrechen zu vergleichen? Und waren diese etwa mit den Verbrechen Hitlers gleichzusetzen? Welche Eigenheiten und Hintergründe, Ähnlichkeiten und Besonderheiten wiesen die jeweiligen Verbrechen auf? Und wie sollte man, war dieser Vergleich erst einmal gezogen, die unterschiedlichen oder ähnlichen Umgangsweisen mit den Schuldigen nach 1945 bzw. 1990 bewerten? Inwiefern waren sie an den Pranger gestellt oder vergessen, bestraft oder freigesprochen worden? Und wie vor allem hatte der einfache Bürger mit diesem Regime gelebt, wie hatte er es erlebt?

Daß ihr Staat ein Staat wie jeder andere sei, glaubten ab den siebziger Jahren zahlreiche Bürger der DDR, was ihnen noch heute erlaubt, ohne Abscheu oder Sehnsucht von «unserem Staat» zu sprechen. Bis zuletzt waren sie von ihren Freunden und Fürsprechern, welche die DDR im Ausland und ganz besonders in Frankreich gefunden hatte, dazu ermuntert worden. Die bedingungslose Unterstützung des kommunistischen Deutschlands schloß die Gutheißung der Berliner Mauer als angeblichen Akt der Selbstverteidigung sowie die verächtliche Verurteilung von Flüchtlingen aus der DDR mit ein und kam nicht etwa nur von Mitgliedern oder Sympathisanten der Kommunistischen Partei Frankreichs, der P. C. F., sondern auch von ehrenwerten Politikern, Professoren und Anwälten, die dabei zwei verschiedene Argumentationslinien verfolgten. Die Wirklichkeit wurde zum Anlaß genommen, das Versagen der Bundesrepublik vor dem Hintergrund ihrer Prinzipien scharf zu verurteilen. Über die Polizei, die Gefängnisse, die Zensur und den ideologischen Alleinvertretungsanspruch der DDR hieß es dagegen Schweigen zu legen, da einzig die guten, auf den Sozialismus gerichteten Vorsätze zählten. Ein Universitätsprofessor, Autor eines schmalen Bandes für das große Publikum, schrieb, sein Buch solle «eine verdichtete, jedoch wissenschaftliche Studie über ein Gesellschaftssystem sein, das auf einer Philosophie beruht. Die intellektuelle Redlichkeit gebietet es, sich in die Situation derjenigen zu versetzen, die diese Philosophie verwirklichen möchten; jeder äußere Standpunkt wäre reinste Polemik.» Dieselbe Haltung konnte man zwischen den sechziger und achtziger Jahren bei einigen westdeutschen DDR-Forschern feststellen. Ihre Entschuldigung war allerdings ein heftiger Antikommunismus, mit dem sie es zu tun hatten, und der anprangerte und verurteilte, ohne sich die Mühe zu machen, die Dinge in näheren Augenschein zu nehmen.

※ ※ ※

September 1998. Eine Diskussion in Potsdam über das 1997 in Paris und im Jahr darauf in deutscher Übersetzung erschienene «Schwarzbuch des Kommunismus». An den Reaktionen im Saal konnte man ablesen, daß sich das Publikum vor allem aus ehemaligen Mitgliedern der SED zusammensetzte. Ihre skeptischen Fragen belegten, wie wenig sie im Glauben an den Marxismus-Leninismus über das Ausmaß der in seinem Namen verübten Verbrechen wußten. Diese Verbrechen wurden woanders als in der DDR begangen, wobei die deutsche Fassung des Buches ein zusätzliches, fundiertes und informatives Kapitel von sechzig

Seiten über die DDR enthielt. In der Diskussion war jedoch von diesem Teil wenig die Rede. Die Beschreibung und die Zahlen, die die sowjetischen Lager betrafen, die Deportierung ganzer Völker, der organisierte Hungertod Hunderttausender 1931 in der Ukraine – die Aufzählung der furchtbaren Verbrechen wurde als allzu unglaubwürdig und sogar frevelhaft aufgenommen, denn sie schien einen Vergleich mit der Hitlerzeit, und somit eine Banalisierung, Verniedlichung des Faschismus aufzuzwingen.

Die gleichen Fragen stellten und stellen sich noch immer in Deutschland und Frankreich. Die Antworten variieren gleichermaßen, je nach Parteinahme der Gesprächspartner. Wer jedoch nicht parteiliche Polemik sondern Ausgeglichenheit sucht, kommt zu stark ausdifferenzierten Feststellungen. Doch, es gab einen grundsätzlichen Unterschied zwischen aktiven Kommunisten, die sich für die Befreiung aller Menschen und soziale Gerechtigkeit aufopferten, und denjenigen, welche der Vorstellung zuneigten, die Menschen seien nicht alle gleich und die unteren Kategorien gehörten unterjocht oder sogar ausradiert. Doch, die Absicht, Menschen allein wegen ihrer Zugehörigkeit zu einer ethnisch anderen Volksgruppe auszulöschen, ist nicht gleichzusetzen mit der Absicht, eine gesellschaftliche Klasse abzuschaffen oder sich selbst zahlreicher Gegner und Störenfriede zu entledigen. Für die vielen Millionen Opfer dagegen spielen solche Differenzierungen kaum eine Rolle. Und führt der Aufenthalt im Lager zum Tod, ist das für die Internierten kaum weniger unmenschlich, als wenn die Betreiber des Lagers die Auslöschung schlechthin als Ziel hatten.

Die schwierigste Rede meines Lebens habe ich im November 1991 in der berühmten Herder-Kirche in der Goethe-Stadt Weimar aus Anlaß einer Tagung über das doppelte Schicksal des nahegelegenen Lagers Buchenwald gehalten. Nach der Niederlage der Deutschen hatten die Sowjets in ihrer Besatzungszone an ein Dutzend Lager errichtet. Ungefähr 150000 Menschen wurden dort ohne ordentliches Gerichtsverfahren eingesperrt, mehrere zehntausend kamen um. Die beiden wichtigsten waren die ehemaligen Konzentrationslager Sachsenhausen und Buchenwald. Es war fast unmöglich, den ehemaligen kommunistischen Insassen aus der Zeit vor 1945 begreiflich zu machen, daß das Lager nachher wieder als Ort des Leidens, der Mißhandlungen, des Hungers gedient hatte; nicht einfacher war es, der Gegenseite den wirklich oft heldenmütigen Kampf der Kommunisten gegen Hitler nahezubringen.

Der sowjetische Besatzer hatte auf diese Weise eine große Menge Menschen als «Faschisten» eingesperrt, darunter wichtige Funktionsträger oder einfache Mitglieder der NSDAP, oder aber Personen, die der beginnenden gesellschaftlichen Revolution angeblich feindlich gegenüberstanden. Moskau verlor danach das Interesse an diesen Lagern, was die Hungersnot dort nur noch verstärkte. Die Regierung der 1949 gegründeten DDR hielt sie dann nicht aufrecht. In der Folge warf das Regime eine große Zahl potentieller Gegner, Störenfriede und «Klassenfeinde» ins Gefängnis, häufig unter unmenschlichen Bedingungen. Ihr System der Unterdrückung erreichte allerdings niemals das Ausmaß Hitlerdeutschlands oder der Sowjetunion unter Stalin. Die leitenden Politiker der späteren DDR, selbst Überlebende der den verschiedenen kommunistischen Parteien aufgezwungenen stalinistischen Säuberungen, griffen auch nicht auf das Mittel der spektakulären Schauprozesse zurück, wie in Prag oder Budapest.

Nichtsdestoweniger schlug sich ihre Diktatur in einer flächendeckenden Unterdrückung nieder, bei der die «Wahrheit» durch Zensur und Verbote erzwungen und Taten und Worte eines jeden überwacht wurden. Dabei belegte man die jungen Leute besonders mit Beschlag, um sie ihren traditionellen Erziehern zu entziehen und sie für künftige Zweifel an dieser unablässig proklamierten «Wahrheit» unempfänglich zu machen.

Unterwarf man sich, kam man zurecht und konnte sich in «Nischen», gesellschaftlichen Orten etwas abseits des Zugriffs des Regimes einnisten. Aber hatte es solche Nischen nicht auch zwischen 1933 und 1945 gegeben? Die strengsten Ankläger Nazideutschlands haben zwar seit 1945 jegliche affirmative Antwort auf diese Frage zurückgewiesen. Es trifft aber durchaus zu, daß Millionen von Menschen, solange sie weder die Verbote übertraten noch den Opfern zu Hilfe kamen und den Staat einfach walten ließen, unter den Nazis ein beschauliches familiäres und berufliches Leben geführt haben. Eine wenig ruhmreiche Haltung, aber haben wir so etwas in Frankreich zwischen 1940 und 1944 nicht auch gekannt?

Dagegen gab es in Deutschland Widerstandskämpfer, wenn nicht sogar eine Widerstandsbewegung. War Widerstand, was man schließlich auch in Frankreich zugeben mußte, unter dem Nazismus verbreitet, ist er in der ehemaligen DDR schwieriger zu definieren. Unter den Nazis hieß es das Regime zu Fall zu bringen, wobei man sich seit 1939 des Vaterlandsverrates bezichtigt sah. In der DDR war es indes aufgrund der Klimaschwankungen des Kalten Krieges nicht ausgeschlossen, auf eine Entwicklung und Liberalisierung des so sehr von der Sowjetunion abhängigen Regimes zu hoffen. In beiden Fällen lief man Gefahr, von der Institution, der man angehörte, fallengelassen zu werden. Man kann nicht gerade behaupten, daß sich die katholische Kirche vehement der Deportation von Pater Bernhard Lichtenberg, der fast als einziger nach der Reichskristallnacht seine Entrüstung öffentlich zum Ausdruck brachte, widersetzt hätte. Während der Student Jan Palac in dem schönen, 1998 in Prag herausgegebenen Band zur 650-Jahr-Feier der Karlsuniversität einen bedeutenden Platz unter den großen Gestalten einnimmt, spricht die evangelische Kirche Ostdeutschlands nicht so gerne über den Fall des Pastors Oskar Brüsewitz, der sich 1976, in Entsprechung zum Selbstmord von Prag aus dem Jahre 1968, selbst verbrannte. Und erst nach und nach entdeckt man, daß Gymnasiasten im sächsischen Werdau dem Vorbild der «Weißen Rose» von Hans und Sophie Scholl nacheiferten. Nach ihrer Festnahme im Mai 1951 wegen Verteilung von Flugblättern wurden neunzehn von ihnen zu insgesamt 130 Jahren Gefängnis verurteilt. Ihr Fall hatte nicht die geringste Unterstützung oder Solidarität hervorgerufen.

Wie sollte man sich nach dem Sturz des Regimes verhalten? Welches Bewußtsein im heutigen, wiedervereinten Deutschland für diese Vergangenheit schaffen? Zehn Jahre danach hat ein Untersuchungsausschuß des Bundestags, dessen Auftrag darin besteht, Material hinsichtlich der Überwindung der Folgen der SED-Diktatur zusammenzutragen, vierzehn Bände mit fast vierzehntausend Seiten veröffentlicht! Seit 1990 sind zahlreiche Diskussionen geführt worden, deren allgemeine Fragestellungen ziemlich klar sind, die angemessenen Antworten darauf liegen (weiter) im dunkeln. Das betrifft in allererster Linie den Vergleich mit 1945.

Für viele Ostdeutsche, darunter Jüngere, die während der kommunistischen Herrschaft Kindheit und Jugend verbrachten, ist dieser Vergleich prinzipiell auszuschließen. «Da ein radikaler Unterschied zum Nazi-Regime besteht, ist jeder Vergleich unanständig». Trotzdem gibt es unbestreitbare Gemeinsamkeiten. Die Parteimitglieder waren nicht unbedingt von der Sache überzeugt, in noch geringerem Maße machten sie sich schuldig. Die Abkürzung der Nationalsozialistischen Deutschen Arbeiterpartei (NSDAP) konnte man im Elsaß ironisch als (**N**ous **S**ommes **D**es **A**llemands **P**rovisoires – einstweilen sind wir alle Deutsche) oder in Deutschland mit «**N**a, **s**uchst **d**u **a**uch **P**östchen?» lesen. Man mußte schon der SED beigetreten sein, um bestimmte Berufe ergreifen zu dürfen. Nach der Wende war die Bestürzung in den Universitäten greifbar. Als Franzose gelang es mir damals beim Besuch der Leipziger Universität, das Mißtrauen der studentischen Vertreter (ASTA), deren Fragen an die der Heidelberger oder Erlanger Studenten nach dem Krieg erinnerten, zu überwinden: «Was werden unsere Zeugnisse noch wert sein? Wie sollen wir uns auf ein Studium bei heute aus dem Amt entfernten Professoren berufen können?» Da gab und gibt es immer noch die Verbitterung der Opfer, die schlechter als ihre Unterdrücker behandelt wurden. In der Nachkriegszeit bezog die Witwe von Heydrich, einem der schlimmsten Schlächter, eine Rente, die dem Sold eines SS-Generals entsprach, während die Witwe eines 1933 aus dem Amt verjagten Beamten nur eine schäbige Abfindung bekam. Seit Januar 2000 erhalten die in der DDR aus politischen Gründen inhaftierten Frauen und Männer im Prinzip 600 DM Abfindung pro Gefängnismonat. Viel früher entschieden die Gerichte, daß die Ruhestandsbezüge der hohen Regierungsbeamten der ehemaligen DDR in voller Höhe zu leisten seien.

Im Westen entrüstete man sich oft angesichts des Verbleibs von aktiven SED-Mitgliedern in hohen Ämtern. Aber kein Fall reichte an wichtige Funktionsträger der BRD heran: beispielsweise Hans Globke, unabsetzbar scheinender Staatssekretär unter Adenauer, der 1936 als hoher Beamter des Innenministeriums Mitautor des offiziellen Kommentars zu den «Nürnberger Rassegesetzen» gewesen war. Oder Theodor Maunz, der in der Bundesrepublik Rektor der Universität München geworden war und den Posten des bayrischen Bildungsministers bekleidete, von dem er 1964 zurücktreten mußte, nachdem seine während des Dritten Reiches verfaßten Schriften ans Tageslicht gebracht worden waren; darunter befand sich, im Rahmen einer Abhandlung über das Polizeirecht, eine Rechtfertigung der Gestapo. Nach seinem Tod 1993 wurde sein erbauliches Nachkriegsleben als eine der wichtigsten Gestalten des öffentlichen sowie des Verfassungsrechtes befleckt, als seine freundschaftlichen Kontakte zur extremen Rechten und seine unter Pseudonym in der *National-Zeitung*, dem Organ der militanten Neonazis, erschienenen Artikel aufgedeckt wurden. Und wieviel Rückkehrer und Überlebende aus der Nazi-Zeit in der Finanz- und Wirtschaftswelt! Angefangen bei Hermann Abs, der großen Figur der Deutschen Bank während der Hitlerzeit wie in der Bundesrepublik!

Trotz allem haben die mutigen Widerständler gegen das kommunistische Regime allen Anlaß, verbittert zu sein, wenn sie feststellen müssen, wieviele der 300 000 ehemaligen höheren Funktionäre der SED erneut zu einflußreichen Stellungen in Behörden und Verbänden gelangt sind.

Aber wie hätte man vorgehen sollen? Auf welche rechtlichen Grundlagen sollte man sich berufen? Vielleicht hätte man bei der Wiedervereinigung den Artikel 103 des Grundgesetzes über die rückwirkende Anwendung von Strafen abändern sollen. Er sieht vor, daß «eine Tat (..) nur bestraft werden (kann), wenn die Strafbarkeit gesetzlich bestimmt war, bevor die Tat begangen wurde».

Die Gesetzgebung der Bundesrepublik konnte in der DDR nicht gelten. Man mußte sich also in dem Maße auf die Gesetze der DDR stützen, wie diese westliche Werte inkorporierte. Wie in Frankreich und Deutschland nach 1945 sollten die Säuberungen bestrafen und ‹bereinigen› zugleich, ganz besonders im Bildungswesen. Wie sollte man aber zwischen einem voll überzeugten, indoktrinierenden Lehrer und den anderen, die bloß nicht durch einen kritischen Geist auffallen wollten, unterscheiden? In welchem Maße wurde man außerdem allein durch seine Überzeugung schuldig? In den Hochschulen waren Sanktionen wegen Engagements in der Partei bei Physikprofessoren umstritten und bei Philosophen und Soziologen schwierig ins Werk zu setzen. Auf welche Weise konnte man den Opfern Vorrecht verschaffen? Behauptete ein Hochschulassistent, er sei wegen seiner Kritik am Regime kein Professor geworden, mußte ihm rasch zum Aufstieg in der Hierarchie verholfen werden. Wer aber erbrachte den Beweis, daß seine vorherige Nicht-Beförderung nicht ganz einfach auf seine Mittelmäßigkeit zurückging?

Die zentrale öffentliche Diskussion um die Verästelungen der Stasi und ihre «IM», die Inoffiziellen Mitarbeiter, ist seit 1990 nicht zum Erliegen gekommen. Eine bis 2000 von dem protestantischen Theologen Joachim Gauck, einst Mitbegründer der Oppositionsbewegung «Neues Forum», geleitete Einrichtung bekam die Aufgabe, alle Unterlagen der Stasi zusammenzutragen und zu archivieren. Den Opfern polizeilicher Überwachung wurde gestattet, ihre eigenen, häufig äußerst umfangreichen Akten zu konsultieren. So konnte eine Bürgerrechtskämpferin entdecken, daß ihre Worte und Taten jahrelang von ihrem eigenen Mann der Stasi übermittelt worden waren. Viele Dokumente kompromittierten bekannte Persönlichkeiten. Ab welchem Punkt jedoch verrät ein Rechtsanwalt seinen Mandanten, wenn er in der Absicht, ihm zu helfen, Kontakte mit der Polizei unterhält? Ab wann verrät ein hoher protestantischer Würdenträger, der auf Bitte seiner Kirche Kontakte zur Regierung unterhält, seine Auftraggeber, wenn er Informationen über das Innenleben der Organe dieser Kirche preisgibt? In der ersten Situation befand sich Gregor Gysi, in der zweiten der langjährige Ministerpräsident Brandenburgs, Manfred Stolpe.

In welchem Maße sollten die Akten Forschern, Hochschullehrern oder sogar Sensationsreportern zur Verfügung stehen? Auch die westdeutschen Politiker waren intensiv, insbesondere hinsichtlich ihrer Beziehungen zur DDR, ausgespäht worden. Sollte man diese Dossiers zugänglich machen oder nicht? In der Sache Helmut Kohl fällte das Verwaltungsgericht in Berlin im Juli 2001 das Urteil, wonach die Herausgabe von Akten der Opfer der polizeilichen Überwachung verboten war. Im März 2002 hat das Bundesverwaltungsgericht das Urteil bestätigt. Die Nachfolgerin von Joachim Gauck, Marianne Birthler, entstammt der protestantischen Bürgerbewegung in der DDR. Sie geriet mit dem Innenminister aneinander, der auf Grundlage dieses Urteils die Archive schließen lassen wollte.

Bei all den Aufregungen um die Stasi ist es erstaunlich, daß man sich recht wenig um die Auftraggeber besorgt, für die spioniert und bespitzelt wurde: der SED-Verantwortliche für Dresden und Umgebung war einer der Nutznießer. Und dennoch konnte Hans Modrow, nachdem er der vorletzte Regierungschef der DDR gewesen war, ohne Schwierigkeiten zunächst Bundestags- und dann Europaabgeordneter werden. Die ganze Entwicklung der Vereinigung wäre sicherlich anders gewesen, wenn alle ehemaligen Führungskräfte so deutliche Worte gesprochen hätten wie ein einziger unter ihnen, nämlich Günter Schabowski, Mitglied im Zentralkomitee der SED. Er war es, der – wahrscheinlich aus Versehen – die Öffnung der Mauer verkündete. Als mitverantwortlich für den Tod der Mauertoten wurde er zu drei Jahren Gefängnis verurteilt, im September 2000 dann begnadigt. Er hat stets zumindest seine moralische Schuld eingestanden und immer wieder betont, man müsse zugeben, der Sozialismus der DDR sei ein System gewesen, das nur aufgrund des schützenden Betons existiert habe. Erich Honecker dagegen bewies während seines Prozesses, daß er im Grunde weiterhin zur Ideologie und Vorgehensweise der ehemaligen DDR stand.

Die politische Entwicklung in Ostdeutschland hat zu scharfen Auseinandersetzungen innerhalb der PDS geführt. Nach und nach hat der harte marxistisch-leninistische Flügel der Partei, der es weiterhin unnachgiebig ablehnt, die DDR und ihre repressiven Methoden zu verdammen, an Einfluß verloren. Zwar hat im Jahr 2002 die gewohnheitsmäßige Demonstration zum Gedenken der Morde an Rosa Luxemburg und Karl Liebknecht im Januar 1919 immer noch mehrere zehntausend Getreuer versammelt, von denen einige große Portraits von Marx, Engels, Lenin, ja sogar von Stalin mit sich führten. Doch hat die PDS ebenfalls eingewilligt, Texte von ganz anderer Geisteshaltung zu unterzeichnen. Als Beispiel sei die Präambel der Regierungsvereinbarung mit der SPD in Schwerin genannt. Darin erkannte die PDS ebenso die Verantwortung der SED für die in der DDR verübten Untaten und Ungerechtigkeiten an wie auch das Recht der Opfer auf Rehabilitierung und Entschädigung.

Die Präambel der Koalitionsvereinbarung in Berlin geht noch weiter. Dort ist von der Fusion der beiden Parteien 1946 in der DDR als «Zwangsvereinigung» die Rede, und die Mauer wird als Symbol von Totalitarismus und Menschenverachtung bezeichnet. «Wenn auch der Kalte Krieg von beiden Seiten geführt wurde, die Verantwortung für dieses Leid lag ausschließlich bei den Machthabern in Ost-Berlin und Moskau.» Die Repression nach den Ereignissen vom 17. Juni 1953, die als «Volksaufstand» bezeichnet werden, wird klar verurteilt. «SPD und PDS bekennen sich (...)» vor allem «dazu, daß die Vergangenheit nicht auf Dauer die Zukunft beherrschen darf. Dies kann aber nur gelingen, wenn nicht verdrängt und vertuscht wird. Der offene Umgang mit den Verbrechen an der Demokratie und den individuellen Rechten, die Übernahme von Verantwortung sowie der Respekt vor den Opfern sowie die Bewahrung ihres Andenkens sind Voraussetzung für Versöhnung und innere Einheit. Sie sind auch Voraussetzungen dieser Koalition.»

* * *

Von außen wird die Gemeinschaft der Deutschen mit Mißtrauen betrachtet: ist sie sich wirklich ausreichend der im Namen von Deutschland verursachten Leiden bewußt? Was die Deutschen selbst betrifft, so dürfen sie höchstens über die Leiden sprechen, die ihnen vom kommunistischen Regime zugefügt worden sind. Ist es nicht dennoch ihr Recht, die Erinnerung an ganz spezifische Leiden des deutschen Volkes zu bewahren? Die Antwort fällt nicht leicht, und in Deutschland selbst hat man sich stets zurückhaltend dazu geäußert. Die durch Bombardements zerstörten Städte mit zahlreichen getöteten oder verstümmelten Einwohnern, die zehn bis zwölf Millionen Vertriebenen infolge – damals nannte man es noch nicht so – «ethnischer Säuberungen»: sollte man dies alles verschweigen, nur weil Hitler zuerst Leiden geschaffen und Tod gesät hatte? Helmut Kohl wurde es 1986 übelgenommen, auf dem Sudetendeutschen Landmannschaftstag eine Rede gehalten zu haben, obwohl er dort in Erinnerung gerufen hatte, daß die Verbrechen Hitlers den Verbrechen an den Sudeten vorausgegangen seien. Im Oktober 1989 richtete Vaclav Havel einen Brief an den Bundespräsidenten von Weizsäcker, nachdem ihm die Regierung in Prag verboten hatte, den Friedenspreis im Rahmen der üblichen feierlichen Verleihung entgegenzunehmen. Er stufte darin die Vertreibungen ausdrücklich als Verbrechen ein und sprach davon, wie unmoralisch es sei, Verbrechen mit Verbrechen zu beantworten.

In seiner 2002 veröffentlichten, langen Novelle «Im Krebsgang» erzählt Günter Grass, wie das mit siebentausend Flüchtlingen, vorwiegend Frauen und Kindern besetzte deutsche Schiff «Wilhelm Gustloff» torpediert wird und untergeht. Auf einmal stellten sich die Medien ernsthaft die Frage, welche Gründe Günter Grass dazu gebracht haben könnten, gerade dieses Thema zu wählen. In Wirklichkeit war es höchste Zeit.

Mit Beginn der organisierten deutsch-französischen Begegnungen nach dem Krieg haben wir die deutschen Bombennächte in Dresden und Hamburg, die Flucht vor der Roten Armee und Vertreibung aus Polen, die mit Flüchtlingen aus der Tschechoslowakei vollgestopften Waggons thematisiert. War es nicht notwendig, daß die jungen Franzosen, die sich der Schrecken Nazideutschlands bewußt waren, auch einen der Gründe erfuhren, warum so viele Deutsche es nicht schafften, diesen Verbrechen ins Gesicht zu sehen: sie waren von ihren eigenen Tragödien zu sehr in Mitleidenschaft gezogen. Mein erster Kontakt zu der Sudetendeutschen Landsmannschaft kam 1953 in München zustande, weil einer meiner Gesprächspartner entdeckt hatte, daß in meinem ersten, im Januar 1953 erschienenen Buch über Deutschland von ihrem Schicksal die Rede war.

Anspannung herrschte bei dem Treffen, da die Landsmannschaft der Sudeten unter den verschiedenen regionalen Vereinigungen der einzige Verband war, in dem ehemalige Nazis eine beherrschende Stellung einnahmen und dessen Entwicklung prägten. Pommern und Schlesier hatten weitaus mehr zu der 1950 veröffentlichten, schönen *Charta der Heimatvertriebenen* beigetragen. Sie enthielt die Absage an eine Rückkehr mittels Gewalt und bereitete somit den Verzicht auf diese Rückkehr überhaupt vor. Die Wiederherstellung konstruktiver Kontakte mit Polen wurde maßgeblich durch einige bedeutende Persönlichkeiten, die aus dem nun polnisch oder russisch gewordenen Teil von Preußen stammten, erleichtert. Die Herausgeberin der *Zeit*, Marion Gräfin Dönhoff und Klaus von Bismarck, lange Zeit Intendant des WDR, dann Präsident des Goethe-Instituts, kehrten als Besucher zu ihren ursprünglichen Besitztümern zurück, um dort mit den polnischen Besitzern Freundschaft zu knüpfen. Und viel später, nach der deutschen Einheit, hatte die deutsch-polnische Entspannung ebenfalls zur Folge, daß Zehntausende von Schlesiern, die sich 1945 vorsichtshalber als Polen ausgegeben hatten, ihr Deutschtum wiederentdeckten und jetzt schließlich mit einer doppelten Staatsbürgerschaft leben, die so viele deutsche Spitzenpolitiker immer für unannehmbar erklärt haben. In noch kreativerer Weise hat die Einrichtung der *Euregio Neiße* die erstaunliche Wandlung der Einstellungen gezeigt.

Gleichzeitig erlebte aber wieder das Zugehörigkeitsgefühl zu heute verlorenen Regionen eine Renaissance, und im Falle der Sudeten verstärkten sich ihre althergebrachten Forderungen erheblich. Der allgemeinste Grund ist transnationaler Natur: Der Zeitgeist tendiert zur Suche nach den «Wurzeln», das kulturelle und gruppenspezifische Gemeinschaftsgefühl auf Grundlage ethnischer Zugehörigkeit treibt in verschiedenen Gebieten Europas und anderswo Blüten. Warum sollten die Deutschen nicht Sehnsüchte verspüren dürfen, die anderswo befürwortet werden? Diese Sehnsüchte sind kultureller und bisweilen rein folkloristischer Art. Sie bringen keinerlei Bestrebungen nach Rückkehr mit sich, meistens nicht einmal präzise Forderungen – außer im Fall der Sudetendeutschen Landsmannschaft, die sich durch das «Rückerstattung geht vor Entschädigung» bei der Wiedervereinigung ermutigt sah, erneute Ansprüche zu erheben.

Trotz aller Vereinbarungen und Abkommen war das Verhältnis zwischen Bonn, jetzt Berlin und Prag niemals frei von Konflikten. Die Tschechoslowakei, später die Tschechische Republik hat das Ihrige dazu getan. Sie hat es stets abgelehnt, die Benesch-Dekrete wenn schon nicht in ihren konkreten Auswirkungen, dann doch wenigstens als Text für nichtig zu erklären. Die Dekrete waren nach der Befreiung von Prag vom erneut Staatspräsident gewordenen Benesch, der großen Gestalt der Tschechoslowakei der Vorkriegszeit, erlassen worden. Darin wurde die Vertreibung von drei Millionen Sudetendeutschen und die umstandslose Beschlagnahmung ihres Eigentums festgelegt.

Ein ferner Nachfolger von Benesch, der damalige tschechische Regierungschef Milos Zeman, hat im Januar 2002 die Diskussion erneut entfacht, als er von einer Art Kollektivschuld der Sudetendeutschen sprach.

Mögen auch viele von ihnen der Faszination für den Nationalsozialismus erlegen sein, mag auch eine wesentlich geringere Anzahl von ihnen die an den Tschechen verübten Verbrechen befürwortet haben, so waren sie doch keine Besatzer gewesen, sondern seit Jahrhunderten dort ansässige Deutschstämmige, wie übrigens die «Wolgadeutschen» auch, denen man zunächst die sowjetische Staatsbürgerschaft verordnete, bevor man sie auf Befehl von Stalin in großem Stil «umsiedelte».

Es hätte mehr Menschen bedurft, die sich um Erklärung und Vermittlung bemühten. Zwischen Polen und Deutschland sah man die Geschichtslehrer in dieser Rolle, kaum aber bei der Tschechischen Republik. Und als die Grüne Bundestagsvizepräsidentin Antje Vollmer, die wegen ihres nach Ausgleich strebenden Engagements und ihrer moralischen Tiefe eine außergewöhnliche Persönlichkeit zu nennen ist, in der Rolle der Mittlerin schlüpfen wollte, gelang auch ihr nicht eine wirkliche Bereinigung der Vergangenheit, die schon darin hätte bestehen können, daß die Tschechen das ganze Ausmaß und die fürchterlichen Umstände der vollständigen Vertreibung einer Volksgruppe zugegeben hätten.

Dennoch haben sich die Vertriebenen und ihre Nachfahren gut in die deutsche Gesellschaft eingefügt. Spricht man heute über Einwanderungsprobleme, geht es um etwas völlig anderes, mit Ausnahme vielleicht der kürzlichen Ankunft von Zehntausenden von «Wolgadeutschen», die «ethnisch» mehrheitlich Deutsche sind, ohne deshalb aber die Sprache des Landes, das sie aufnimmt, zu sprechen.

4. Kapitel
Wirtschaft und Gesellschaft

«Den Kampf zweier großer Deutscher, nämlich des Trierers Karl Marx – das soll wirklich nichts gegen Trier sein; das ist sonst eine sehr schöne Stadt – und des Fürthers Ludwig Erhard, hat der Fürther Ludwig Erhard Gott sei Dank überzeugend gewonnen.»

So drückte es der damalige Finanzminister und Vorsitzende der CSU Theodor Waigel in seiner Schlußansprache bei der Feier zum 100. Geburtstag von Ludwig Erhard am 29. Januar 1997 aus. Erhard war von 1949 bis 1963 Wirtschaftsminister und anschließend drei Jahre lang Kanzler gewesen, bevor er 1977 verstarb.

Das Zitat zeugt von einem in der Bundesrepublik häufig anzutreffenden, tief verwurzelten Antimarxismus, wobei heutzutage ein Vergleich der Löhne sowie der Aktienbezugsrechte der Führungskräfte mit den Gehältern der diversen Angestellten und Arbeiter zumindest den Begriff vom *Mehrwert* wieder in Erinnerung rufen sollte. Und gerade das Lob auf Ludwig Erhard sollte zur kritischen Befragung des Wirtschaftsliberalismus führen, auf den sich heute die deutsche Führungselite beruft. Selbst geprägt durch die Schule des Ordo-Liberalismus hat Erhard nie bestritten, daß in der Sozialen Marktwirtschaft teilweise ordnende Strukturen vorgegeben werden müssen. Die Verherrlichung des freien Marktes bei Ablehnung staatlichen Dirigismus hing für ihn eng mit der Idee von der Solidargemeinschaft zusammen, die so organisiert ist, daß eine Umverteilung zugunsten der Schwächeren stattfindet. Die ersten Bundestagswahlen im Jahre 1949 wurden mehr noch

von ihm als von Konrad Adenauer gegen eine Sozialdemo-
kratie gewonnen, die erheblichen staatlichen Eingriffen und
Regulierungen den Vorzug eingeräumt hätte. Aber auch innerhalb des Bundesministeriums von Ludwig Erhard gab
es eine Abteilung für Wirtschaftsplanung. Die freie Marktwirtschaft bedurfte einer organisierten Freiheit.

Zu Beginn des 21. Jahrhunderts ist eine gewisse Rückkehr zum Ordo-Liberalismus zu verspüren. Oder vielmehr
sind doppeldeutiger Sprachgebrauch und widersprüchli-
cher Umgang mit der Praxis im Niedergang begriffen. Ausgenommen bei den Landwirten: in Deutschland und
Frankreich geben sie weiterhin Parteien ihre Stimmen, die
den Gesetzen des freien Marktes größten Raum verschaffen
wollen, während ihre Verbände jedes Mal auf die Barrika-
den gehen, wenn die Rede von der Verringerung insbesondere europäischer Subventionen ist, die gerade verhindern,
daß der Preis der Erzeugnisse vom Markt bestimmt werden
kann.

Das liberale Deutschland hat nun keineswegs auf Subventionen verzichtet. Es ist vielmehr zutreffend, daß sie im
europäischen Vergleich pro Einwohner fast am höchsten
sind, weil man die Transferzahlungen in die «Neuen Länder» berücksichtigen muß. Die zweite große, den Gesetzen
des freien Marktes widersprechende Subvention ist der sogenannte *Kohlepfennig*, eine Abgabe zur Finanzierung der
Schließung von Kohlebergwerken. Sein völliges Verschwinden ist nah. Trotz alledem erhebt sich stets vehe-
menter Protest, wenn der zuständige europäische Kommissar die öffentliche Hilfe für ein bestimmtes Unternehmen
oder einen gewissen industriellen Sektor unterbinden will.
Insgesamt umfaßt der Haushalt der Bundesrepublik 2002
mehr als acht Milliarden Euro direkter Subventionen und
mehr als dreizehn Milliarden Euro Steuererleichterungen,
die indirekten Subventionen gleichkommen. Die Unterstützung für das Bauwesen ist rückläufig und sinkt von

zwei auf 1,5 Milliarden Euro ab. Gerhard Schröder unterstreicht zwar gerne seine liberale Grundeinstellung, gesteht aber diesem oder jenem Unternehmen in seinem Land Niedersachsen öffentliche Hilfe zu. Ebenso verfährt Edmund Stoiber in Bayern.

Die Strenge unserer Zeit gefährdet auch die Vorherrschaft des Finanzministers über den Wirtschaftsminister. In Frankreich werden beide Funktionen meistens von einer Person ausgeübt. Und der Finanzminister ist im Besitz der eigentlichen Macht. Dies symbolisiert auch das erdrückende Gebäude, welches in Paris am *Quai de Bercy* als Finanzministerium dient. Der Standort und das Ausmaß des Bundeskanzleramtes in Berlin weisen darauf hin, daß der deutsche Regierungschef über eine Entscheidungsfreiheit verfügt, die weit über die einfache Rolle des Schlichters zwischen Finanzministerium und den anderen «verschwenderischen» Ministerien hinausgeht. Frankreich besitzt außerdem ein trauriges Privileg: indem Beamte des Finanzministeriums, sogenannte Finanzkontrolleure, tagtäglich alle Ausgaben überwachen, werden die hohen Beamten der verschiedenen Ministerien aus der Verantwortung genommen, wohingegen in Deutschland, wie anderswo auch, die Ministerialdirektoren und Abteilungsleiter für das ihnen zugewiesene Budget selbst verantwortlich sind. Gleichwohl ist es der Bundesfinanzminister, der in Zeiten schwieriger Haushaltslage und überhöhter öffentlicher Verschuldung an vorderster Linie kämpfen muß, was ihm vor allem bei bevorstehenden Wahlen größte Unbeliebtheit einbringen kann.

Die öffentliche Diskussion wird dabei anders als in Frankreich geführt. Der Föderalismus ist nur ein Grund. Zwar sind die Bundesländer verschieden reich, auch werden sie besser oder schlechter geführt. Doch gibt es wie in Frankreich eine allgemein zunehmende Tendenz, den Kommunen all jene Kosten aufzulasten, bei denen die Verfassung nicht eindeutig die Zuständigkeit festgelegt hat. Unter den vierzehntausend städtischen und kommunalen Haushalten in Deutschland geraten immer mehr in finanzielle Schwierigkeiten, bisweilen in Krisen. Wenige können sich solchen Wohlstands wie die kleine Stadt Gütersloh erfreuen, die das Glück hat, Bertelsmann und Miele besteuern zu dürfen.

Entscheidender sind die unterschiedlichen Funktionsweisen der Sozialsysteme. Das deutsche nennt man in Frankreich gerne das «rheinische Modell». Aber die Ausnahme bildet in dieser Hinsicht doch eher Frankreich mit seinem Hang zur gesetzlichen Regulierung. 1956, während der Verhandlungen um die Römischen Verträge, wollte die französische Delegation die Vierzig-Stunden-Woche in den Text aufnehmen lassen. Standhaft weigerten sich die Deutschen. Dabei ging es überhaupt nicht um die Stundenzahl, zumal man zu jener Zeit in Deutschland bereits weniger als in Frankreich arbeitete. Was nicht unter gesetzlichen Regelungsbedarf fiel, sollte auch nicht Vertragsgegenstand werden. Bald fünfzig Jahre später mußte das französische Gesetz über die 35-Stunden-Woche daher in einem Land wie Deutschland, wo gemeinhin Tarifverträge die Dinge regeln, Erstaunen hervorrufen. Die deutsche Metallindustrie brachte das Prinzip der 35-Stunden-Woche bereits geraume Zeit vor der Initiative der französischen Regierung von 1997 zur Anwendung.

Tarifverträge bedürfen natürlich stets starker Tarifpartner, die am Ende der Verhandlungen und Auseinandersetzungen auch fähig sind, Versprechen zu halten und durchzusetzen. Die Mitbestimmung in den Unternehmen soll Übereinkünfte in dem Maße erleichtern, wie die Gewerkschaftsvertreter im Betriebsrat die Lage ihrer Unternehmen kennen und sich für seine Zukunft mitverantwortlich fühlen. Die Konkurrenz der Gewerkschaften untereinander erlaubt es ihnen in Frankreich kaum, eingegangene Verpflichtungen zu achten, während die Arbeitgeber seit jeher verkündet haben, die Mitbestimmung werde allein wegen des Verlustes an Vertraulichkeit den Untergang der Unternehmen bedeuten, da die finanzielle Situation des Unternehmens und seine Vorhaben bekannt werden könnten. Im Januar 2002 bezog sich der französische Verfassungsrat auf einen Unterabsatz der Präambel von 1946, als sei dieser nicht wirklichkeitsfremd geblieben: «Jeder Arbeitnehmer bestimmt mittels seiner Vertreter die Führung des Unternehmens mit».

Woran liegt es also, daß heute in Deutschland die Tarifabschlüsse pro Industriezweig so schwierig geworden sind und die Mitbestimmung nur noch selten als grundlegend für das soziale und wirtschaftliche Leben angesehen wird? Alles lief bestens in Zeiten des Wohlstandes und deutscher Vorherrschaft in zahlreichen industriellen Bereichen. Die Gehälter konnten steigen, die Sozialleistungen entwickelten sich beträchtlich, bis die deutschen Arbeitnehmer zu den teuersten der Welt zählten, viel teurer auch, trotz gegenteiliger Behauptungen unserer Unternehmerschaft, als ihre französischen Kollegen. Vergleiche in Hinsicht auf andere Länder mit wachsender Produktivität und rasch sich entwickelnder Technologie werden heute mehr unter dem Blickwinkel der Arbeitskosten als der Arbeitsqualität gezogen. Zudem gab es und gibt es immer noch eine lange Reihe von Enthüllungen über das wahre Management in großen Unternehmen, das sich häufig am Rand der Legalität bewegt und jedenfalls Risiken eingeht, die dem Aufsichtsrat vorher nicht unterbreitet worden sind.

Die Bewunderung für das «deutsche Wirtschaftswunder», oder vielmehr für die verschiedenen aufeinanderfolgenden deutschen Wirtschaftswunder, war in Frankreich stets überzogen. Zu Beginn der fünfziger Jahre begünstigten der Marshall-Plan und der Zustrom kompetenter und finanziell wenig anspruchsvoller Vertriebener die Entwicklung in Deutschland. Und im Gegensatz zu Frankreich hatte Deutschland keinen Krieg in Indochina auf dem Hals. In den folgenden Jahrzehnten konnte die deutsche Wirtschaft weiter expandieren, trotz gewisser Schwächen, die man aber gewöhnlich hauptsächlich den Franzosen zuschrieb, was wieder einmal die Hartnäckigkeit von positiven wie negativen Klischees, auch heute noch, belegt.

Unordnung und schlechte Organisation sind im Lande der Strenge, des Organisationsgeschicks sowie der preußischen Disziplin natürlich unvorstellbar. Die sieben verkohlten Leichen, die man am 11. April 1996 im Aufenthaltsbereich von Air France fand, gingen aber sehr wohl auf eine schier unglaubliche Anhäufung von Fehlern während des zerstörerischen Brandes des Düsseldorfer Flughafens zurück. Der Prozeß fünf Jahre später, unter dem Vorsitz eines in skandalöser Weise alle Verantwortlichkeiten unter den Teppich kehrenden Richters, zeigte die Inkompetenz und Überraschung der lokalen Feuerwehr, das völlige Chaos nach Ausbrechen des Brandes, überfordertes Personal, und deckte zudem auf, wie beim Bau reichlich verbotene Materialien verwendet und so manche Feuerschutztür «vergessen» worden waren. Im Vergleich dazu war die Sicherheit bei der Brandkatastrophe im Tunnel unter dem Mont-Blanc hervorragend gewährleistet und der Eingriff der Hilfskräfte beim Brand selbst höchst effizient!

Ein skandalös schlecht durchgeführtes Großprojekt? Doch nicht in Deutschland! Im Mai 2001 hat der Landesrechnungshof von Niedersachsen jedoch einen für die Organisatoren der Weltausstellung «Expo 2000» beschämenden Bericht vorgelegt: völlig willkürliche Voraussagen, die darin gipfelten, daß einfach 50 % mehr ausländische Besucher nach der Entdeckung eines enormen und unvermeidbaren Defizits angekündigt wurden, dazu ein mit Blindheit geschlagener Aufsichtsrat. Das Defizit von 2,32 Milliarden Mark müssen Bund und Bundesland gemeinsam tragen.

Vor allem verglichen mit den französischen Behörden und Ämtern arbeiten die deutschen gut. Was aber auch immer die Schwächen der französischen Arbeitsvermittlungseinrichtung ANPE (*Agence nationale pour l'emploi*) sein mögen, so hat sie es sich doch niemals einfallen lassen, bewußt die Zahlen zu fälschen, um ihre Leistungsfähigkeit unter Beweis zu stellen. Nun hat der Skandal um die Bundesanstalt für Arbeit 2001 ans Tageslicht gebracht, daß nur 18 % der eingeschriebenen Arbeitssuchenden durch ihre Vermittlung eine neue Arbeit gefunden hatten, und nicht 51 %, wie es die Führungskräfte der öffentlichen Einrichtung behaupteten. Bei einem Budget von 54 Milliarden Euro und 86 000 Angestellten in Bund und Ländern haben sich die diversen Arbeitsämter genötigt gesehen, ihre Zahlenangaben durch alle möglichen, wenig ruhmreichen Tricks hinzubiegen. Und während des Skandals um die Bundesanstalt erfuhr man noch zu allem Übel, daß Deutschland mit Sanktionen aus Brüssel rechnen müsse, da das deutsche System der Früherkennung des Rinderwahnsinns (BSE) lückenhaft, um nicht zu sagen aus der Luft gegriffen sei.

Mit Bestürzung haben einige Franzosen die Aufdeckung von Korruptionsfällen bei den französischen Eisenbahnen (SNCF) in Nordfrankreich zur Kenntnis genommen. In Deutschland wurden im Oktober 2001 leitende Manager der Deutschen Bahn festgenommen, während die Polizei noch zahlreiche Büros und Wohnungen durchsuchte. Und es bräuchte ein ganzes Kapitel, um die diversen, zum Teil wieder eingestellten Untersuchungen bezüglich der Geschäfte des Waffenhändlers Karlheinz Schreiber darzulegen. Die Banken und die CDU, noch mehr die CSU hatten nicht wenig mit diesen Geschäften zu tun gehabt.

Seitdem sich die öffentlichen Haushalte in der Krise befinden und das politische Leben in Deutschland vor dem Hintergrund wirtschaftlicher Sorgen abläuft, wird das «deutsche Modell» im Ausland weniger zitiert. Durch eine Art Kehrtwendung ist Deutschland vom Musterknaben in der europäischen Klasse zum Sorgenkind geworden, das die besseren Schüler aufhält. Wobei der anscheinend nun bessere französische Schüler auch Befriedigung empfindet: können doch die französischen Spitzenpolitiker Revanche nehmen an ihren deutschen, im Glauben an Unfehlbarkeit aufgeblasenen Kollegen, von denen sie Jahrzehnte lang beschuldigt wurden, ihre Geschäfte mehr schlecht als recht zu leiten. Ob es sich um die Verwaltungsdisziplin der Banken, um Ehrbarkeit und Transparenz in den Großunternehmen handelte, wie oft hörte oder las man doch jenes «das könnte bei uns nicht passieren», das in Deutschland verwendet wird, wenn woanders eine Katastrophe vonstatten gegangen ist.

Gleichwohl bleibt die deutsche Wirklichkeit, auch wenn sie weniger glänzend als angenommen ist, viel besser, als man ihr 2002 nachsagt. Die Grundlagen der wirtschaftlichen Macht sind sicherlich neu bestimmt worden. Der Kohlebergbau im Ruhrgebiet ist nur noch Erinnerung. Die Stahlindustrie hat sich ständig verkleinert. Die chemische Schwerindustrie ist nicht mehr die gleiche. Trotz zuweilen gewisser Verspätung ist die Entwicklung neuer Technologien beeindruckend. Und die Einführung des Euro hat einen erheblichen Schwachpunkt verschwinden lassen, die ständigen Aufwertungen der Mark nämlich, durch die sich vergleichbare Arbeitslohnkosten jedes Mal von neuem erhöhten.

Ein bevorzugtes Land bleibt Deutschland vor allem in Hinsicht auf die soziale Verteilung gemeinschaftlicher Finanzmittel, auch wenn der Graben zwischen sehr arm und sehr reich immer breiter wird. Der Bundeshaushalt (der natürlich nicht die Kosten für Bildung und Erziehung enthält, die in die Zuständigkeit der Länder fallen) sieht vor, daß mit 92,2 der 247 Milliarden Euro Ausgaben im Bereich

Arbeit und Soziales bestritten werden sollen. Der wichtigste folgende Haushaltsposten sind mit 26,4 Milliarden die Zinszahlungen für die öffentliche Verschuldung, danach kommen Verkehrs- und Bauwesen (mit ebenfalls 26,4 Milliarden) sowie Verteidigung (23,6). Auch wenn es auf sehr ungleiche Art die verschiedenen Bevölkerungsgruppen absichert – Rentner, Kranke und Beamte werden gegenüber Eltern und jungen Menschen bevorzugt behandelt –, so ist das soziale Netz fürwahr noch nicht allzusehr zerrissen.

* * *

An den Einkommensunterschieden allein kann man die soziale Stellung allerdings nicht ablesen. Etwas vereinfachend könnte man sagen, die deutsche Gesellschaft sei ebenso wie die französische in drei Schichten aufgeteilt. Oben die «Aufsteiger», die wegen ihrer Herkunft und der dadurch beförderten Studien fast sicher sein dürfen, in Hinsicht auf Geld und Einfluß unter den Privilegierten zu landen. Am unteren Rand eine zunehmende Masse von unwiderruflich zur materiellen und kulturellen Chancenlosigkeit Verdammten. Zwischen diesen beiden die verschiedensten Kategorien, darunter die in wenig lukrativen Berufen tätigen Grundschullehrer, Krankenschwestern und Sozialarbeiter, die in Zeiten, wo sich gesellschaftliches Prestige in Einkommen mißt, weniger zu Ehren kommen. Immer mehr unter ihnen haben den Eindruck, ihre Funktion sei, die Unterschicht zu beschwichtigen, damit die Oberschicht in Ruhe leben mag.

Vielleicht wird hier übertrieben vereinfacht, ist doch die Oberschicht durchlässig. Die Elite ist nicht gänzlich in sich geschlossen. Aber wer bildet die Elite? Die Antwort fällt in Frankreich leichter als in Deutschland, wo regelmäßig angsterfüllt Debatten nach dem Muster: «Brauchen wir wirklich eine Elite? Hat der Gleichheitsanspruch von 1968 nicht die Unterschiede bei den Berufsaussichten zum Verschwinden gebracht?» losgetreten werden. Das System der elitären *Grandes Ecoles* hat in Frankreich eine besondere Situation geschaffen: die politische, wirtschaftliche und administrative Macht liegt in den Händen einer beschränkten Anzahl Personen von ganz ähnlicher Ausbildung, die während ihrer aktiven Laufbahn durchschnittlich mehrere Male von einem Machtbereich in den anderen hinüberwechseln. Bei den monatlichen Diners des «Siècle», eines Klubs, der es auf die Pariser Elite abgesehen hat, bekommt jeder Gast eine Liste mit den Namen aller anderen Gäste, auf der auch deren wichtigste Lebensstationen und Ausbildungsdaten verzeichnet sind. Man begegnet immer wieder den Namen der drei wichtigsten *Grandes Ecoles*: der Ecole nationale d'administration, der Ecole Polytechnique und, mit Abstrichen, der Wirtschaftshochschule H.E.C. Und das gilt ebenso für Spitzenpolitiker wie für Unternehmenschefs im öffentlichen und im privaten Sektor. Gelangt ein Fünfzigjähriger in eine bedeutende Stellung, erinnert man an die einst besuchte *Grande Ecole,* als sei das allein ein schlagender Beweis seiner Unternehmerqualitäten. Der Chef einer großen Bank in Deutschland hat in der Regel zwischen Abitur und Wirtschaftsstudium das Bankfach von der Pike auf gelernt. In Frankreich übernimmt diese Funktion ein «Enarch» (der die ENA besucht hat) oder ein «Polytechniker» (der die Ecole Polytechnique besucht hat), und er lernt das Bankwesen erst kennen, indem er selbst eine Bank leitet.

Gleichzeitig zwingt das deutsche Bildungssystem viel früher als das französische zu Entscheidungen. Der Königsweg, das Gymnasium, steht nur einer relativ geringen Anzahl offen. Die anderen gehen zur Real- und Hauptschule, wobei letztere mehr und mehr zum Aussterben verdammt ist. Oder auch zur Gesamtschule, Mutter aller Sünden, weil als «rot» verschrien, während sie in Frankreich von einer konservativen Regierung und einem konservativen Minister eingeführt wurde. Das von allen Schülern in Frankreich besuchte *Collège* dagegen ist wenig umstritten. Die frühe Auswahl rechtfertigt sich in Deutschland durch die größere Wertschätzung, die den handwerklichen und technischen Berufen entgegengebracht wird. In Frankreich sind die technischen Gymnasien voll von jungen Leuten, denen man «Mut machen» wollte, indem man ihnen sagte, sie kämen wegen ihres Mißerfolgs an anderen Schulen dorthin ... Die berufliche Lehre ist in Deutschland viel mehr wert, sie kann sich viel besserer Rahmenbedingungen und Kontrollen als in Frankreich erfreuen. Und ohne gleich auf Wagner und seine *Meistersinger* verweisen zu wollen, so hatte ich doch dreimal das Glück, zur feierlichen Übergabe von Meisterbriefen eingeladen zu sein und die Festrede halten zu dürfen; ich konnte feststellen, wieviel Ansehen dieser Titel noch genießt, da vom Politiker bis zum Bischof, vom Unternehmenschef bis zum Gerichtspräsidenten alle lokalen und regionalen Honoratioren entweder persönlich anwesend waren oder vertreten wurden. Dies soll nicht den Blick auf die Schwierigkeiten des Handwerks im gegenwärtigen Wirtschaftssystem verstellen, aber die Erkenntnis drängt sich auf, daß sich die Rangfolge des gesellschaftlichen Ansehens in Frankreich und Deutschland nicht gänzlich gleicht. Während die Handwerkskammern in Deutschland mehr Gewicht haben, gilt selbiges in Frankreich für die Bauernverbände. Dem deutschen Bauernverband fehlt es weder an Finanzen noch Einfluß, aber die französische *Fédération nationale des syndicats d'exploitants agricoles* (in der die verschiedenen landwirtschaftlichen Branchen vereint sind), ist eine wirkliche politische Macht im Lande. Genau umgekehrt ist die Situation bei den Gewerkschaften für Beschäftigte, zumindest in den Privatunternehmen. Der häufig zitierte Ausspruch: «Frankreich leidet unter seinen Gewerkschaften im öffentlichen Bereich, Deutschland im privaten Bereich», gibt nur die halbe Wahrheit wieder. Während das französische Streikrecht ganz im Gegensatz zu dem, was die Verfassung eigentlich vorsieht, praktisch keine Grenzen kennt, respektieren die Streiks im öffentlichen Dienst und bei den Beamten noch nicht einmal diese wenigen Grenzen. Die Seltenheit der Streiks in allen gesellschaftlichen Bereichen resultiert in Deutschland großenteils aus der Macht der mitglieder- und finanzstarken Gewerkschaften. Verbunden mit der Drohung, die Arbeit niederzulegen, verschafft ihnen diese Macht eine so gute Verhandlungsbasis, daß der Streik meist gar nicht mehr ausgerufen werden muß (was im übrigen auch nur nach einer Abstimmung möglich ist, in der sich drei Viertel der Streikberechtigten dafür ausgesprochen haben). Wirtschaftlicher Schaden entsteht durch überzogene Gehaltsforderungen. Diese werden unter anderem dadurch verursacht, daß es den Gewerkschaften nicht mehr gelingt, ihre Mitglieder zu halten bzw. die Mehrzahl der jungen Arbeitnehmer zum Beitritt zu bewegen. Im Januar 2002 wurde fast triumphierend verkündet, daß der Mitgliederrückgang weniger stark als von den Gewerkschaftsführern befürchtet ausgefallen sei.

Die französischen Gewerkschaften können von deutschen Mitgliederzahlen immer noch träumen: die Gesamtheit der bundesweit im DGB gewerkschaftlich verbundenen Mitglieder betrug Ende 2001 acht Millionen, auch wenn ein Rückgang von etwa 200 000 im Vergleich zum Vorjahr zu verzeichnen war. Während in Frankreich einer eher optimistischen Schätzung zufolge nur 9 % der Arbeitnehmer gewerkschaftlich organisiert sind, beträgt der Prozentsatz in Deutschland 29 %. Die Bundesgewerkschaftszentrale, deren Einfluß auf die großen Einzelgewerkschaften wie die IG-Metall mit ihren 2,7 Millionen Mitgliedern bereits schwach ist, mußte mit ansehen, wie im März 2001 (im Verdi-Jahr!) die neue Gewerkschaft Ver. di (Vereinte

Dienstleistungsgewerkschaft) gegründet wurde; ein weites, heterogenes Gefüge, in dem die Gewerkschaftler aus den Medien denen des öffentlichen Dienstes begegnen, wo Gewerkschaftsangestellte auf Beschäftigte aus Handel, Banken und Versicherungen treffen. Es bleibt abzuwarten, ob das durch die Fusion hinzugewonnene Gewicht mehr Erfolge bei künftigen Verhandlungen zeitigen kann.

Es gibt Berufsstände außerhalb gewerkschaftlicher Strukturen, deren Einfluß und Kampfeslust in beiden Ländern gleich hoch ist. Dazu zählen zahlreiche Ärzteverbände. Mitunter übertreiben sie es allerdings mit der Angriffslust und leisten sich ideologische Ausrutscher. Ich weigerte mich einmal, meinen Vortrag zu beginnen, solange nicht ein Spruchband im Aufgang zum historischen Saal des Hambacher Schlosses entfernt worden war. Es besagte nämlich: *Rassenstaat, Klassenstaat, Kassenstaat.* Die Krankenkassen, Hitlers Rassismus und den marxistisch-leninistischen Klassenkampf hier in einen Topf zu werfen, erschien mir besonders schockierend. Der angriffslustigste Ärzteverband, der Hartmannbund, hatte mich ebenfalls einmal eingeladen, zu den Teilnehmern eines Kongresses zu sprechen. In seinen einführenden Worten hatte der Vorsitzende heftig die Gesundheitsministerin für die von der Schröder-Regierung auferlegten Zwänge kritisiert. Daraufhin brachte ich zu Beginn meiner Ausführungen vor, daß er vergessen habe, die von der pharmazeutischen Industrie den Ärzten auferlegten Zwänge zu erwähnen (in Frankreich hätte man mich wahrscheinlich ausgepfiffen. Deutsche Versammlungen sind da gegenüber Kritik offener). Dieser Industriezweig hat nämlich die Regierung im Dezember 2001 tatsächlich zur Kapitulation gezwungen. Gegen Zahlung einer Pauschalsumme von 200 Millionen Euro an die Krankenkassen erreichten die vierzig im VFA (Verband Forschender Arzneimittelhersteller) zusammengeschlossenen Firmen die Rücknahme einer Zwangsverordnung, die Preise für

Medikamente zu senken. Sie gingen somit aus dem Konflikt als Sieger hervor und zeigten, daß sie nicht umsonst im Ruf stehen, über die stärkste Lobby in der Bundesrepublik zu verfügen.

Die einflußreichste französische Lobby hingegen findet in Deutschland keinen Gegenpart. Die französische Strom- und Nuklearwirtschaft bildet fast einen eigenen Staat im Staate. Lügen werden nicht bestraft, so wenn zum Beispiel die radioaktive Wolke aus Tschernobyl die französische Grenze nicht überschritten haben soll. Jeder Zwischenfall wird heruntergespielt, wenn er nicht sowieso von vornherein verschwiegen wird. Um an wahrheitsgetreue, auch systematischere Informationen zu gelangen, muß man auf die Publikationen des privaten Vereins CRIIRAD, eine unabhängige Forschungs- und Informationskommission über Radioaktivität, zurückgreifen. Der Erfolg der französischen Nuklearenergieproduktion ist unbestreitbar, aber gerade nach der – zugegebenermaßen begrenzten – Chemiewerkskatastrophe von Toulouse im Jahr 2001 sollten auch wir mit Aussagen wie «Das kann bei uns nicht passieren» sehr vorsichtig sein. In dieser Vorsicht wird man bekräftigt, wenn man einmal in Minsk der schrecklichen Folgen des Unfalls in Tschernobyl für Bevölkerung und Böden in Weißrußland für Jahrzehnte, ja Jahrhunderte gewahr worden ist.

In Deutschland hat der Kampf gegen die Reaktoren selbst nie nachgelassen. Die Transporte zur Wiederaufbereitung nuklearer Abfälle zwischen Deutschland und La Hague sind 2001 zwar wieder aufgenommen worden, die Endlagerung auf deutschem Boden läßt aber auf sich warten. Vor allem hat der Bundestag im Oktober 2001 entschieden, daß nach und nach – von Stade 2003 bis Nekkarwestheim 2 im Jahr 2021 – insgesamt neunzehn Atomkraftwerke geschlossen werden. Die französischen Stromlieferungen aus atomarer Produktion werden davon nicht betroffen sein.

Die Unterschiede zwischen Frankreich und Deutschland bei der Atomkraft sind verschiedenen Ursprungs: die Deutschen entdeckten die Atomkraft gewissermaßen durch Hiroshima, die Franzosen dagegen durch Marie Curie und andere französische Wissenschaftler. Nach Tschernobyl wurden die Schäden in ganz Europa in «Curies» und «Becquerels» gemessen! In Deutschland fällt es schwer, sich als Linker zu bekennen und gleichzeitig den Reaktoren positiv gegenüberzustehen. In Frankreich wurde Frédéric Jolliot-Curie von General de Gaulle zum ersten Hochkommissar für Atomenergie berufen. Er war nicht nur Nobelpreisträger für Physik. Er war auch Mitglied des Zentralkomitees der Kommunistischen Partei. Als die Stromindustrie 1946 verstaatlicht wurde, beschloß man, für die nächsten fünfzig Jahre den betrieblichen Sozialeinrichtungen des Unternehmens *Electricité de France*, die in den Händen der den Kommunisten nahestehenden Gewerkschaft CGT lagen, 1 % des Umsatzes zukommen zu lassen. Denselben Prozentsatz bekamen die ehemaligen Eigentümer des Unternehmens, wobei die Zahlungen an diese nach fünfzig Jahren eingestellt wurden, während die Beschäftigten weiter in den Genuß von 1 % des Umsatzes kommen. Und ein gewisser Stolz der französischen Atomindustrie gegenüber der traditionellen Überlegenheit der deutschen Stahl-, späterhin auch der Chemieindustrie, ist ebenfalls zu berücksichtigen.

In Frankreich dagegen spricht man oft von der Macht der großen deutschen Banken, deren entscheidende Beteiligungen an großen Industrieunternehmen ausländische Übernahmen, obschon eigentlich der gegenwärtigen Wirtschaftsdoktrin angemessen, verhinderten und manchmal auch heute noch verhindern. Verschiedene Skandale haben ihr Bild in Deutschland getrübt, sie vorsichtiger werden und ihren Einfluß ein wenig schwinden lassen. Die französischen Kommentatoren wissen aber meistens nicht, daß die freizügige Finanzierung, welche auf regionaler und vor allem lokaler Ebene die deutsche Wirtschaft leben und blühen läßt, nicht von der Deutschen, der Dresdner- oder der Commerzbank stammt, sondern dem Netz der Volks- und Raiffeisenbanken (benannt nach einem Genossenschaftsgründer im 19. Jahrhundert) sowie der Sparkassen zu verdanken ist. Sie genießen große, durch keine – wie in Frankreich – staatliche Hinterlegungs- und Konsignationskasse begrenzte Unabhängigkeit und werden von den öffentlichen Landesbanken unterstutzt, was von der Kommission in Brüssel im Namen der Wettbewerbsregeln im Kreditwesen bekämpft wird.

Außerhalb Deutschlands wird häufig auch die Bedeutung der mittelständischen Unternehmen unterschätzt, die im allgemeinen viel größer sind als die größten der französischen PME, *Petites et Moyennes Entreprises* (mit diesem Begriff werden kleine und mittlere Unternehmen in Frankreich zusammengefaßt). Mittelständische Unternehmen sind häufig noch, besonders in Baden-Württemberg, Familienunternehmen. Sie begegnen heute einem neuartigen und schwerwiegenden Problem. Gewiß, ihre Organisationsstruktur war patriarchalisch, aber der Chef machte sich immerhin Gedanken um seine Belegschaft. Nun haben viele Unternehmer keine Nachfolger in der Familie, weil die Kinder andere Berufe anstreben oder weil, bei dem heute allgemein begrenzten Wunsch Erben zu zeugen, gar keine Kinder da sind. Dann besteht häufig das Risiko, daß junge, «moderne» Manager das Unternehmen übernehmen, die den Börsengang des Unternehmens mittels «Umstrukturierungen» vorbereiten, wobei diese regelmäßig in rücksichtslosen Entlassungen münden.

Ist der Wortschatz der großen Unternehmen diesbezüglich schlimmer als in Frankreich? Dem schrecklichen französischen «dégraisser» («entfetten») entspricht sowohl das dcr angelsächsischen Vorstellung vom «lean enterprise»

entlehnte «verschlanken», als auch das schreckliche «ab-
specken», das Tausenden von treuen und arbeitsamen Beschäftigten bedeutet, sich im Nachhinein als überflüssigen
Speck fühlen zu dürfen.

Gleichzeitig sind die deutschen Großunternehmen, nach
dem Beispiel der Amerikaner, bereitwillig zu der Auffassung gelangt, daß Reichtum verpflichtet. Während es der
Admical (Verein für die Entwicklung von Industrie- und
Handelsmäzenatentum) in Frankreich kaum gelingt, auf
Spender anreizend zu wirken, spielt die vom Mutterunter-
nehmen unabhängige Robert Bosch-Stiftung eine erhebliche Rolle im deutsch-französischen und deutsch-polnischen Kulturaustausch. Kreativ verwaltet die Bertelsmann-
Stiftung ungeheure Finanzmittel, die der Stiftung vom
Begründer des Unternehmens ein für allemal übermacht
worden sind. Ohne die Interessen des eigenen Betriebs im
Auge zu haben, unterstützt die Volkswagen-Stiftung universitäre Entwicklung und Forschung. Jüngeren Datums ist
die nach einer Kaufhauskette benannte Hertie-Stiftung. Im
Jahre 2000 hat sie 35 Millionen Euro für Projekte und For-
schungseinrichtungen zur Verfügung gestellt, meist im Bereich medizinischer Forschung, aber auch mit dem Ziel,
osteuropäischen Nachwuchs nach Deutschland zu holen.
Es ging nicht um Prestige, noch weniger um Werbung. Die
Stiftung ist so wenig bekannt, daß ihre Tätigkeit den Um-
satz des Kaufhauses nicht wesentlich erhöht!

* * *

Es gibt also einige große Unternehmen, die ihren Gewinn
in gewisser Weise nach außen tragen, indem sie ihn für ge-
meinnützige Einrichtungen zur Verfügung stellen. Häufiger jedoch ist in Frankreich und in Deutschland von anderen großen Unternehmen die Rede, die einem kleinen Kreis
leitender Manager ungeheure Vergünstigungen zukommen
lassen, und dies in einer Zeit, wo erneut Massenentlassun-

gen zu verzeichnen sind und die Arbeitslosigkeit steigt. Warum Arbeitslosigkeit? Gibt es etwa zu viel potentielle Arbeitskräfte im Verhältnis zum Bedarf des Arbeitsmarktes? Hätten wir, wenn es so wäre, nicht Anlaß, uns über den Bevölkerungsrückgang zu freuen? Oder läßt dieser Rückgang den Konsum sinken und dadurch auch den Bedarf an Arbeitskräften?

Die erste Variante ist in Frankreich kaum diskutiert worden. Dagegen hat sie es Deutschland lange Zeit ermöglicht, die schwerwiegenden Probleme der Bevölkerungsentwicklung zu übersehen. Die Grundeinstellung hat sich jedoch verändert, und man trifft nicht mehr auf Artikel wie den am 4. Mai 1986 in der *Frankfurter Allgemeinen Zeitung* veröffentlichten Leitartikel von Klaus Natorp, der die im Titel gestellte Frage: «Droht eine demographische Katastrophe?» verneint und teils spöttisch antwortet: «Ist es denn wirklich so schlimm, wenn es statt der jetzt noch 57 Millionen Westdeutschen eines Tages nur mehr 50 Millionen oder gar weniger gäbe? Die Schwierigkeiten mit den Renten mögen groß werden: da muß den Politikern etwas einfallen – möglichst etwas, das nicht zur Nivellierung führt. (…) Auf der anderen Seite könnte man einem Bevölkerungsrückgang auch positive Seiten abgewinnen. Weniger Menschen heißt hoffentlich weniger Umweltverschmutzung (…), kleinere Schulklassen, kleinere Universitäten (…).» Und er schließt mit scharfer Kritik an jeglicher Form von Regierungspolitik, die unter dem Vorwand von Familienfreundlichkeit demographische Ziele verfolge.

Heute ist man sich der Folgen der Entwicklung, die sich zu Beginn des 20. Jahrhunderts noch als wirklich pyramidale Alterspyramide lesen lies, bewußter geworden. Im Jahre 2001 ergaben die Hochrechnungen bei gleichbleibender Geburtenanzahl und ohne Migrationsüberschuß weniger als 59 Millionen Einwohner im Jahr 2050 (aber 75 Millionen bei einer Einwanderung von 300 000 Menschen pro

Jahr). Das Ausmaß der Katastrophe wird in den nächsten Jahren dadurch etwas verschleiert werden, daß der Geburtenausfall der Kriegsjahre die Zahl der neuen Rentner in Schranken halten wird, während die Kinder des «Baby-Booms» der sechziger Jahre ohne allzu schmerzhafte Opfer an der Finanzierung der Renten teilhaben werden. Das Verhältnis von Rentenempfänger zu Steuerzahler ist bereits von 34 zu 100 im Jahre 1990 auf 43 zu 100 im Jahr 2000 gestiegen. 2010 ist man zwar erst bei 44, erreicht aber 50 kurz nach 2020, und auf der gegenwärtigen Grundlage von Fortpflanzung und Lebenserwartung werden 2030 60 Rentner auf 100 Arbeitende (bzw. auf solche, die eigentlich arbeiten sollten) kommen. Steht ein sozialer Verteilungskampf bevor? Das behauptet jedenfalls ein in diesen Dingen spezialisierter Verein, die Stiftung für die Rechte zukünftiger Generationen, die wiederum sehr aktives Mitglied der YOIS (*Youth for Intergenerationel Justice and Sustainability in Europe*) ist.

Wie in Frankreich auch ist das Problem der Finanzierung der Renten so ernst, daß keine Partei es wirklich ganz offen anpacken will, wobei die Regierung Schröder im Vergleich zur französischen Unbeweglichkeit sich mit einer bereits mutigen Gesetzgebung verdient gemacht hat. Die Kluft zwischen den Rentenbedingungen im öffentlichen und privaten Bereich (in Hinsicht auf die ruhegehaltsfähigen Dienstjahre oder den jeweils von Staat und Unternehmen bezahlten Rentenanteilen) vergrößert sich in Frankreich, während in Deutschland, wo der Bevölkerungsrückgang wesentlich ausgeprägter ist, die Abgabenbelastung der jüngeren Generationen in Bälde immer unerträglicher werden wird. Im Jahr 2002 drehte sich die Debatte dabei eher um die den Beamten gewährten steuerlichen Vorteile. Das Bundesverfassungsgericht hat die Bestimmungen, nach denen die Beamten auf ihre Rentenbezüge keine Steuern zahlen müssen, außer Kraft gesetzt.

In beiden Ländern werden zwei paradoxe Aspekte des Problems nicht offen genug angegangen. Zum einen leben und überleben immer mehr Greise in schwierigen Lebensumständen. In Frankreich richtete man die sogenannte APA, einen personenbezogenen Zuschuß zur Erhaltung der Lebensautonomie ein, und in Deutschland ist seit 1995 die Pflegeversicherung in Kraft. Zum anderen hat die lange Phase des Wohlstandes der gealterten Generation beträchtlichen Besitz verschafft. Geldanlagen und Immobilienkäufe werden häufig von Leuten getätigt, die das Rentenalter überschritten haben. Darf man öffentlich darauf hinweisen und Konsequenzen ziehen, während doch das zunehmende Durchschnittsalter der Bevölkerung der älteren Generation immer mehr Gewicht bei den Wahlen verleiht? Das Thema Sicherheit vor dem Hintergrund steigender Kriminalität dient hier teilweise als Ablenkungsmanöver.

In Frankreich wird die Diskussion um Einwanderung stets mit dem Problem der Sicherheit verbunden. In Deutschland hat sie sich zunehmend auf die dramatische Bevölkerungsentwicklung konzentriert, wobei sie auch in Verbindung mit der immensen und bestürzenden Arbeitslosigkeit gesehen wird. Wie in Frankreich kommen schließlich mehr oder minder aufrichtige Fragen dazu, welche die Integration betreffen sowie deren Verhinderung durch den *communautarisme*, die abkapselnde Gemeinschaftsbezogenheit ethnischer Gruppen und ihrer Kulturen.

* * *

Deutschland war lange, besonders in der zweiten Hälfte des 19. Jahrhunderts, ein Auswanderungsland. Zu Beginn des 21. Jahrhunderts streitet man weiter um die mehr oder minder absurde Frage: «Ist Deutschland ein Einwanderungsland geworden?» Noch im März 2002 betonte der christdemokratische Kanzlerkandidat Stoiber in einem programmatischen Interview: «Nein, Deutschland ist auch jetzt kein Einwanderungsland …. Wir haben Zuwanderung aus humanitären Gründen, aber wir sind kein klassisches Einwanderungsland.» Trifft diese Bezeichnung also für die USA oder Argentinien und selbst für Frankreich zu, so sei die Frage erlaubt, von welcher Anzahl dauerhaft im Land verweilender Ausländer ab ein Land zum Einwanderungsland wird? Am 1. Januar 2001 lebten 7,3 Millionen Ausländer in Deutschland, darunter zwei Millionen Türken (27,4%), während Algerier, Marokkaner und Tunesier – um einen Vergleich zu Frankreich zu ziehen – nur 1,6% der ausländischen Bevölkerung bildeten; einen ebenso hohen Prozentsatz erreichen die in Deutschland lebenden amerikanischen Staatsbürger. Die Amerikaner werden kaum bleiben, wohl aber die große Mehrheit der Türken, von denen viele schon länger als zehn Jahre in Deutschland leben. Was Einwanderung bedeutet, muß folglich teilweise in Hinsicht auf das Ursprungsland der Einwanderer definiert werden und ebenfalls die Regelungen zur Erlangung der Staatsbürgerschaft berücksichtigen. Wieviele Ausländer wären heute noch Ausländer, wenn sie Deutsche hätten werden können?

Tatsächlich hat die Bundesrepublik drei aufeinanderfolgende Einwanderungswellen erlebt, von denen die ersten beiden weder so genannt noch empfunden wurden, weil es sich bei den Neuankömmlingen um Deutsche handelte. Da waren zunächst die Millionen Vertriebener, deren Kinder und Kindeskinder – so wie die Palästinenser – immer noch gesetzesmäßig den Anspruch haben, sich als Vertriebene zu bezeichnen; von diesem Recht macht allerdings nur eine verschwindend kleine Minderheit Gebrauch. Dann folgte der Strom der DDR-Bürger, die ihrem Staat entfliehen wollten. Diese Einwanderung wurde nach dem 13. August 1961 durch die Errichtung der Berliner Mauer und die Befestigung der deutsch-deutschen Grenze fast vollständig zum Erliegen gebracht. Um die wirtschaftliche Entwicklung voranzutreiben, mußte man nun auf Ausländer zurückgreifen. Im Gegensatz nämlich zur Einwanderung von Italienern und Polen nach Frankreich im 19. Jahrhundert, oder auch von Nordafrikanern in der zweiten Hälfte des 20. Jahrhunderts, wurde die Anwerbung türkischer Arbeitskräfte durch ein Regierungsabkommen besiegelt, an das anläßlich des 40. Jahrestags 2001 erinnert wurde. Das Abkommen räumte der Regierung in Ankara in der Geschichte der Einwanderungen ziemlich einzigartige, weitreichende Kontroll- und Steuerungsmöglichkeiten ein. Als es dagegen die französische Automobilindustrie vorzog, massenhaft marokkanische Arbeiter kommen zu lassen anstelle in maschinelle Fertigungen zu investieren, rekrutierte sie direkt im Lande.

Nach 1990 gab es erneut eine deutsche Welle, zumindest wenn man sie rein unter dem Kriterium der Nationalität betrachtet. Die aus dem Osten, vorwiegend aus Rußland (woher mehr als 1,5 Millionen der insgesamt 2 Millionen Personen kamen) nach Deutschland strömenden Zuwanderer oder Aussiedler brauchten lange Zeit weder die Sprache noch die Gebräuche des Heimatlandes ihrer Vorfahren zu kennen, solange sie ihre deutsche Abstammung nachweisen konnten. Ihre Eingliederung war schwieriger als erwartet. Rechtlich gesehen mußten sie noch eingebürgert werden, was die allgemeinen Einbürgerungsstatistiken verfälscht hat. Für die bereits lange in Deutschland lebenden und arbeitenden Ausländer war der Zugang zur deutschen Staatsbürgerschaft indessen bis zu dem Gesetz, das Otto Schily einbrachte, mit Schwierigkeiten gespickt. Das galt selbst für junge Leute, die in Deutschland geboren waren und nur deutsch sprachen. Heute erwirbt man sich durch Geburt auf deutschem Boden das Recht, seine Staatsbürgerschaft mit 23 Jahren zu wählen; um Deutscher werden zu können reicht es, acht Jahre in Deutschland gelebt zu haben.

Seit den neunziger Jahren hat sich die Diskussion so sehr auf die Asylbewerber versteift, daß der Leitartikler der *Süddeutschen Zeitung*, Heribert Prantl, im März 1998 schreiben konnte: «Es geht nicht um den Schutz *für* Flüchtlinge, sondern um den Schutz *vor* Flüchtlingen.» Die französischen Kritiker vergaßen meistens – und vergessen es auch heute noch –, daß diese thematische Verengung Deutschland nicht daran gehindert hat, wesentlich großzügiger als Frankreich in bezug auf Asylbewerber zu verfahren, ob es sich nun um die aufgenommene Anzahl (besonders während der Kriege im ehemaligen Jugoslawien) oder die Lebensumstände handelte, die man ihnen bot und bietet. Zu Beginn des Jahres 2000 kamen insgesamt eine halbe Million Asylbewerber in den Genuß der Zuwendungen aus dem sogenannten Asylbewerberleistungsgesetz. Vor allem im Vergleich mit Frankreich sollte man von den Leistungen der Ausländerbeauftragten sprechen, die in den meisten Städten versuchen, zu helfen, zusammenzuführen, zu integrieren. In Berlin ist Barbara John, die im Dezember 2001 den zwanzigsten Jahrestag ihres Wirkens in diesem Amt feiern durfte, von allen Regierungen gehalten worden, weil wohl niemand anders mit soviel Effizienz und Menschlichkeit hätte gefunden werden können. Aber ihre Arbeit, wie die ihrer Kollegen in den anderen deutschen Städten, leidet unter dem Streben der Medien nach negativen Schlagzeilen. Bei einer von Barbara John veranstalteten Tagung aller Ausländerbeauftragten der Städte, in denen türkische Häuser angezündet worden waren und der ich beiwohnen durfte, sagte einer der Teilnehmer mit Tränen in der Stimme: «Ich zähle auf, was wir alles zur Integration getan haben». Und er sprach von gemeinsamen Ausflügen, Einrichtungen und von vielem mehr. «Etwas Watte, ein paar Tropfen Benzin, ein Streichholz – und wir sind eine Stadt der Mörder, denn kein Fernsehen hat je über die Jahrzehnte positiver Arbeit berichtet.» Trotzdem werden wie in Frankreich an den Grenzen Auffangzentren unterhalten und Ausweisungen unter menschlich bedenklichen Umständen vorgenommen. Umso mehr als das Anerkennungsverfahren so langwierig ist, daß der Asylbewerber häufig bereits begonnen hat, sich in die Gesellschaft zu integrieren, wenn ihm der Ausweisungsbescheid ins Haus flattert. Und die Auseinandersetzung über das Asylrecht spielt sich nicht vor dem Hintergrund massenhaft die deutschen Grenzen bestürmender Horden ab: im Jahre 2000 gab es 78 600 Asylbewerber gegen 128 000 im Jahre 1995, da im ehemaligen Jugoslawien seither der Frieden eingekehrt ist.

Die Integrationsprobleme der bereits in Deutschland lebenden Ausländer sowie das Hinzukommen neuer ausländischer Arbeitskräfte und ihrer Familien haben allerdings Stoff für eine anhaltende Diskussion abgegeben. Der Tumult um das von Otto Schily vorgelegte und im März 2002 im Bundesrat verabschiedete Gesetz gab der Sache neue Impulse.

Wie in Frankreich, wo es jedoch eines entsprechenden Begriffes entbehrt, fragen sich viele, ob Deutschland nicht *überfremdet* sei, ob es nicht schon zu viele Ausländer gäbe. Aber was ist ein Ausländer? Würde er dazu, weil allein seine Anwesenheit negative Reaktionen hervorruft, dürfte die Ausländerfeindlichkeit in den «neuen Bundesländern», wo der Ausländeranteil besonders gering ist, nicht so ausgeprägt sein. Die Zahlen der «neuen Länder» sprechen dabei für sich: siebzehn Ausländer unter tausend Einwohnern in drei von ihnen, dreiundzwanzig in zwei anderen, gegen 125 in Baden-Würtemberg, 114 in Nordrhein-Westfalen und 93 in Bayern.

Das Erlangen der Staatsbürgerschaft erleichtert sicherlich die Integration, aber das reicht allein nicht aus, wie man anhand der französischen Vorstädte feststellen kann. Otto Schily tat wahrscheinlich nicht gut daran, das Gesetz 1999 so zu präsentieren, als erlaube es einer Reihe von Ausländern, einen deutschen Paß zu erhalten, ohne aus ihnen auch wirkliche Deutsche machen zu wollen. Es mag sein, daß die Vorstellung von vollständiger Integration nur schwerlich mit der vom Eingebürgerten zusammenpaßt. Als einer der ganz wenigen Bürger türkischen Ursprungs, die eine Rolle in der Politik spielen, kann Cem Özdemir noch so oft betonen, er wolle keine Minderheitenrechte in Anspruch nehmen, da er ganz einfach Deutscher sei; er wird bis zum Ende seinen Lebens «Türke» bleiben, während in Frankreich niemand, außer vielleicht Jean-Marie Le Pen, auf die Idee käme, daß beispielsweise Raymond Forni, der Präsident der *Assemblée nationale,* Italiener sei, weil er mit seinem Vater, einem politischen Flüchtling, nach Frankreich gekommen ist.

Die Anstrengungen der Deutschen zugunsten von Integration sind jedoch beträchtlich. Viele Gemeinden widmen ihr einen bedeutenden, zuweilen bedrohlich überhöhten Anteil ihres Haushaltes.

Auch die Integration bringt jedoch in der Praxis eine Befangenheit mit sich, die auf der gegenwärtig gebliebenen deutschen Vergangenheit beruht: man will bloß nicht der «Verdeutschung» bezichtigt werden! Aber selbst in Frankreich haben der *Communautarisme*, jene Hinwendung zu ausschließlichen, über die Zugehörigkeit zu einer ethnischen Gruppe definierten Identitätsmustern, sowie die Sorge, bloß nicht chauvinistisch zu erscheinen, zur Vernachlässigung der gleichwohl moderaten Empfehlungen der *Commission de la nationalité*, beschlossen 1988 unter dem Vorsitz von Marceau Long, geführt. Die Kommission forderte eine gewisse Feierlichkeit, ein Minimum an Zeremoniell für die jungen Leute und zukünftigen französischen Bürger. In Deutschland hat der Respekt vor den kulturellen Unterschieden und den zu bewahrenden Wurzeln dazu geführt, daß in den meisten Bundesländern die Schule ihrer integrierenden Aufgabe weder nachkommen kann noch eigentlich will. Junge Türken haben weitgehend Anspruch auf Unterricht in ihrer eigenen Sprache, wobei nicht selten von türkischem Chauvinismus triefende Geschichtsbücher Verwendung finden. Fast überall hat man jedoch die Anzahl der Deutschkurse erhöht, ohne dadurch die Identitätsprobleme der jungen Leute türkischen Ursprungs lösen zu können. Ernst zu nehmende Untersuchungen weisen auf, daß viele von ihnen den Konflikt zwischen türkischer und deutscher Identität umgehen, indem sie ihre islamische Identität herausstreichen.

Zwingt die augenblickliche demographische Situation dazu, erneut massenhaft Ausländer, und zwar bis zu 300 000 pro Jahr, hereinzuholen? Wird dadurch Deutschland nicht später einmal mehrheitlich von Menschen nichtdeutschen Ursprungs bevölkert werden? Und soll man wirklich ausländische Arbeitskräfte in Zeiten erhöhter Arbeitslosigkeit anheuern? Im Gegensatz zur CDU unterstreichen die Unternehmer die Tatsache, daß trotz der Arbeitslosigkeit qualifizierte Arbeitskräfte dringend gebraucht würden: 2002 würden mehr als eine Million Arbeitsstellen nicht besetzt werden können. Die Schröder-Regierung hat die «Green Card» eingeführt – wie sie im heutigen Deutsch genannt wird –, die aus wirtschaftlichen oder technologischen Gründen benötigten Ausländern das Recht gibt, nach Deutschland zu kommen. Es gilt dabei besonders, eine Situation wie in Frankreich zu vermeiden: ohne Aufenthaltsgenehmigung keine Arbeitserlaubnis, wobei die Aufenthaltsgenehmigung voraussetzt, daß man einen Arbeitsplatz nachweist .... Auch in diesem Zusammenhang wäre die politische Diskussion weniger verbissen gewesen, wenn man auf die Zahlen geschaut hätte. Bis zum März 2001 hatten 5403 Ausländer die «Green Card» erhalten. Sie arbeiteten fast alle in den «technologisch hochentwickelten» Bundesländern Bayern, Hessen und Baden-Württemberg. Die meisten von ihnen kommen aus Indien,

was den Ausspruch des CDU-Vorsitzenden aus Nordrhein-Westfalen, Jürgen Rüttgers: «Kinder statt Inder»
nicht intelligenter macht. Der hübsche Halbreim meinte,
wenn man ihn buchstäblich nahm, daß neugeborene deutsche Kinder anstatt qualifizierter Inder die Arbeitsplätze
einnehmen sollten – dabei ist die Anzahl der Inder gering,
sind die amerikanischen Angebote doch verlockender.

Auch hier gilt: kritisiert man von französischer Seite die
scheinbar zu zurückhaltenden Einstellungen der Deutschen – wenn man sie einmal nicht verdächtigt, verwerfli-
chen Ideen nachzuhängen –, so sollte man sich darüber bewußt werden, daß eine gewisse Haltung in Frankreich
durchaus nicht den Rechtsextremen vorbehalten war. So
schrieb zum Beispiel de Gaulle als Regierungschef im Juni
1945 an den Justizminister, er möge die Einbürgerungen
«in ethnischen, demographischen, beruflichen und geographischen Belangen nationalen Interessen» unterwerfen. «In
ethnischer Hinsicht ist es angemessen, den Andrang von
Südländern und Orientalen zu beschränken, die seit einem
halben Jahrhundert die Zusammensetzung der französischen Bevölkerung tiefgreifend verändert haben (…) Vorrangig sollte die Einbürgerung nordischer Menschen wie
Belgier, Luxemburger, Schweizer, Niederländer, Dänen
und Deutscher betrieben werden.» Die Frage nach den jeweiligen Herkunftsländern ist in beiden Ländern heute
dem gemeinsamen Wunsch nach möglichst hermetischen
Grenzen gewichen. Wobei ja auch diese Grenzen gemeinschaftlich geworden sind, da Frankreich und Deutschland
zu den sogenannten Schengen-Ländern zählen, bei denen
die Grenzen der einzelnen Staaten untereinander praktisch
abgeschafft worden sind.

✳ ✳ ✳

Das «Schengen-Gebiet» beseitigt dennoch nicht die erheblichen Unterschiede in der demographischen Entwicklung.

Warum hatte Frankreich in den Jahren 2000 und 2001 einen starken Geburtenanstieg zu verzeichnen, während die Anzahl der Geburten in Deutschland außergewöhnlich gering blieb? Warum steigt in Frankreich die Anzahl der geschlossenen Ehen? Wobei dieses Phänomen nichts mit dem vorigen zu tun hat, da die meisten Kinder unehelich auf die Welt kommen, bzw. zunehmend Eheschließungen erst nach der Geburt von Kindern zur Regel werden. Die Spezialisten für Bevölkerungsentwicklung sind ratlos. Sie machen sich jedoch unablässig über den Stellenwert der Frau und die Bedeutung von Kindern in beiden Gesellschaften Gedanken.

Die politische Gleichstellung von Frau und Mann wurde in Deutschland 1919, in Frankreich erst 1944 erreicht. Die in den Verfassungen der beiden Länder betonte rechtliche Gleichstellung hat in den letzten Jahrzehnten etappenweise Fortschritte gemacht. Die rechtliche Vorherrschaft des Mannes ist soweit zurückgedrängt worden, daß sich die junge Generation von heutzutage kaum mehr das ganze Ausmaß der weiblichen Unterlegenheit und Abhängigkeit vorstellen kann, das noch direkt nach dem Zweiten Weltkrieg bestand. Die gleichberechtigte Aufteilung der elterlichen Autorität wurde endlich eingeführt. Dabei fällt es aber nicht ganz leicht, diejenigen Bereiche zu benennen, wo die Sitten hinter den Bestimmungen zurückbleiben und in welchen anderen die Bestimmungen durch die Sitten überholt worden sind. Althergebrachte Einstellungen sind beharrlich. 1980 hat der Philosoph Louis Althusser seine Frau umgebracht. Er verbrachte nicht einen einzigen Tag im Gefängnis und wurde schnell für unzurechnungsfähig erklärt und bald aus der Klinik entlassen. Der Mörder konnte sich des Mitleids der Medien und des intellektuellen Milieus sicher sein. Das tragische Schicksal seiner Frau Hélène wurde kaum wahrgenommen. 1990 erfuhr man, daß sich Petra Kelly, damals Vorzeigefigur der deutschen Ökologiebewegung, und ihr Lebenspartner, der ehemalige General Bastian, selbst umgebracht hatten. Alle Welt kommentierte den «doppelten Selbstmord». In Wirklichkeit hatte Petra Kelly niemals den Wunsch geäußert, sterben zu wollen. Er hatte sie getötet und dann Selbstmord begangen. Wäre die Situation umgekehrt gewesen, hätte man die Frau als Mörderin bezeichnet. Im selben Sinne betonen Autoren von Grundschulbüchern in beiden Ländern immer noch Unterschiede zwischen Mann und Frau, deren Grundtendenz in dem Titel eines kritischen französischen Werks zum Vorschein kommt: «Papa liest, Mama näht.»

Der feministische Kampf um den Sprachgebrauch ist in Deutschland mit besonderer Schärfe geführt worden. In Frankreich verteidigt die *Académie française* verbissen den Gebrauch der maskulinen Formen als gewissermaßen geschlechtsübergreifende Bezeichnungen: da ist von «Madame *Le* Ministre» (Frau Minister) und von «Jeanne Dupont, *conseiller* de gestion» (Jeanne Dupont, Unternehmensberater) die Rede, und im übrigen unterstützt «Madame *le* secrétaire perpétuel», der ständige Sekretär der *Académie française*, momentan also eine Frau, mit Nachdruck diese Haltung. In Deutschland heißt ein weiblicher Botschafter Botschafterin. Folgt in einem deutschen Bundesland eine Frau auf einen Mann an der Spitze eines Ministeriums, so wird die Tafel am Eingang mit der Aufschrift *Der Minister für ...* durch eine andere mit *Die Ministerin für ...* ersetzt. Die neuen, von der Jospin-Regierung eingeführten Bestimmungen bezüglich der Feminisierung von Berufsbezeichnungen kommen dem Umgang damit in Deutschland nahe. Wo man aber bereits weitergeht. Spricht man im Französischen von «les étudiants», meint man alle studierenden jungen Frauen und Männer. «Die Studenten» in Deutschland zu schreiben, wäre schon an sich ein Zeichen von Frauenfeindlichkeit. Die ideologisch korrekte Form heißt «Die StudentInnen», wobei der seltsame Fremdkörper, das große

I, bekanntlich die Tatsache zum Ausdruck bringt, daß der Begriff beide Geschlechter umfaßt.

Im politischen Leben kennt man in Deutschland keine «positive Diskriminierung» wie in Frankreich, wo diese nach einem Richtungswechsel in der Rechtsprechung des *Conseil constitutionel* dergestalt eingeführt worden ist, daß nunmehr alle Parteien unter Geldstrafe verpflichtet sind, zumindest zur Hälfte weibliche Kandidaten aufzustellen. Dafür ist in Deutschland der Begriff der *Quotenfrau*, die man vorzeigen kann, um sich dem Vorwurf der Diskriminierung zu entziehen, üblich. Nach und nach hat es sich in beiden Ländern durchgesetzt, Frauen in andere ministerielle Funktionen und hohe städtische und kommunale Verwaltungsämter zu befördern als nur in diejenigen, die etwas mit Familie zu tun haben. Während rechtlich gesehen in Deutschland wahrscheinlich die Gleichheit besser durchgesetzt ist als in Frankreich, sind die Störmanöver, um die Frauen daran zu hindern, in den großen Unternehmen in Spitzenpositionen zu gelangen, in Deutschland ausgeprägter als in Frankreich. Mehr als einmal begann ich Vorträge vor Führungskräften mit einem ironischen: «Sehr geehrte Herren! Liebe nicht vorhandene Damen!». Ein höherer französischer Angestellter scheint es eher zu ertragen, einer *Direktorin* statt einem *Direktor* unterstellt zu sein. Umgekehrt hatte der Bundestag bis zu den Wahlen von 1998 mit Rita Süssmuth eine vorzügliche Präsidentin und die bekannteste und anerkannteste Vize-Präsidentin war und blieb Antje Vollmer, die besonnenste der Grünen Abgeordneten, eine Diskussionen und moralischen Grundfragen besonders offene evangelische Theologin. Auf einem anderen Gebiet sind sich Frankreich und Deutschland sehr ähnlich: die Gewerkschaftsvertreter sind fast ausschließlich Männer, denn auch in den weiblichsten Berufen, insbesondere im Lehrerberuf, bilden führende weibliche Gewerkschaftlerinnen weiterhin die Ausnahme.

Die Gesetzgebung in Sachen Abtreibung ist großzügiger in Frankreich, und die Diskussion wird in beiden Ländern verschieden geführt, wie wir später im Zusammenhang mit den Kirchen noch sehen werden. Welche Gründe kann es dafür geben, daß Frankreich mehr und mehr Geburten zu verzeichnen hat und die durchschnittliche Fruchtbarkeit ansteigt? Die finanziellen Vorteile für Familien sind größer in Frankreich, ob es sich nun um das Kindergeld und sonstige Zuschüsse, Mutterschafts- und nun auch Vaterschaftsurlaube oder die Renten handelt. Die Rente der französischen Beamten wird nach der Anzahl ihrer Kinder bemessen, allerdings bringt es nichts, mehr als sieben Kinder zu haben: damit erwirbt man den Anspruch auf Zahlung von 100 % der letzten Gehaltsbezüge!

Die größten Unterschiede bestehen hinsichtlich der gebotenen Möglichkeiten, Mutterschaft und berufliche Aktivitäten miteinander zu vereinen. Noch nicht einmal so sehr bei den Kleinkindern, wo der Mangel an Kindertagesstätten in Frankreich fast so himmelschreiend wie in Deutschland ist. Sondern bei den *Ecoles maternelles*, den französischen Vorschulen, zu denen es in Deutschland keine Entsprechung gibt: hier sind die meisten Kindergärten kostenpflichtig und erfüllen viel mehr die Funktion einer Aufbewahrungsstätte anstatt sich als Orte aktiver Pädagogik zu präsentieren, die sowohl spätere Lernprozesse als auch soziale Integration vorbereiten.

Es gibt einen kausalen Zusammenhang zwischen dieser institutionellen Leerstelle für die Drei- bis Sechsjährigen einerseits und der immer noch herrschenden Vorstellung in Deutschland, die Mutter habe in diesem Lebensabschnitt die Kinder zu erziehen und falls sie anders denke oder handle, sei sie eine Rabenmutter, deren Sohn eine Verbrecherlaufbahn einschlagen und deren Tochter ein frühreifes Früchtchen werden könne.

Dabei möchten viele junge Frauen Mutterschaft und Berufstätigkeit miteinander verbinden. Trotz Ganztagsschule, trotz der Angebote vieler Schulen, die Kinder bis 18.00 Uhr zu beaufsichtigen, gestaltet sich in Frankreich das Eheleben von Paaren, wo beide als höhere Angestellte bis 19.00 oder 20.00 Uhr an ihrem Arbeitsplatz sind, sehr schwierig. Der Niedergang der drei alten «Ks», «Kinder, Kirche, Küche», hat in Deutschland drei neue «Ks» hervorgebracht: «Kinder, Krippe, Karriere».

Ist in Deutschland die Diskriminierung der Frau durch uberproportionale Arbeitsbelastung im Haushalt ausgeprägter? Vieles weist darauf hin, daß die französischen Ehemänner und Lebenspartner die Gleichberechtigung beim nächtlichen Aufstehen, Fläschchengeben und Windelwechseln eher akzeptieren. Weniger selten als in Frankreich trifft man dagegen in Deutschland auf den «Hausmann». Als Margot Klassmann, die Bischöfin der größten evangelischen Kirche, nach ihrer Ernennung in Hannover über das Schicksal ihrer vier noch kleinen Kinder befragt wurde, wo ihre Arbeitsbelastung doch ungeheuer groß zu werden drohte, gab sie an, ihr Mann, der ebenfalls Theologe sei, habe auf jede berufliche Tätigkeit verzichtet, um sich ganz der Familie widmen zu können.

Trotz dieses Beispiels scheint die Einstellung zum Kinderkriegen an sich in beiden Ländern recht verschieden zu sein. Vergleichbar ist die Situation, was insgesamt die vom Alter her späteren Eheschließungen und die spätere erste Mutterschaft betrifft. Wer jedoch in Deutschland drei Kinder oder mehr zur Welt bringt, gilt in den Augen eines Gutteils der Bevölkerung bereits als fortpflanzungsbesessen. Stellt man einem jungen kinderlosen Paar in Frankreich die Frage, ob es Kinder wolle, antwortet es «noch nicht» – selbst wenn es bei sich «niemals» denkt –, während man in Deutschland hemmungslos «niemals» zu hören bekommt. Gewiß, die Angst vor der Zukunft spielt eine Rolle. Man erspart es dem nicht gezeugten Kind, in unserer grauenvollen Gesellschaft leben zu müssen. Im Endeffekt glaubt man, die Vorteile der Konsumgesellschaft ohne Kinder besser genießen zu können, weil man nicht in der Lage ist, die solcherart gewahrten Befriedigungen mit den Freuden von Vater- oder Mutterschaft zu vergleichen.

∗ ∗ ∗

Die gegenseitige Durchdringung von Privatem und Öffentlichem, von Politischem und Nicht-Politischem kommt am besten in den Auseinandersetzungen um die Familiengesetzgebung zum Vorschein. Was ist eine Familie? Schon seit langem zeigen die Statistiken die ständige Zunahme an Haushalten mit nur einem Elternteil auf. Die Ehe wird zugleich verschmäht wie auch imitiert: dem französischen Lebensbund PACS entspricht in Deutschland die *Eingetragene Lebensgemeinschaft* (wobei das Wort «eingetragen» an den «eingetragenen Verein» denken läßt ...). Ehre kommt der Institution Ehe auch durch das Bedürfnis bei zahlreichen deutschen Paaren zu, die jeweiligen, momentanen Lebensgefährten zu heiraten, bevor sie sich wieder einmal scheiden lassen. Als interessantes politisches Randphänomen gilt im Jahre 2002 die Frage, wer als erster ein fünftes Mal heiraten wird, der Kanzler oder sein Außenminister. Zugleich kommt die zeitlich begrenzte Vereinigung vieler Paare durch einen nicht nur sprachlich anfechtbaren Begriff zum Ausdruck: *Lebensabschnittsgefährtin.* Die deutsche Sprache ist in dieser Hinsicht sehr erfindungsreich: als sich der deutsche Verteidigungsminister in Mallorca mit seiner neuen Lebensgefährtin amüsierte, wurde von der auf die Beschreibung des Privatlebens öffentlicher Personen spezialisierten Presse ausgebreitet, was seine *Noch-Frau* währenddessen tat.

Immerhin hat diese Entwicklung den Vorteil, einer Reihe von Heucheleien ein Ende zu setzen und der Gleichheit im

Paar, ob es zeitlich Bestand hat oder auch nicht, Vorschub zu leisten. Obwohl Verstoßungen von Frauen, die uns bisweilen bei islamischen Ehen so anstößig erscheinen, in Deutschland mehr als in Frankreich praktiziert werden, bei Scheidungen von über Fünfzigjährigen nämlich: wenn es ihm finanziell gut geht, kann er sich mit einer jüngeren Frau wiederverheiraten, wohingegen sie alleine bleibt. Auch homosexuelle Paare brauchen sich nun weit weniger zu verstellen, zumal seitdem das Bundesverfassungsgericht im Juli 2001 zuließ, daß sie standesamtlich «heiraten» können. Was einem nicht das Recht nehmen soll, das Verhalten verschiedener Vereine, die immer und überall Homophobie am Werke sehen, als schier unerträglichen geistigen Terrorismus einzustufen. Mit Befriedigung allerdings erfüllt, daß die erklärte Homosexualität der Bürgermeister von Berlin und Paris weder Ablehnung noch im übrigen Verherrlichung nach sich zieht.

Beide werden für ihre Arbeit in der Öffentlichkeit anerkannt und geschätzt. Sie gehören nicht zu der anscheinend wachsenden Bevölkerungsanzahl, die man mitunter völlig zu Recht die «Sklaven des Ego» nennt. Es handelt sich dabei nicht um die Bedeutung, die den Freizeitbeschäftigungen an sich beigemessen wird, und insbesondere dem Sport, dessen Ausübung in Deutschland verbreiteter als in Frankreich ist, auch wenn keine Zeitung von der Qualität der französischen Sporttageszeitung *Equipe* existiert. «Arbeit» als Unterbrechung zwischen zwei touristischen Expeditionen zu definieren, ist hingegen ein vorwiegend deutsches Phänomen, vor allem wenn es sich um den Massentourismus gen Süden handelt. Ein Anzeichen dafür stellte Ende 2001 die vollständige Übernahme von *Nouvelles Frontières* durch das einstige Stahlunternehmen Preussag (TUI) dar, das sich dem Tourismus zugewandt hat.

1993 führte über die Hälfte der 12 Millionen organisierten Reisen von Deutschen ins Ausland – 1999 betrug die

Gesamtzahl der Reisen bereits 44 Millionen! Die Kolonisierung von Mallorca, das sich die scherzhafte Bezeichnung als «17. Bundesland» nun konkret verdient, ist das spektakulärste Ergebnis dieser Entwicklung. Die 800 000 Einheimischen der Unabhängigen Gemeinschaft der Balearischen Inseln ziehen sicherlich aus dem jährlichen Urlaub von über drei Millionen Deutschen Nutzen, aber es erheben sich mehr und mehr Proteste gegen Grundstücks- und Hauskäufe, die es so vielen Rentnern, Managern, Industriellen und Stars aus Medien und dem Show-Business erlauben, regelmäßig von den zweihundert Sonnentagen pro Jahr und von den fünfundzwanzig Wassersportklubs zu profitieren. Die einfachen Urlauber führen sich die *Bild*-Zeitung zu Gemüte, die dort verbreiteter als spanische Tageszeitungen ist. Die Einheimischen könnten tatsächlich den Eindruck gewinnen, in eine Art Kolonialzustand versetzt zu sein. Daß die Situation an der italienischen Adria nicht so verschieden ist, wird sie wenig trösten. Von allen Seiten hört man, daß der lärmende und nachlässig gekleidete Tourist als negativer Inbegriff vom «Deutschen» und von Deutschland an die Stelle des angriffslustigen Preußen getreten sei.

Sein Ego durch Konsum und Reisen zu pflegen, sich um Politik nur mit Stammtischparolen zu scheren: eine solche Haltung ist offensichtlich weder allgemein verbreitet noch zu verallgemeinern. In welchem Maße aber hat sie, und sei es nur per Ansteckung, Anteil daran, aus der Jugend eine Masse junger Frauen und Männer ohne soziales Ethos und ohne Respekt für Regeln herauszubilden, die sogleich als ungelegen, als dem ungehemmten Genuß und dem individuellen Geschmack zuwiderlaufend angesehen werden?

Um eine erste Antwort geben, wäre zunächst die Frage: «Was ist denn die Jugend?» zu beantworten. Zwischen der deutschen und der französischen Wirklichkeit bestehen zwar große Ähnlichkeiten, aber auch gewisse Unterschie de. Die Grenzen der Jugend haben sich altersmäßig nach oben wie nach unten verschoben. Ein Junge und mehr noch ein Mädchen von elf Jahren überspringt im allgemeinen die Phase der Vorpubertät, um gleich die des Jugendlichen zu erreichen. Der Begriff *Backfisch*, der ein errötendes, schüchternes und sentimentales Mädchen im Teenageralter bezeichnet, ist aus dem Wortschatz verschwunden. Am oberen Ende hat das rapide Ansteigen der Studentenzahlen die Masse der Nicht-Erwachsenen wachsen lassen, insofern man davon ausgeht, daß Erwachsenwerden mit sozialer Eingliederung, vorwiegend beruflicher Art zu tun hat. Man blieb und bleibt auf jeden Fall in Deutschland länger jung als in Frankreich. In der Jungen Union oder bei den Jusos ist man Mitglied bis zum Alter von fünfunddreißig Jahren. Die «jungen Wilden» der CDU sind nicht weit von den Fünfzigern entfernt. In Frankreich legt man mit zweiundzwanzig oder dreiundzwanzig Jahren die *Agrégation* für den höheren Schuldienst ab, die einen dem deutschen Studienrat verwandten Status verleiht. In diesem Alter beginnt man in Deutschland gerade die Studien, nachdem das Abitur mit neunzehn oder zwanzig abgelegt wurde und die jungen Männer ihren Wehr- bzw. Zivildienst abgeleistet haben.

Die Realität dieses Zivildienstes verweist auf einen ganz anderen Aspekt der deutschen Jugend und der deutschen Gesellschaft insgesamt. Wenn Deutschland nach dem Vorbild Frankreichs ein Berufsheer einrichten würde, in welchem Zustand wären dann in Kürze die Psychiatrien und Altenpflegeheime? Denn die Abschaffung des Wehrdienstes hätte auch das Ende der Wehrdienstverweigerung zur Folge. Sie war im Grundgesetz vorgesehen, obwohl dort nichts von Armee oder Waffen stand. Adenauer hatte daraus messerscharf geschlossen, daß es eine verfassungsmäßige Aufrüstung geben dürfe, weil sonst die Verweigerung sinnlos wäre. Nach und nach sind die Bedingungen der

Anerkennung als Verweigerer immer leichter geworden, so daß die Verweigerer heute zahlreicher sind als die Rekruten. In Frankreich haben die Wehrdienstverweigerer zunehmend die Möglichkeit erhalten, ihren Ersatzdienst bei gemeinnützigen Einrichtungen und Vereinen abzulegen. Sehr zahlreich waren sie aber nicht. Hingegen hat sich eine beeindruckende Anzahl deutscher Wehrdienstverweigerer mit bewundernswerter Geduld und Hingabe der schwierigen und aufreibenden Aufgabe der Alten- und Behindertenpflege gewidmet. Nur ein Viertel der «Zivis» machen ihren Ersatzdienst als Hausmeister oder in Fahrdiensten. Die anderen sind in verschiedenen Formen von Pflege und Betreuung tätig. Dabei trifft zu, daß sie im Rahmen einer Gesellschaft tätig wurden und werden, die zwar Kindern weniger Aufmerksamkeit als die französische schenkt, dafür Behinderten umso mehr.

Gesellschaftliches, auf sozialen Motiven gegründetes Engagement außerhalb des eigentlichen politischen Bereiches ist in Deutschland stark entwickelt. Man benutzt in diesem Zusammenhang zwei nicht ganz identische Ausdrücke: *Zivilgesellschaft* und den Pleonasmus *Zivile Bürgergesellschaft*. Der letztere schließt dabei mehr die Vorstellung des bürgerlichen Engagements außerhalb des politischen Geschehens ein. Als im Juni 2001 in Freiburg im Breisgau die 4. Europäische Freiwilligenuniversität tagte, war die überaus hohe deutsche Beteiligung (270 von 300 Teilnehmern aus 26 Ländern) nicht einzig dem Ort der Zusammenkunft geschuldet. Zivilgesellschaftliches Engagement ist in Deutschland sehr ausgeprägt, ob es nun von Berufstätigen oder von aufopferungsvollen Rentnern ausgeübt wird, die froh sind, noch gebraucht zu werden. In Frankreich ist die Liste der im *Centre National du Volontariat* zusammengefaßten Einrichtungen und Vereine ebenfalls beeindruckend, aber die Bandbreite der deutschen Engagements ist wahrscheinlich größer. Gewiß, unter den einundzwanzig Millionen deutschen *ehrenamt-lich Tätigen* (der Begriff ist schmeichelhafter als der französische *Freiwillige*, weil man ihm entnimmt, daß es ehrenhalber und unbezahlt ist) widmen sich allein acht Millionen sportlichen Aktivitäten und noch einmal vier Millionen einfachen Geselligkeits- bzw. Freizeitaktivitäten. Aber wo sind zunächst die Grenzen? In Berlin führte eine gemeinsame Initiative der Sportbewegung und Polizei zur Gründung des Vereins *Kick* mit anfänglich einem und heute elf Sport- und Ausbildungszentren für bedrohte Jugendliche aus problematischen Stadtvierteln. Konzept und Durchführung des Projektes kamen mir mit jedem neuen Besuch vorbildlicher vor. Im übrigen ist das Engagement in den verschiedensten Bereichen, auch wenn es zahlenmäßig etwas geringer als im Rahmen von Sport und Freizeit ist, nicht weniger bedeutsam und zudem außergewöhnlich variantenreich. Dazu zählt auch ein fast politisch zu nennendes Engagement, mit dem die Deutschen hinsichtlich eines präzisen lokalen, regionalen oder nationalen Problems Einfluß auf die politische Welt ausüben wollen.

Wehrdienstverweigerer, die an Inkontinenz leidende ältere Menschen säubern, haben ihre Tätigkeit wegen einer moralischen Grundhaltung gewählt. Die Leiter der Berliner Initiative werden getragen von einer moralischen Vision, die ihnen eine Veränderung der Gesellschaft wünschenswert erscheinen läßt. Wegen der besonderen Situation der Kirchen in Deutschland berufen sich Vereine und gesellschaftliches Engagement öfter als in Frankreich auf christliche Moral. In Freiburg wurde die Freiwilligenuniversität vom katholischen Caritas-Verband organisiert. Was mich bereits 1983, als ich zum ersten Mal auf dem Evangelischen Kirchentag in Hannover sprach, am meisten überraschte, war die extreme, natürlich erscheinende Aufmerksamkeit, welche die Teilnehmer des Kongresses den körperlich oder geistig Behinderten entgegenbrachten. Um welche Werte handelt es sich dabei also? Wie können sie in einer Gesellschaft übermittelt werden, die sich der ziemlich zynischen Herausbildung einer reinen Konsumhaltung verschrieben hat?

5. Kapitel
Die Werte und ihre Übermittlung

Von innen und außen wird an die deutsche Demokratie die Forderung herangetragen, sie solle sich in der Praxis auf Regeln gründen, die eine Ethik erkennen lassen. Selbst wenn die Gesellschaft von den Regeln abweicht oder sie verachtet. Die Polizei hat dabei die Aufgabe, diese Regeln zu schützen, indem sie ihnen Achtung verschafft. So wird es an der Polizeiführungsakademie in Münster, wo Bundesbeamte des höheren Dienstes ausgebildet werden, und an der regionalen Hochschule für Polizei in Villingen-Schwenningen gelehrt. Es kam mir nicht rückständig vor, dort sowohl an das polizeiliche Berufsethos als auch an die schwerwiegenden Verfehlungen gegenüber dieser Ethik zu erinnern, vor allem in den Fällen, wo sie öffentlich dafür ungestraft geblieben sind. Der Unterricht für französische Polizeibeamte in Orsay bei Paris oder in Cannes-Ecluse bei Montargis ist im Prinzip ähnlich, wobei Übergriffe der Polizei in Frankreich wahrscheinlich öfter vorkommen. In beiden Ländern ist das polizeiliche Verhalten gegenüber Schwachen nicht gerade dazu angetan, unter diesen Akzeptanz für den im Artikel 12 der französischen Erklärung der Menschen- und Bürgerrechte von 1789 niedergelegten Gedanken zu schaffen: «Zur Sicherstellung der Menschen- und Bürgerrechte bedarf es einer öffentlichen Gewalt: diese Gewalt ist somit zum Vorteil aller eingerichtet.»

Werte, auf die sich die Staatsgemeinschaft gründet und die staatsbürgerliche Gesinnung hervorbringen, werden nicht genetisch vererbt. Sie müssen übermittelt werden. Von der Familie und der Schule? Gewiß, wobei der unmittelbarste Einfluß, die massivste Formung und Verformung, der man sich nicht entziehen kann, durch die Medien ausgeübt wird, und dies in Hinsicht auf die alle Generationen überspannende Gesamtheit an Lesern, Hörern und Zuschauern. Wie soll man reagieren, wenn diese nun lediglich auf Zerstreuung aus sind oder einfache Ratschläge verlangen, wie man besser und mehr konsumieren kann? Wenn der Klatsch aus der Nachbarschaft mehr Interesse erweckt als die Katastrophen in der Ferne? Wenn die Lust auf Genuß den Willen zum Nachdenken überwiegt? Wenn banal Sensationelles mehr als die komplizierte Realität anzieht, Demagogie mehr als Zivilcourage zählt? Die Medien in Deutschland müssen dieselben Fragen wie die Nachbarländer beantworten. Dabei weist Deutschland natürlich eine Reihe von Besonderheiten auf.

In Frankreich hat die Privatisierung des ersten Fernsehkanals *TF 1*, (*Télévision Française*) des allerersten und am Anfang einzigen französischen Senders, zu einer deutlichen Überlegenheit der privaten Fernsehsender geführt. In Deutschland hingegen hat die Vielzahl der Fernsehsender die Vorherrschaft der öffentlich-rechtlichen Sendeanstalten noch nicht in Frage gestellt, ob es sich nun um die ARD, einen Zusammenschluß regionaler öffentlicher Sender, oder das ZDF, letztlich den einzigen öffentlichen Sender auf Bundesebene, handelt. Lange Zeit hatten die beiden öffentlich-rechtlichen deutschen Sender Mitleid mit den Programmplanern und Journalisten des französischen Fernsehens, weil diese weitgehend von der politischen Kraft, die gerade die Macht innehatte, bestimmt wurden. Beim ZDF herrscht Demokratie, wenigstens vom Grundsatz her. In Wirklichkeit ist die Wahl des Intendanten nur dem Anschein nach Sache eines aus 77 Mitgliedern zusammengesetzten Rates, in dem sowohl politische Vertreter von Bund, Ländern und Parteien als auch Persönlichkeiten der «Zivilgesellschaft» vertreten sind: Kirchen- und Gewerkschaftsvertreter, Landwirte und Handwerker, Sportler, ehrenamtlich Tätige und Naturschützer, nicht zu vergessen Repräsentanten des Bundes der Vertriebenen und der Vereinigung der Opfer des Stalinismus. Tatsächlich sind die meisten Vertreter entweder Rote oder Schwarze, mithin Sozial- oder Christdemokraten. Und das wird nicht geheimgehalten: außergewöhnliche «Fraktionssitzungen» gewissermaßen der beiden Lager finden im Vorfeld der eigentlichen Sitzung des Rates statt. Nachdem das Ausscheiden des Intendanten Dieter Stolte, der sich zwanzig Jahre lang im Amt hatte halten können, einmal bekannt geworden war, dauerte es fast ein Jahr, bis im März 2002 dem Aufmarsch der Kandidaten, die den einen oder anderen nicht paßten, ein Ende gesetzt und eine Kompromißlösung gefunden und mit Markus Schächter eine bislang wenig profilierte Persönlichkeit zum Intendanten berufen wurde, die jedoch die Anstalt von innen kannte und deren Redlichkeit von allen anerkannt war.

Die regionalen Sendeanstalten, insbesondere der Bayerische Rundfunk, richten sich stets ein wenig nach der politischen Mehrheit im Bundesland. Das hindert die Journalisten der deutschen Radio- und Fernsehanstalten nicht daran, ihren Beruf vor allem bei Interviews mit den Mächtigen aus Wirtschaft und Politik mit einem profunden Hintergrundwissen und einer Beharrlichkeit auszuüben, die in den französischen Interviews nicht immer anzutreffen sind. In den Nachrichtensendungen werden die Informationen prägnant und ohne besondere Wertung des Sprechers übermittelt, und den *Faits divers* wird nur sehr wenig Raum gewährt. Hinzu treten ausführliche, um ein präzises Thema kreisende Sendungen in Form von Diskussionen oder Reportagen.

Wie in Frankreich aber beherrscht die Einschaltquote alles, was in beiden Ländern dieselben zwei Konsequenzen nach sich zieht: anspruchsvolle, zum Nachdenken anregende Informationssendungen finden sich zu Zeiten schwacher

Sehbeteiligung wieder, und dieser Schwachpunkt dient genau als Vorwand, um sie dort zu belassen, während Unterhaltungssendungen den kommerziellen Sendern Konkurrenz machen sollen, mit ausdrücklichen Anreizen zur Befriedigung der Schaulust und immer größerer Vernachlässigung derjenigen Aufgaben, die in Deutschland jeder der Rundfunk- und Fernsehanstalten durch ihre Statuten eigentlich übertragen worden sind.

Obwohl es durch eine erhebliche Gebührenabgabe finanziert wird und sich einen eigenen Verhaltenskodex auferlegt hat, greift das öffentliche deutsche Fernsehen zusehends auf Inhaltsformen zurück, die im kommerziellen Bereich ihren Platz haben. Und die zunehmende Inanspruchnahme von Werbeeinnahmen verstärkt noch ein gesellschaftliches Phänomen von großer Tragweite: der Bürger-Konsument wird von den öffentlichen Sendeanstalten nicht mehr gegen Mißbrauch der Produzenten und Fabrikanten geschützt, ob es sich nun um Werbung handelt oder um die Verbreitung berufsständischer Forderungen auf dem Bildschirm oder im Radio.

Bereits seit Jahren haben es die öffentlichen Fernsehsender ebenfalls aufgegeben, sich regelmäßig selbst zu befragen. Dabei hatte die ARD mit «Glashaus» und das ZDF mit «Betrifft Fernsehen» Beispiele einer erzieherisch wirkenden Selbstkritik vorgelegt. Heute erfolgt eine kritische Einschätzung der Programme und der internen Geschehnisse in den Sendern durch private Institutionen, von denen zwei den Kirchen verbunden sind. Wir kennen in Frankreich nichts dem Evangelischen Pressedienst Vergleichbares, dessen wichtigstes Presseorgan, *epd medien*, Woche für Woche alle Texte und Informationen über die Entwicklung der Medien darbietet, von Kritiken bestimmter Sendungen und neuen Gesetzestexten bis hin zu Besitzer- bzw. Kurswechseln von Presseorganen, Radio- oder Fernsehsendern. Trotz der Schwierigkeiten indes, denen Jean-Marie Messier und der französische Pay-TV-Sender Canal+ begegnet sind, hat es in Frankreich keinen Zusammenbruch gegeben, der sich mit dem Untergang der Kirch-Gruppe im Frühjahr 2002 vergleichen läßt. Zunächst, weil kein Franzose die fruchtbare Idee von Leo Kirch hatte, ein Vermögen durch den Ankauf alter, unbeachteter Filme aufzubauen. Sodann, weil die finanzielle Unterstützung, die seinem Medien-Imperium von den Banken gewährt wurde, nur mit den ständigen Zahlungen vergleichbar ist, die in Frankreich die staatseigene Bank *Crédit Lyonnais* auf Kosten der Steuerzahler bekam. Die weitgehend von der CSU beherrschte Bayerische Landesbank, eine öffentliche Anstalt, war es in Deutschland, die die größten Kredite gewährte. Wahr ist allerdings, daß die Verschuldung Leo Kirch erlaubte, in den Besitz der sehr einträglichen Übertragungsrechte für Fußball und Formel 1 zu gelangen.

Weder die Konzentration des Pressemarktes noch das Aufkaufen von Zeitungen – als ob es sich um Landwirtschaftsbetriebe handelte, deren Viehbestand die Journalisten seien – sind ein rein deutsches Phänomen. In Deutschland spricht man von der «Springer-Presse», wie in Frankreich von der «Hersant-Presse» die Rede ist. Einige mächtige Vertreter der Pressewelt bleiben dem öffentlichen Leben fern, vor allem wenn sie sich mit der Besitzerrolle zufriedengeben und keinen Einfluß auf den redaktionellen Inhalt beanspruchen. Dies ist bei Dieter von Holtzbrinck der Fall, dessen Unternehmen unter anderem die Wochenzeitung *Die Zeit*, die Wirtschaftszeitung *Handelsblatt* und Tageszeitungen wie der *Tagesspiegel* in Berlin oder die *Saarbrücker Zeitung* gehören. Er behält sich jedoch das Recht vor, auf Distanz zum redaktionellen Inhalt von Artikeln zu gehen; so geschehen zum Beispiel, als er im Februar 2001 zu verstehen gab, *Die Zeit* hätte die Springer-Gruppe auf zu polemische Weise beschuldigt, eine systematische Kampagne gegen die Schröder-Regierung zu führen.

Die Springer-Gruppe hingegen erlegt den Journalisten Berufsregeln auf, die Bestandteil ihrer Arbeitsverträge sind und deren Inhalt vorwiegend politischer Natur ist, da sie insbesondere die gegenüber Israel und den USA einzunehmende Haltung vorschreiben. Zur Pressegruppe Springer gehören neben *Bild* und dem *Hamburger Abendblatt* auch die trotz ihres unterschiedlichen Stils Ende 2001 zusammengelegten Tageszeitungen *Die Welt* und die *Berliner Morgenpost*.

Die französische Presse hat der deutschen voraus, daß es keine Entsprechung zur *Bild*-Zeitung gibt! Mehr als vier Millionen Käufer werden täglich von enormen Schlagzeilen angezogen, von der Aussicht auf kurze, pikante Artikel geleitet und erhalten, das sollte man hinzufügen, zwar stark verkürzte, aber häufig zutreffende politische oder wirtschaftliche Informationen, die mit oder ohne Absicht von den anderen Zeitungen nicht wahrgenommen wurden. Die deutsche Presse hat der französischen die Qualität und die Anzahl ihrer regionalen Zeitungen voraus, zum Beispiel in Hannover und Stuttgart, in denen nationale und internationale Informationen so umfassend und seriös präsentiert werden, wie man sie in Nizza oder Marseille und selbst in Lyon oder Toulouse umsonst suchen würde. Und dann gibt es den *Spiegel*, der im Hinblick auf Frankreich gleichzeitig den Platz der gesamten Wochennachrichtenmagazine und der satirischen Wochenzeitschrift *Canard enchaîné* einnimmt. Seit fünfzig Jahren ist seine Bedeutung im öffentlichen Leben unverändert groß geblieben. Der Grundton ist weniger hämisch als zuvor, aber seine Art, nur über negative Aspekte des politischen, wirtschaftlichen und sozialen Lebens zu berichten, hat wahrscheinlich nicht gerade viel positives Engagement auslösen können.

Zeitungen und Journalisten sind Teil des geistigen Lebens und tragen direkt oder durch ihr Verständnis von der Gesellschaft dazu bei, Werte zu bestimmen und zu übermitteln. Die gegenseitige Durchdringung von Pressewelt und intellektuellem Milieu ist jedoch in Deutschland weniger ausgeprägt als in Frankreich. Wenn Universitätsprofessoren in Zeitungen schreiben oder im Radio zu hören sind, konsultiert man sie im allgemeinen als Experten vom Fach, nicht aber als Kommentatoren, deren Kompetenz allumfassend ist. Jürgen Habermas bildet diesbezüglich eine Ausnahme. Mit dem Begriff *Publizist* bezeichnet man jemanden, der sich in den Medien äußert sowie einmischt und damit sein Geld verdient, ohne Berufsjournalist oder Universitätsprofessor zu sein. Die Kategorie der «Intellektuellen», wie sie einigermaßen selbstbezogen vor allem in Paris anzutreffen ist, bleibt in Deutschland weitgehend unbekannt. Dafür beziehen sich die deutschen Intellektuellen häufiger auf den Gegensatz von Geist und Macht, eine in Frankreich viel weniger deutlich vorgenommene Unterscheidung.

Dem intellektuellen Milieu Frankreichs wird Arroganz vorgeworfen. Nicht weniger zu kritisieren wäre die deutsche Art, sich eine Monopolstellung bei der Vorgabe von Werten anzumaßen. Die Politiker entscheiden und leiten. Die Intellektuellen, einschließlich der Schriftsteller und Pastoren, reflektieren und definieren die erforderlichen Grundlagen und Orientierungen. Daraus entsteht unterschiedliches Anrecht auf Kritik. Dem Intellektuellen steht es gänzlich zu, die Menschen an der Macht zu kritisieren. Diese wiederum müssen aufpassen, mit den Gralshütern des Geistes, deren Wehleidigkeit extrem ausgeprägt ist, nicht zu streng umzuspringen. Ludwig Erhard wird es auf ewig nachhängen, daß er die ihn attackierenden Intellektuellen einmal «Pinscher» genannt hat. Als der *Spiegel* die beißende Kritik des «Kritikerpapstes» Marcel Reich-Ranicki über einen Roman von Günter Grass veröffentlichte, zeigte er auf seiner Titelseite eine Montage, wo Hände das besprochene Buch zerrissen – ein Verriß im wahrsten Sinne des Wortes. Sofort sprangen die Freunde des Schriftstellers in die Bresche, um ihrer Entrüstung Ausdruck zu verleihen. Einer unter ihnen ging so weit, Goebbels und die Bücherverbrennung von 1933 zu erwähnen. Es handelte sich dabei um Klaus Staeck, den aggressivsten, unerbittlichsten politischen Karikaturisten, dessen Plakate immer an der Grenze zur Verleumdung gestanden hatten.

Wie weit müssen die übermittelten Werte in der kulturellen Tradition verankert sein, wenn man den Geist respektieren will? Gibt es eigentlich noch ein Bildungsbürgertum, das diese Tradition verkörpert? Muß ihr jeder Politiker Respekt erweisen, ja seine Zugehörigkeit zu ihr unterstreichen? Die Antwort fällt nicht leicht. Einerseits haben sich die Goethe-Gesamtausgaben im Vorfeld seines 250jährigen Geburtstages 1999 gehäuft. Und sie haben sich anscheinend gut verkauft. Andererseits treten die Leser des großen Schriftstellers in der Öffentlichkeit nur selten zum Vorschein, und es scheint sogar, als ob es eine Kluft gäbe zwischen Vertretern des Bildungsbürgertums und den Beteiligten an jenen großen moralischen Debatten, die das öffentliche Leben prägen. Und bei Inszenierungen großer Klassiker geht der Mangel an Respekt ebenso weit wie in Frankreich, mit dem gleichen Gefallen an äußerst herabwürdigenden szenischen Umsetzungen.

Man begegnet hier einem in Frankreich und Deutschland gleichermaßen ausgeprägten Phänomen: dieselben Zeitungen, Kritiker und Intellektuellen, die von der Innen- und Außenpolitik fordern, sie solle sich vorrangig um Gerechtigkeit und Menschenwürde bemühen, schwelgen im Lob für alle auf Erniedrigung und Verachtung gegründeten Kunstwerke und Inszenierungen, in denen sich die Gewalt in Blut und Sperma Bahn bricht. Im Unterschied zu Frankreich zeigt sich diese Tendenz in Deutschland nur im Theater und in der Oper, weil das Kino nicht wirklich Teil der bildenden Kultur ist. Der Ruhm von Rainer Werner Fassbinder war sicherlich in Frankreich größer als in seinem eigenen Land, das er im übrigen verachtete. Wim Wenders hat die Ehrendoktorwürde der Sorbonne Nouvelle bekommen. Es ist unwahrscheinlich, daß ein Regisseur von einer deutschen Universität solcherart ausgezeichnet wird. Die Gefühlsausbrüche intellektueller Kritiker, die sich angesichts reinster Entwürdigungen begeistern und gleichzeitig jegliches Lob der Tugend als abgeschmackt abtun, jedoch andererseits genau diese Tugenden in der Praxis der institutionellen Machtausübung einfordern, sind daher in Deutschland seltener. Die Schule befindet sich natürlich unter diesen Institutionen, und man wirft ihr vor, Kinder verschiedenster Herkunft nicht gleich genug zu würdigen, soziale Gerechtigkeit nicht ausreichend zu befördern und sich nicht hinreichend für ein auf dem Respekt für sich und die anderen basierendes Engagement stark zu machen. Seit der Veröffentlichung der PISA (Program for International Student Assessment)-Studie, die unter anderem das Leseniveau der Fünfzehnjährigen im Frühjahr 2000 verglich, wird die Schule schlechthin angeklagt, Analphabeten zu erzeugen: Deutschland rangierte an 21. Stelle unter 35 (Frankreich immerhin an 14.)! Die regionale Aufteilung zeigte, daß Bayern am besten abschnitt und Bremen am schlechtesten. Aber der Anteil der Hochschulabsolventen war in Bremen am höchsten, in Bayern am niedrigsten. Die Bedeutung dieses Vergleichs konnte sehr unterschiedlich bewertet werden.

Was das Hochschulwesen betrifft, so ist die Situation in einem wesentlichen Punkt in Deutschland schlechter als in Frankreich. Gewiß, wie bei uns in Frankreich denken die meisten Professoren, ihre Pflicht erschöpfe sich darin, Wissen bar jeglicher ethischen Dimension zu vermitteln. Die Bundesregierung und verschiedene Landesregierungen tun indes alles dazu, die Unterscheidung zwischen *Macht* und *Geist* zu rechtfertigen: im Namen ausgeglichener Haushalte werden munter zahlreiche Lehrstühle und Forschungszentren abgeschafft, die unnütz sind, widmen sie sich doch wirtschaftlich unproduktiven Gegenständen.

* * *

Das Wort «Ethik» hat als Gegenstand sowohl von Verachtung als auch von Forderungen stark an Aktualität gewonnen. Die Regierungen, Parteien, Parlamente und europäischen Instanzen sehen sich dabei nicht nur Organisationsproblemen der Gesellschaft und der Wirtschaft gegenüber, sondern grundsätzlichen Fragen ausgesetzt, die eigentlich dem privaten und persönlichen Bereich vorbehalten schienen. Was ist das menschliche Wesen? Und was das Leben? Wem steht das Recht zu, welche Entscheidung zu treffen, auf welche Art in was für Dinge einzugreifen, wenn diese ganz wesentlichen Fragen mit im Spiel sind? Frankreich verfügte bereits über ein Ethikkomitee, andere europäische Länder ebenfalls. In Brüssel hat der belgische Physiker und Europäische Kommissar für Forschung Philippe Busquin einen Ethikrat unter dem Vorsitz des französischen Professors Axel Kahn eingesetzt, der durch seine ebenso um den wissenschaftlichen Fortschritt als auch um die menschliche Würde bemühten Stellungnahmen bekannt geworden ist. In Deutschland hat Kanzler Schröder im Jahr 2000 einen Ethikrat eingerichtet, dessen Zusammensetzung viel diskutiert worden ist, während die berufliche Herkunft und die Titel seiner Mitglieder gleichermaßen als Garantie ihrer Kompetenz und als Hinweis auf die Vielzahl der bereits in der Verwaltung, den Fakultäten für Philosophie, Medizin, Theologie und natürlich Biologie bestehenden Diskussionforen gelten dürfen.

Als brandaktuelles Problem stellt sich anscheinend in gleicher Form in allen europäischen Ländern der Gewinn von Stammzellenlinien durch den Gebrauch von In-Vitro fertilisierten menschlichen Embryonen. Einige Dutzend dieser Stammzellenlinien wurden amerikanischen Forschern zur Verfügung gestellt, die sie zur Vorbeugung oder Heilung genetischer Krankheiten frei verwenden können. 1990 hatte Großbritannien bereits die Herstellung von Embryonen in Hinblick auf die Bildung und Nutzung von Stammzellen erlaubt. Im selben Jahr untersagte ein deutsches Gesetz, das Embryonenschutzgesetz, mehr Embryonen durch In-vitro-Fertilisation herzustellen, als in die Gebärmutter der zukünftigen Mutter direkt eingepflanzt werden könnten. Und im Januar 2002 stand dann der Bundestag vor der schwierigen Entscheidung: sollte man den Import von Stammzellen zu Forschungszwecken autorisieren? Die Debatte darum und die Grundsatzabstimmung haben gezeigt, daß Uneinigkeit quer durch alle Parteien bestand und die Abgeordneten diesmal tatsächlich den eigenen Überzeugungen und persönlichen Einstellungen gegenüber parteipolitischer Wahldisziplin den Vorrang einräumten. So fand sich eine zusammengewürfelte Mehrheit für eine Genehmigung, die unter strengen Auflagen steht. Die Diskussion war deshalb noch lange nicht beendet. Waren damit nicht alle Dämme gebrochen? Stand jetzt nicht ganz einfach die Kommerzialisierung der menschlichen Embryonen zu befürchten? Und war man umgekehrt nicht zu zurückhaltend in Hinsicht auf zukünftige Behandlungs- und Heilungsmöglichkeiten bei Krankheiten wie Alzheimer, Parkinson, Osteoporose und Diabetes? Würde die Aufhebung eines grundlegenden Verbotes nicht Konsequenzen für die gesamte Betrachtungsweise des menschlichen Leben haben? Würde die Zurückhaltung nicht einen fatalen Nachteil für die deutsche Forschung zur Folge haben?

Die Elemente dieser Debatte sind zwar in Deutschland dieselben wie in Frankreich, doch hat sie sich öffentlicher abgespielt, vielleicht weil das Problem keine unmittelbaren gesellschaftlichen Implikationen mit sich brachte. Gleiches kann man nicht vom Problem der Geburt behinderter Kinder sagen, deren Leben bereits als Fötus, wäre die medizinische Diagnose korrekt vorgenommen worden, durch Schwangerschaftsabruch beendet worden wäre.

Der Wirbel, den in Frankreich das am 17. November 2000 durch den Kassationshof ergangene «Perruche-Urteil» ausgelöst hat, überstieg hingegen bei weitem den in Deutschland, wobei sich dort dasselbe Problem seit vierunddreißig Jahren stellt. Erstmals entschied im Jahre 1968 das Landgericht Itzehoe, daß der Unterhaltsaufwand für ein ungewolltes Kind als Schaden geltend gemacht werden könne. 1984 urteilte der Bundesgerichtshof wie jetzt die höchstrichterlichen Kollegen in Paris. Er bejahte grundsätzlich den Schadenersatzanspruch von Eltern eines mongoloiden Kindes, die sich von einem Arzt falsch behandelt fühlten. In diesem Urteil findet sich der Satz: «Es bleibt genug für die Eltern zu tragen, was sie ohnehin nicht auf den Schädiger abwälzen können.» Der Erste Senat des Bundesverfassungsgerichtes äußerte sich in derselben Richtung, wobei er unterstrich, das Kind sei kein Schaden, es zähle aber der Unterhaltsaufwand. Der Zweite Senat des Bundesverfassungsgerichtes sah in dieser Rechtsprechung die rechtliche Qualifikation eines Kindes als «Schadensquelle» und lehnte solche Zahlungen als verfassungswidrig ab.

Im Dezember 1997 geriet dann der Erste Senat in einen offenen Konflikt mit dem Zweiten Senat, als er entschied, daß im Falle falscher Beratung hinsichtlich genetischer Vererbung oder im Falle einer gescheiterten Wunschsterilisierung der Arzt die Eltern dann entschädigen müsse, wenn das Kind behindert geboren würde. Der Zweite Senat behauptete daraufhin, daß dieser Urteilsspruch die Abtreibungsgesetzgebung verletze. Während er einen neuen, diesmal gemeinsamen Entscheid von beiden Kammern des Bundesverfassungsgerichtes forderte, meinte dagegen der Erste Senat, der Status des Gerichtes verböte in dieser Sache ein solches Vorgehen. In Frankreich hat auch die parlamentarische Verabschiedung einer direkt durch den Fall des jungen Behin-

derten Nicolas Perruche ausgelösten Gesetzesänderung
nicht vermocht, einem juristischen Streit ein Ende zu setzen,
der wesentlich komplexer war, als es die Polemiken um ihn
denken ließen. Der Druck der Ärzteverbände und regel-
rechte Erpressungsversuche der Versicherungen führten zu
einer übereilten Annahme eines Gesetzes, das die ärztliche
Verantwortung ungemein einschränkt und die ständige Unterstützung für behindert geborene menschliche Wesen begrenzt. In Deutschland hat sich in der höchsten juristischen
Instanz Verunsicherung eingenistet.

Das Problem behinderter Kinder, die nicht zur Welt gekommen wären, wenn ihre Behinderung rechtzeitig erkannt
worden wäre, ist sicherlich von geringerer allgemeiner Tragweite und Dramatik als die Tötung eines Schwerkranken auf
seinen eigenen Wunsch hin oder sogar den seiner Familie.
Im Januar 2002 wurde vor dem Europäischen Gerichtshof
für Menschenrechte in Straßburg das Euthanasieanliegen einer Engländerin im letzten Stadium einer schrecklichen
Krankheit verhandelt und dann Anfang April abgelehnt.
Das englische Gesetz, brachte ihr Anwalt vor, verletze Artikel 3 der Europäischen Konvention zum Schutze der Menschenrechte und Grundfreiheiten: «Niemand darf der Folter
oder unmenschlichen oder erniedrigenden Strafe oder Be-
handlung unterworfen werden.» Der Gerichtshof sollte
folglich über das *acharnement therapeutique* – die Therapie-
versessenheit – urteilen, die im Prinzip von allen, selbst den
Kirchen, abgelehnt wird, ohne daß es möglich wäre, zu sagen, wo die Grenze zwischen jener «Versessenheit» auf Wei-
terbehandlung Schwerstkranker und der Euthanasie ver-
läuft. Nicht weniger schwierig ist die Frage, wie der freie
Wille des Kranken bestimmt werden kann. Es bildet sich
jedoch immer größere Unterstützung für eine Auslegung
des Rechtes auf einen würdigen Tod nicht durch Euthanasie,
sondern durch eine Begleitung in den Tod, welche in erster
Linie die menschliche Würde respektiert. Das Programm

des 2. Internationalen Kongresses für Palliativpflege, der im März 2002 in Luxemburg stattfand, zeigte, daß die den Kongreßteilnehmern unterbreiteten Fragestellungen in hohem Maße nicht mehr durch deren Nationalität bestimmt wurde. Die aus einem Bonner Krankenhaus kommende Krankenschwester sprach nicht als Deutsche, sondern als Mitglied einer Palliativpflegeeinheit, während der Medizinprofessor aus Grenoble den Kongreß nicht als Franzose, sondern als Vorsitzender des JALMALV-Vereins («Jusqu'à la mort accompagner la vie» – «Bis zum Tode das Leben begleiten») eröffnete.

Und dennoch existiert auch in diesem Bereich noch eine deutsche Eigenheit. Die Existenz Hitlers in ihrer Vergangenheit, mithin der Mord an Behinderten, hat vor allem den ältesten Generationen Deutscher ganz besondere Vorsicht auferlegt, weil sie in der Schule unter Umständen noch mit einem Rechenbuch gearbeitet haben, daß beispielsweise Übungen enthielt wie: «Ein geistig Behinderter verursacht soundsoviel Kosten pro Tag; es gibt soundsoviele Behinderte; rechne aus, wieviel Kredite man zu welchem Tilgungssatz jungen Ehepaaren gewähren könnte, wenn es diese Behinderten nicht gäbe.» Auf diese Besonderheit hat sich das Bundesverfassungsgericht in seinem Urteil über den Schwangerschaftsabbruch vom 25. Februar 1975 berufen. Das Recht auf Leben habe im Grundgesetz eine andere Grundlage als in der Weimarer Verfassung, denn «die ausdrückliche Aufnahme des an sich selbstverständlichen Rechts auf Leben» sei «als Reaktion auf die ‹Vernichtung lebensunwerten Lebens›, auf ‹Endlösung› und ‹Liquidierungen›, die vom nationalsozialistischen Regime als staatliche Maßnahmen durchgeführt wurden» zu erklären. Und zum Abschluß der neunzigseitigen Urteilsbegründung erklären die Richter, daß ihre Entscheidung keineswegs die Mißbilligung anderer juristischer Ordnungen miteinbeziehe, in denen man zur Sache anders entschieden habe, weil man ein solches Unrechtssystem nicht gekannt und eine andere geschichtliche Entwicklung erlebt habe.

In einigen wichtigen Punkten waren zwei Mitglieder des Ersten Senats nicht mit ihren Kollegen einverstanden. Die einzige Frau, Wiltrud Rupp von Brüneck, warf in einem ausführlichen «dissenting vote» der Mehrheit vor, der Situation der Frauen keine Rechnung getragen zu haben. Sie entwickelte vor allem die Idee, daß der Schutz des Lebens durch die Bereitstellung von Finanzmitteln gewährleistet werden müsse, die es schwangeren Frauen erlauben sollten, den Schwierigkeiten der Mutterschaft zu begegnen. Sie bekräftigte abschließend, daß der Geist des Grundgesetzes mehr als die Forderung nach Bestrafung oder Mißbilligung «im Dienste des Lebensschutzes (…) sozial adäquatere Mittel» bereitstellen müßte, die Staat und Gesellschaft in jenem Moment aber nicht zu leisten vermochten. Die CDU aber, als schärfster Gegner des Schwangerschaftsabbruchs, hat niemals wirklich gesetzgeberisch in diese Richtung gewirkt, so daß heute noch unverheiratete oder geschiedene Mütter vom Gesetz benachteiligt werden. Weder ist die finanzielle Schlechterstellung von nicht oder nicht mehr verheirateten Frauen mit Kindern beseitigt worden, noch sind die oft beschworenen, aber in der Praxis vernachlässigten Möglichkeiten für die Vereinbarkeit von Kindern und Beruf erweitert worden. Als ob die hübsche Formel: «wer Kinder bekommt ist selber schuld» noch Gültigkeit besäße.

Zwischen 1975 und 1995, als das heute gültige Gesetz verabschiedet wurde, verschwand der Bezug auf die Hitler-Vergangenheit und damit auf eine deutsche Besonderheit zunehmend. Die Diskussion hat sich in dem Sinne «normalisiert», daß die katholische Kirche die Hauptrolle im Kampf gegen den Schwangerschaftsabbruch einnahm und einnimmt, in einem ganz anderen Zusammenhang als in Frankreich allerdings. Entstanden aus einem durch die Vereinigung mit der DDR noch erschwerten Kompromiß, trägt das

Gesetz von 1995 einer liberaleren Gesetzgebung und einem besseren Mutterschutz Rechnung und hält, nachdem das Bundesverfassungsgericht erneut einschränkend eingriff, die Idee aufrecht, daß Abtreibung zwar illegal, aber nicht strafbar sei, sofern sie während der ersten zwölf Wochen, unter spezifischen Bedingungen und nach einem Beratungs-gespräch in speziell dafür vorgesehenen Beratungsstellen, praktiziert worden sei. Die katholische Kiche hat immer wieder unterstrichen, daß das Leben von der Befruchtung an geschützt werden müsse, während Protestantismus, Judaismus und Islam viel weniger kategorisch bezüglich der Existenz eines Menschen während der allerersten Wochen sind. So kritisierte der Tübinger Theologieprofessor Eberhard Jüngel auf dem Bioethik-Kongreß der EKD im Januar 2002, für ihn sei es weder ethisch noch logisch, wenn man Stammzellenforschung befürworte, zugleich aber das Verbot der Herstellung solcher Stammzellen in Deutschland fordere. Die Zeitschrift *Parlament* berichtete weiter: «Auch hält Jüngel es für problematisch zu behaupten, das menschliche Leben sei vom Zeitpunkt der Befruchtung ein embryonaler Mensch. Ähnlich äußerte sich Theologieprofessor Klaus Tanner aus Halle. Er warf der evangelischen Kirchenleitung vor, sich an einem neuen ‹ökumenischen Dogma› zu beteiligen, nach dem die Verschmelzung von Ei- und Samenzelle der Beginn des menschlichen Lebens sei und damit des absoluten Schutzes der Würde bedürfe.»

Die katholische Kirche willigte indes ein, am Beratungssystem teilzuhaben, und unterhielt bis zu 260 der 1700 in der ganzen Bundesrepublik eingerichteten Beratungsstellen für Schwangerschaftsfragen. Der Vatikan und schließlich Johannes Paul II. persönlich intervenierten, um die deutschen Bischöfe zur Schließung der Beratungsstellen zu bewegen. Das Argument war logisch: selbst wenn man vom Schwangerschaftsabbruch abrät, bildet die Tatsache, daß der Beratungsschein ausgestellt wird, praktisch die Einwilligung zur Abtreibung, weil dieses Papier ja notwendig ist, um den Schwangerschaftsabbruch legal durchführen zu lassen. Gegenargumente wurden insbesondere in einem ziemlich ironischen Brief ausgeführt, den der Kongreß der deutschsprachigen Moraltheologen nach Rom sandte: die Beratung, so verlaute es aus allen Quellen, bringe jährlich dreitausend Frauen dazu, ihr Kind auszutragen; sollte es kein katholisches Beratungssystem mehr geben, so sei der Vatikan dafür verantwortlich, daß diese dreitausend Geburten pro Jahr nicht zustande kämen.

Neben zwei bereits bestehenden Unterschieden gegenüber der Situation in Frankreich gibt es, seitdem im November 2000 das Gesetz in der französischen *Assemblée nationale* debattiert wurde, noch einen weiteren. Oft sage ich in Deutschland, es gäbe keinen Konflikt mit Rom, wenn die Bundesrepublik die strikte Trennung von Staat und Kirche, die sogenannte «Laizität» auf französische Art kennen würde. In Frankreich haben gläubige Katholikinnen an den Beratungen teilgenommen, welche in den nach den Politikerinnen Simone Veil und Monique Pelletier benannten Gesetzen vorgesehen sind, jedoch in öffentlichen Beratungsstellen und nicht als Katholiken. Zudem begriffen sie ihre Aufgabe als Bemühen um die Befreiung derjenigen Frauen, mit denen sie sich unterhielten. Diesen sollte es dann, nachdem sie größeren Abstand zum sonst auf sie ausgeübten Druck und zu Zwängen aller Art gewonnen hatten, selbst überlassen bleiben, sich für oder gegen den Schwangerschaftsabbruch zu entscheiden. Bleiben in Deutschland indes Berater oder Beraterin neutral der Entscheidung gegenüber, riskieren sie eine Gesetzesstrafe: sie sind verpflichtet, vom Schwangerschaftsabbruch abzuraten. Ein zweiter Unterschied liegt in der Natur der Stellungnahmen der Katholiken. Gewiß hat Rita Süssmuth, die zunächst Familienministerin und dann Bundestagspräsidentin war, angestrebt, daß der berüchtigte Artikel 218 des Strafgesetzbuches toleranter ausgelegt wird, wofür sie in ihrer eigenen Partei ziemlich niederträchtige Angriffe erleiden mußte. Während der großen Parlamentsdebatte 1974 in der *Assemblée nationale* aber schloß der bedeutende Résistant und bekennende Christ Eugène Claudius-Petit seinen Beitrag mit den Worten, er stimme, obwohl er ein Gegner der Abtreibung bleibe, für das Veil-Gesetz, in erster Linie weil dieses Gesetz die ärmsten der Frauen daran hindern würde, an den Folgen heimlicher Abtreibungen zu sterben. Und die sehr katholische Abgeordnete und Ministergattin Hélène Missoffe erklärte am Rednerpult, sie stimme ebenfalls für dieses Gesetz, weil sie sich als Mutter von acht Wunschkindern nicht berechtigt fühle, die Frauen zu verurteilen, welche nicht dieselben materiellen und familiären Chancen wie sie gehabt hätten.

Der neue Unterschied beruht auf der Tatsache, daß die parlamentarische Debatte vom November 2000 in Paris heftiger und fanatischer geführt wurde und dazu geführt hat, daß sowohl der verpflichtende Charakter des Vorabgesprächs als auch Informationen über Beistandsmöglichkeiten abgeschafft wurden, die den Wunsch abzutreiben mildern oder verschwinden lassen können.

Nach langem Widerstand, Reisen nach Rom und dem Erhalt mehrerer ausdrücklicher Weisungen aus dem Vatikan haben die deutschen Bischöfe schließlich nachgegeben und ihre Beratungsstellen geschlossen. Einzig der Bischof von Limburg, Franz Kamphaus, der bereits wegen seiner Stellungnahmen zugunsten von Ausländern, aber auch für seine Treue hinsichtlich der katholischen Auslegung der Eucharistie bekannt geworden war, hatte aus Rom die Genehmigung erhalten, bis Ende 2001 mit der Beratung fortzufahren. Dann kam das endgültige Verbot. Er trat nicht zurück, aber unterwarf sich auch nicht gänzlich, was seinem Ruf bei den häufig sehr konservativen, aber in diesem Punkt Rom Widerstand leistenden katholischen Laien sicherlich nicht geschadet hat. Letztere hatten den bewußt so genannten Verein *Donum vitae* gegründet, der Beratungsstellen außerhalb der Kirche aufbauen sollte.

Eine solche Entwicklung bedarf der Erklärung, ausgehend von der besonderen Situation der christlichen Kirchen für das gesellschaftliche Leben in Deutschland. Trotz dieser Besonderheit werden sie übrigens bei Fragen zur Bioethik genauso wie in anderen Ländern angegriffen: sie wären angeblich «heilungsfeindlich». Gegen diese Anschuldigung haben sich anläßlich der im April 2002 organisierten «Woche für das Leben» der Vorsitzende der deutschen Bischofskonferenz, Kardinal Lehmann, und Präses Manfred Kock, Vorsitzender des Rates der Evangelischen Kirchen in Deutschland, gemeinsam erhoben. Manfred Kock wies die Kritik an seinen zu «katholischen» Positionen zurück. Der Wunsch von Eltern nach einem gesunden Kind sei nur zu verständlich. Einen Anspruch auf ein gesundes Kind gebe es nach unserer Rechtsauffassung und besonders unserer christlichen Auffassung nicht. Er meinte, indem er wie der Kardinal den Stammzellenimport verurteilte und seiner Hoffnung Ausdruck gab, die strenge Begrenzung der Genehmigung müsse aufrechterhalten werden, es bestünde ein großes Risiko, «daß ein Mensch im Fall von Krankheit und Behinderung weniger liebenswert wäre und weniger Recht auf Leben hätte.» Es wurde gleichzeitig an das schreckliche Vokabular Hitlers erinnert und einer gemeinsamen Besorgnis der christlichen Kirchen, ob sie nun deutsch seien oder nicht, Ausdruck verliehen.

* * *

Blickt man auf die Zahlen, könnte man denken, die christlichen Kirchen Deutschlands seien, allein wegen ihres finanziellen Fundaments, außerordentlich mächtig. 1999 hatten die katholische Kirche 21 Millionen Mitglieder und die in der EKD vereinigten evangelischen Kirchen 26,6 Millionen. Im selben Jahr erbrachte die Kirchensteuer – die ungefähr bei 8 % zusätzlicher Lohnsteuer liegt, vom Staat erhoben und an die Kirchen weitergeleitet wird – 9,16 Milliarden Mark der einen und 8,23 Milliarden Mark der anderen Kirche. Man darf sagen, daß der hauptsächliche Unterschied zwischen einem deutschen und einem französischen Bischof darin besteht, daß der erste über Armut spricht, während der zweite in der Tat arm ist. Dies schlägt sich weniger im Lebensstil als vielmehr in den Verwaltungsstrukturen nieder, die in Frankreich begrenzt und überlastet, in Deutschland mit korrekt bezahlten Mitarbeitern bestens ausgestattet sind. Das Geld der deutschen Kirchen dient natürlich auch zur Finanzierung einer beträchtlichen Bandbreite von Krankenhäusern, Altenheimen und weiteren gemeinnützigen Einrichtungen, unter denen die katholische Caritas und die evangelische Diakonie die größte Rolle spielen. Öffentliche, regionale, lokale und Bundesbehörden subventionieren, was die meisten Gläubigen nicht wissen, großzügig die konfessionell gebundenen karitativen Einrichtungen, im Namen der Zusammenarbeit zwischen Kirche und Staat, wie es im deutschen Verständnis von der Trennung zwischen Kirche und Staat vorgesehen ist.

Man könnte dasselbe von den katholischen Schulen in Frankreich behaupten, besonders seit dem nach dem Premierminister Debré benannten Gesetz von 1959 und der Vermehrung der staatlich anerkannten konfessionalen schulischen Einrichtungen, die finanziell vom französischen Staat unterstützt werden. Die französische Auffassung von der *laicité*, vom säkularen, konfessionsneutralen, strikt von der Kirche getrennten Staat, bleibt in Deutschland unverstanden. Und sei es nur, was die Definition eines Katholiken in beiden Ländern betrifft: In Frankreich ist es jemand, der sich katholisch nennt und den man katholisch nennt. In Deutschland ist es jemand, der die Kirchensteuer an die katholische anstatt an die evangelische Kirche bezahlt. Um die

Kirchensteuer nicht zu zahlen, kann er aus der Kirche austreten. Dabei ähnelt die Situation der eines Zeitungsabonnenten. Wenn er in Frankreich sein Abonnement nicht mehr zahlt, man ihm aber trotzdem die Zeitschrift weiterhin zustellt, ist das Pech für den Verlag. In Deutschland dagegen bleibt man juristisch gesehen die ausstehenden Summen so lange schuldig, wie das Abonnement nicht gekündigt wird. Allerdings wurde das deutsche System bei uns in Frankreich für die Abonnenten von Kabelfernsehen und Handys übernommen. Als zahlendes Mitglied seiner Kirche ist der deutsche Christ noch lange kein eifriger Kirchgänger. Das deutsche Statistische Jahrbuch lieferte die genaue Angabe, daß 1999 1,1 Millionen Protestanten und 4,5 Millionen Katholiken regelmäßig die sonntäglichen Gottesdienste oder Messen besuchten. Daraus ist natürlich weder zu schließen, daß lediglich diese zu den Gläubigen zu zählen sind, noch daß bei allen Gebetbuchkundigen und Kirchgängern der Glauben im sozialen Handeln zum Ausdruck kommt.

Zu Beginn der fünfziger Jahre sprach der Erzbischof von Paris auf Einladung von Kardinal Frings im Kölner Dom. Er trug vor, wie 1905 der französischen Kirche die Trennung von Staat und Kirche aufgezwungen worden sei. Mitleid zeichnete sich auf den Gesichtern der anwesenden Gläubigen ab. Kardinal Feltin fuhr jedoch fort, indem er im Grunde erklärte, daß der französischen Kirche nichts Besseres hätte geschehen können. Plötzlich machte sich Unverständnis, ja Entrüstung breit. Die deutlichen Formulierungen von Bischof Claude Dagens, 1994 Autor eines Berichtes des französischen Episkopates mit dem Titel: «Proposer la foi à la société actuelle» («Den Glauben der heutigen Gesellschaft anbieten»), würden indes heute noch einen Schock auslösen, wenn sie von einem deutschen Prälaten gebraucht würden. In einem im Dezember 2000 in Aix-en-Provence zum Thema: «Laicité: Risiko oder Chance für die Kirche?» gehaltenen Vortrag, der im November

2001 in der Jesuitenzeitschrift *Etudes* Aufnahme fand, sagte der Bischof von Angoulême im besonderen: «Die Kirche versteht ihre kirchliche Mission aus dem Innern der laizistischen und demokratischen Gesellschaft heraus ... Das säkulare *(laïque)* und demokratische System bildet insofern für die Kirche eine Probe der Wahrheit, als es sie zwingt, sich selbst zu überprüfen, wie sie die Barmherzigkeit Jesus Christus auf die Art von Jesus Christus praktiziert ....»

In Deutschland hat die Trennung zwischen Kirche und Staat bei der Zusammenarbeit verschiedene Konzeptionen und Realitäten entstehen lassen. Das interne Disziplinarrecht der Kirchen ist mehrfach vom Bundesgerichtshof und Bundesverfassungsgericht bestätigt worden, und zwar nicht nur für die Priester und Pastoren, sondern auch für die Angestellten karitativer Vereine oder von Verlagen, die sich als kirchennah bezeichnen. So kann die Scheidung Anlaß für eine Kündigung sein. Selbst die evangelischen Spezialisten für Kirchenrecht sind der Ansicht, daß die Kirchen die direkte Kontrolle über den Inhalt der Lehre in den theologischen Fakultäten der öffentlichen Hochschulen behalten müssen. Sie sind mit der Ausbildung der Priester und Pastoren beauftragt und von daher berechtigt, die Rechtgläubigkeit der Lehrenden zu überprüfen. Deshalb verlor Hans Küng in Tübingen seinen Lehrstuhl an der theologischen Fakultät, bevor er einen anderen von der «laizistischen» Philosophischen Fakultät bekam. Die Trennung von Staat und Kirche 1905 hat in Frankreich zur Konsequenz gehabt, daß die theologischen Fakultäten keine Habilitationen vornehmen dürfen, ob dies nun die *Instituts catholiques* in Paris, Lyon und Angers oder die protestantischen Fakultäten in Paris oder Montpellier betrifft. Vom Staat und seinem Lehrbetrieb hängen dagegen die Fakultäten in Straßburg ab, da sich die Departements im ehemaligen Elsaß-Lothringen immer noch unter dem Konkordatsregime von 1802 befinden.

Gelten die den Kirchen zugestandenen Privilegien auch für andere Religionen? Nachdem sie ihren früheren Antisemitismus abgelegt haben, ist der Respekt der christlichen Kirchen für die jüdische Religion so groß, daß die 88 000 in 82 Gemeinden zusammengeschlossenen Juden des Jahres 2000 in Sicherheit die 70 funktionstüchtigen Synagogen aufsuchen könnten, gäbe es in Deutschland einzig den Antisemitismus christlicher Prägung. Und gäbe es keine besonderen Schwierigkeiten mehr auf dem Wege zu einer Normalisierung im positiven Sinne, was die ständig wieder neu entfachten Diskussionen um die jüdische Identität betrifft. Ignatz Bubis, ab 1992 der bekannteste und am meisten geachtete Vorsitzende des Zentralrats der Juden in Deutschland, hat sich selbst, auch in seiner Autobiographie, als deutscher Bürger jüdischen Glaubens bezeichnet. Und als solcher war er an seinem 70. Geburtstag von Bundespräsident Roman Herzog geehrt worden.

Und wodurch zeichnet sich die Situation des Islams aus? Auch durch die Furcht, ausgeschlossen zu werden, und das Risiko, sich selbst auszuschließen? Die Grundhaltung der Kirchen stellt dabei kein Problem dar. Noch im September 2001 erinnerte die traditionsgemäß in Fulda versammelte Bischofskonferenz feierlich daran, daß «der Glaube an Gott (…) zur Ehrfurcht vor jedem Menschen führen» müsse. Ziemlich viele Probleme wären jedoch einfacher zu regeln, wenn der Staat eine andere Form der Trennung von Kirche und Staat betreiben würde. Die Kirchensteuer wird dem Islam vorenthalten, weil es sich um Gemeinschaften von Gläubigen handelt, die nicht in einer Kirchenstruktur organisiert sind. Wie soll, da Religionsunterricht verfassungsgemäß Teil des normalen Schulunterrichtes ist, der Unterricht der islamischen Religion organisiert und kontrolliert werden, unter wessen Verantwortung soll er gestellt werden? Muß der Unterricht auf Deutsch gegeben werden? Müssen die Lehrkräfte in Deutschland ausgebildet worden sein? Keine Hochschule bietet jedoch eine Ausbildung an. Welche Verfassungsgrundsätze muß ihr Unterricht einhalten? Im November 2001 richtete die Katholische Akademie Bayern im Rahmen einer Tagung zum Thema «Islam und Politik» ein Streitgespräch zwischen Rotraud Wieland, Professorin für Islamkunde und Arabistik, und dem Vorsitzenden des Zentralrats der Muslime in Deutschland, Nadeem Elyas, aus. Ausgehend von zwei entgegengesetzten Lesarten des Korans, zeigte die eine die Unvereinbarkeit des Islams mit dem Prinzip der Toleranz und der Gleichheit zwischen Mann und Frau, während der andere nicht nur die Vereinbarkeit, sondern auch die Pflicht zu deren Anwendung aufwies: «Die Grundsätze der Menschenrechte finden wir auch im Islam verankert.» Wer wird die wahre Natur der islamischen Lehre überprüfen, wenn schon der christliche Religionsunterricht nur durch die Kirchen selbst kontrolliert werden soll?

Man darf sich trotzdem nicht vorstellen, die deutschen Kirchen seien in sich geeinte Gebilde. Die katholische Kirche ist selbst auf höchstem hierarchischen Niveau zumindest von Mehrstimmigkeit gekennzeichnet. Die Mitteilungen des Kardinals und Erzbischofs Joachim Meisner aus Köln sind vorwiegend dem Kampf gegen die Abtreibung gewidmet, wobei er auf schockierende Vergleiche zurückgreift. So würde die deutsche Chemieindustrie, wenn sie die Pille «danach» herstellte, dieselbe Schuld treffen, die sie sich bei der Herstellung des in den Vernichtungslagern verwendeten Gases Zyklon B erwarb. Eine solche Behauptung verleiht den in Auschwitz vergasten Mitgliedern meiner Familie und einem vielleicht noch nicht einmal befruchteten Ei dasselbe Maß an menschlicher Würde!

Der Erzbischof von Berlin, Kardinal Georg Sterzinsky, dagegen tritt ständig für die Verteidigung der Schwachen, insbesondere der Ausländer ein. Im Februar 2002 hat er die Haltung der CDU in der Immigrationsfrage als «Schande» bezeichnet, ganz besonders wegen ihrer Vorschläge zur Begrenzung der Familienzusammenführung. Er folgte so der Linie der Erklärung der deutschen Bischöfe von 1975, die daran erinnerte, daß das Heldentum einiger Individuen oder Gruppen nicht das institutionelle Versagen der deutschen Kirche verbergen solle. Heute kann es angesichts neuer Leiden nicht angehen, daß man sich abwendet. Und wohl nicht zufällig trägt das Berliner Gebäude, wo sich die Büros und Mitarbeiter des Kardinals befinden, den Namen des aufgrund seines einsamen Protestes gegen die «Reichskristallnacht» deportierten Berliner Priesters Bernhard Lichtenberg.

Papst Johannes Paul II. wird von der Mehrheit der Deutschen, darunter den Katholiken, nur über seine strengen Stellungnahmen zu Themen des Privatlebens wahrgenommen, ob es sich nun um Abtreibung oder die Verweigerung der Sakramente für wiederverheiratete Geschiedene handelt. Oder auch um das Zölibat der Priester und die Stellung der Frauen in der Kirche. Diese Wahrnehmung erklärt die zunehmende Spaltung zwischen der Institution Kirche und einer Vielzahl Katholiken, die sich von dieser Institution abwenden. Der Berliner Erzbischof und Erzbischof aus Mainz, Karl Lehmann, der 2001 trotz seiner Widerstände gegen Rom endlich zum Kardinal ernannt wurde, stützen sich indes mehr auf Texte wie den sehr schönen «Dekalog für den Frieden von Assisi», der nach dem von Johannes Paul II. organisierten Friedenstreffen der Religionen am 24. Januar 2002 in Assisi veröffentlicht wurde. Dort werden Respekt und gegenseitige Wertschätzung von Völkern, Kulturen und Religionen anempfohlen, Gewalt und Terrorismus, die im Namen einer Religion ausgeübt werden, verurteilt, und diejenigen, an die sich der Dekalog richtet, wollen sich «an der Seite derjenigen engagieren, die leiden …. wir geben den Wortlosen eine Stimme.» Fragen wie die nach dem Vorhandensein von Kruzifixen in Klassenräumen werden folglich in den Hintergrund gedrängt, selbst wenn noch im Jahre 2001 ein bayerischer Minister die Entlassung eines Grundschullehrers aus dem Schuldienst forderte, der mittels eines Gerichtsurteils die Erlaubnis erwirkt hatte, dieses Symbol aus seiner Klasse zu entfernen.

Wie in Frankreich jedoch sind die meisten Bischofsernennungen durch den Vatikan eher dazu gedacht, die Kirchendisziplin zu stärken, als Originalität, Gedankenstärke oder außergewöhnliches Engagement auszuzeichnen. Zuweilen gibt es aber auch umgekehrte Zeichen: Im Dezember 2001 wurde so Reinhard Marx, bis dahin Weihbischof und Geistlicher Rektor des Sozialinstituts des Erzbistums Paderborn in Dortmund, zum Bischof von Trier, der Geburtsstadt von Karl Marx, ernannt. Als Begründer einer geistlichen Gemeinschaft Johannes XXIII. war der Professor für Theologie Diözesanbeauftragter für die Betriebsseelsorge gewesen. Die Spannbreite seiner Qualifikationen und Qualitäten macht aus ihm mit weniger als fünfzig Jahren einen der Hoffnungsträger der deutschen Kirche, die sich sowohl durch Rom als auch durch eine Mehrheit ihrer gar nicht so gläubigen Gläubigen häufig zu negativ wahrgenommen fühlt.

Viel komplexer in seinen Strukturen, religiösen Überzeugungen und Praktiken ist allerdings noch der deutsche Protestantismus. Einerseits vermittelt er den Eindruck von einem Glauben, der dabei ist, sich hin zu einer Art einfacher Religiosität zu entwickeln. So hatten die Veranstalter des Kirchentages 2001 in Frankfurt eine eucharistische Liturgie geplant, in welcher der Begriff vom Opfer durch Vorstellungen von Freiheit und Lebensfreude ersetzt werden sollte. Seitens der lutherischen Theologen war die Entrüstung weitaus größer als bei den Reformierten, und die insbesondere von Bischof Kamphaus formulierte Weigerung der Katholiken, das Abendmahl gemeinsam zu feiern, war noch deutlicher. Moralisierender Gefühlsüberschwang, wenn es um Begriffe wie Frieden und Gerechtigkeit geht, wird zunehmend von einer extremen Toleranz in Sittenfragen begleitet. Der Wunsch nach dem kirchlichen Segen für homosexuelle Paare bildet da nur einen Aspekt.

Andererseits waltet weiterhin theologische Strenge. Als es darum ging, gegen einen von katholischer und lutherischer Kirche gemeinsam verfaßten und unterzeichneten Text zu protestieren, der sich um eine Definition der Heilsfindung durch den Glauben bemühte, häuften sich die Unterschriften von mit der Ausbildung der zukünftigen Pastoren befaßten Theologieprofessoren. Die Reformierten sahen darin den Beginn eines Risses im Protestantismus, alle Kritiker waren voller Mißtrauen gegenüber Rom, während die Veranstalter des Kirchentages zur gleichen Zeit die erste ökumenische Zusammenkunft vorbereiten, die 2003 in Berlin stattfinden soll. Über dem gesamten deutschen Protestantismus schwebt indes eine doppelte Gefahr: massive Austritte der Gläubigen und eine starke Zunahme von Sekten verschiedenster Art.

Die verschiedenen, in der EKD vereinigten evangelischen Kirchen sowie die katholische Kirche gleichen sich indes, was die irrtümliche Sicht auf ihr vergangenes Verhältnis zur Demokratie und ihren Anspruch auf ein Monopol der Kirchen bei der Übermittlung von Werten, welche die politische Gemeinschaft begründen, angeht. 1997 veröffentlichte der EKD-Rat eine sehr lange Erklärung zum Thema: «Christenheit und politische Kultur. Über das Verhältnis zwischen demokratischem Rechtsstaat zum Christentum». Die Autoren drückten sich dort so aus, als ob es die christlichen Glaubensgemeinschaften gewesen seien, die Demokratie erzeugt hätten. Sie vergaßen unter anderem die bewegende Erklärung von Treysa aus dem Jahr 1945, in der die EKD, damals voll in einer Phase der Neubestimmung, erklärte: «Ein schlecht verstandenes Luthertum hat uns glauben lassen, wir hätten gegenüber dem Staat nur eine einzige Verantwortung, nämlich ihm zu gehorchen, der Christenheit Gehorsam zu predigen.» Daß die Kirche über viele Jahrhunderte Bündnisse zwischen Altar und Thron geschlossen hat, immer wieder dazu aufgerufen hat, sich dem Schicksal zu ergeben und Toleranz abgelehnt hat, wird seitens der katholischen Kirche in der Absicht hinweggewischt, nun die Grundwerte einer offenen und toleranten Demokratie zu verkörpern. Wenn der französische Bischof Dagens in dem bereits zitierten Text schreibt: «Aus dem Innern der säkularisierten *(laïque)* und demokratischen Gesellschaft heraus bezieht die Kirche ihre Aufgabe als Kirche», bringt er die Vorstellung von Beteiligung, aber nicht von moralischer Vorherrschaft zum Ausdruck. Ebenso verhält es sich, wenn die Verantwortlichen des katholischen Schulwesens in Frankreich dieses als Teil des öffentlichen Schuldienstes im Rahmen des französischen Bildungswesens bezeichnen. Die Einstellungen der deutschen Kirchen sind mehr von Überheblichkeit geprägt, insbesondere hinsichtlich der moralischen Grundlagen der Ungläubigen. Dabei hatte doch Papst Johannes Paul II. während seiner Reisen nach Frankreich mehrfach die Devise «Freiheit, Gleichheit, Brüderlichkeit» gelobt, weil diese ebenfalls christliche Werte zum Ausdruck bringe. Und wenige deutsche katholische oder evangelische Bischöfe würden den Worten eines anderen katholischen Bischofs, dem aus Clermont-Ferrand nämlich, zustimmen: «Es wäre ein verhängnisvoller Fehler, wollten wir einen Kreuzzug der Gläubigen gegen die Ungläubigen oder sogar eine heilige Allianz der Religionen gegen Agnostiker und Atheisten ausrufen. Das Unterscheidungsmerkmal ist nicht die Verkündung des Glaubens. Es ist vielmehr die Haltung gegenüber dem verletzten Menschen, die, wenn man so sagen will, Glaubwürdigkeit verleiht.»

Der deutsche Streit um das Schulgesetz in Brandenburg macht deutlich, wie sehr die deutschen Kirchen der Meinung sind, daß ohne Religionsunterricht auch keine Übermittlung von Werten stattfindet. In den Spalten der *Zeit* legte im Juli 2001 Kanzler Schröder in einer Antwort auf seinen ehemaligen Staatsminister für Kultur, Michael Naumann, seinen Standpunkt als «Kind der Aufklärung und des Liberalismus» dar. Naumann, so Schröder weiter, beschreibe «die Bundesrepublik als liberalen und säkulären Staat. Zu den wesentlichen Merkmalen eines solchen Staates gehört die Befähigung der Bürger, auch über komplexe und weitreichende Themen selbst verantwortlich und eigenständig zu entscheiden.» Man fühlt sich an Kants Definition der Aufklärung erinnert. Sein Text hätte in Frankreich nicht nur den Beifall der vom Laizismus Überzeugten gefunden, während die Einwände des Mitherausgebers der Wochenzeitung weit über die Grenzen dieser Gruppe hinaus auf Unverständnis gestoßen wären. Es ging in erster Linie um Bioethik, und Schröder bemerkte auf Naumann: «Nicht nachvollziehbar ist für mich im Übrigen, warum Sie die ‹Abwesenheit Gottes› oder den ‹allgemeinen Verzicht auf theologische Argumente› in der Debatte um Gentechnik und Biomedizin als ‹peinliche Argumentationslücke› empfinden. Ich bin überzeugt, dass eine überzeugende moralische Position in dieser Debatte sich ohne den Rekurs auf Gott vertreten läßt.» Es war aber auch von den Implikationen des brandenburgischen Schulgesetzes und dem Unterrichtsfach LER die Rede: sicherlich können *Lebensgestaltung, Ethik, Religionskunde* auf schlechte Weise unterrichtet werden, aber bereits die Überzeugung, daß dieser Unterricht prinzipiell antireligiös sei und der Übermittlung moralischer Werte widerspreche, würde die allermeisten Franzosen, die sich mit diesem Streit beschäftigten, in höchstes Erstaunen versetzen. Das Bundesverfassungsgericht hat über den Einspruch gegen das Gesetz nicht entscheiden wollen. Es ließ längere Zeit verstreichen, ehe es einstweilig mit der Empfehlung an alle vertretenen Parteien schloß, sie mögen einen Kompromiß suchen.

Während in Frankreich der althergebrachte aggressive Laizismus, der schlechthin religions- und kirchenfeindlich ist, mitunter leider noch auftaucht, könnten sich die deutschen Kirchen die Begrifflichkeit zu eigen machen, die das SPD-Programm seit 1954 enthält: «Die geistigen und sittlichen Wurzeln des sozialistischen Gedankengutes sind Christentum, Humanismus und die klassische Philosophie». Die Wiedervereinigung auf Grundlage von Artikel 23 wurde im Namen der individuellen Freiheitswerte und des Respektes vor Personen vollzogen, die nicht unbedingt alle Christen waren. Sie meinte nicht, daß alle DDR-Bürger, die keinen religiösen Glauben hätten, unmoralisch seien. Zu dem Zeitpunkt, wo die Europäische Union sich ihrerseits im Namen dieser Werte gegen Osten erweitern will, sollte sie zur Kenntnis nehmen, wie weit die polnische Verfassung aus dem Jahre 1997 den Überzeugungen der deutschen Kirchen bereits voraus ist, da sie in ihrer Präambel das polnische Volk als Gemeinschaft «aller Bürger» bezeichnet, «sowohl diejenigen, die an Gott als Quelle der Wahrheit, Gerechtigkeit, des Guten und Schönen glauben, als auch diejenigen, die diesen Glauben nicht teilen und diese universellen Grundwerte aus anderen Quellen ableiten (…).»

6. Kapitel
Deutschland in Europa

Mit Stolz behauptete Egon Bahr in seinem 1998 unter dem Titel *Deutsche Interessen* erschienenen Buch: «Wir sind frei mit voller Souveränität, auch größere Verantwortung zu übernehmen.» Der einstige Urheber einer Politik, die über vollständige völkerrechtliche Anerkennung der DDR die in weite Ferne geschobene Einheit zu erreichen trachtete, hatte ganz offensichtlich nicht die Tragweite des Einigungsvertrages von 1990 verstanden, dessen Artikel 10 das «Recht der Europäischen Gemeinschaften» behandelt: «das gesamte Europarecht gilt für das erweiterte Deutschland», und dann wird weiter ausgeführt: «Rechtsakte der Europäischen Gemeinschaft, deren Umsetzung oder Ausführung in die Zuständigkeit der Länder fällt, sind von diesen durch landesrechtliche Vorschriften umzusetzen oder auszuführen.»

Bereits 1990, ein Jahrzehnt vor der Einführung des Euro, war die Übertragung von Zuständigkeiten auf europäische Instanzen so groß, daß der Begriff der «vollen Souveränität» für das wiedervereinte Deutschland so gut wie keinen Sinn mehr machte, nicht mehr als für die anderen Mitgliedsstaaten der Gemeinschaft und besonders Frankreich. Der Wahrheitsgehalt der allerersten Erklärung des gerade ernannten, noch jungen Premierministers Jacques Chirac am 5. Juli 1974 vor der *Assemblée Nationale* ist auch 2002 noch nicht vollends ins Bewußtsein getreten, wahrscheinlich nicht einmal in sein eigenes: «Die Europapolitik», meinte Chirac, «ist nicht mehr Teil unserer Außenpolitik. Sie ist etwas anderes und läßt sich von dem Entwurf für unsere eigene Zukunft nicht mehr trennen.»

Wenn die Realität erkannt werden soll, darf sie zunächst nicht durch Gewohnheiten verformt werden. Ein einziges Beispiel reicht, um die Hartnäckigkeit überkommener Begriffe aufzuzeigen. Deutschland ist angeblich eine der größten Handelsmächte auf der Welt. Nun, im Jahre 2000 bezog es 52 % seiner Importe aus den Ländern der Europäischen Union, wohin es umgekehrt 57 % seiner Exportwaren ausführte. Der Handel zwischen den beiden Staaten New York und Kalifornien ist amerikanischer Binnenhandel und kein Welthandel. Der Handel zwischen Hamburg und Marseille ist ebensowenig Welthandel, er spielt sich im Innern eines spätestens seit 1993 geeinten Gebildes ab. Präsentiert man Deutschland darüber hinaus noch als starkes Exportland, wäre daran zu erinnern, daß in eben demselben Jahr 2000 seine allgemeine Handelsbilanz zwar einen Überschuß von 103 Milliarden DM auswies, daß aber der Exportüberschuß Deutschlands allein innerhalb der Europäischen Union 108,5 Milliarden DM betrug. Also wäre ohne die Union ein Handelsbilanzdefizit zu verzeichnen gewesen.

Seitdem – eingeleitet mit der Tagung des Europäischen Rats in Nizza – wieder über die Neugestaltung der europäischen Institutionen verhandelt wird, berufen sich die französischen Verhandlungspartner auf einen Grundsatz, den Konrad Adenauer und Robert Schuman angeblich beschlossen hätten: beide Länder sollten in allen europäischen Institutionen stets das gleiche Gewicht haben. Damals stellte sich indes nicht die Frage nach einer eventuellen deutschen Überlegenheit. Der deutsche Kanzler konnte stolz und glücklich sein, einen Staat ohne eigene Souveränität binnen kurzem dahin geführt zu haben, daß er gleichberechtigt behandelt wurde. Nur schwerlich ermißt man heute den revolutionären Geisteswandel der Franzosen, der in jenen einleitenden Worten zum Ausdruck kam, die Robert Schuman dem von Jean Monnet verfaßten Text vorangestellt hatte: «Fast auf den Tag genau fünf Jahre nach der bedingungslosen Kapitulation Deutschlands tut Frankreich den ersten entscheidenden Schritt für den Aufbau Europas und beteiligt Deutschland daran. Die Verhältnisse in Europa müssen sich dadurch vollständig verändern. Diese Veränderung wird weitere gemeinsame Taten möglich machen, die bisher undenkbar waren.»

Die eigentliche Erklärung von 1950 enthielt dann oft zitierte, aber während der kommenden fünfzig Jahre auch ebenso oft vergessene Sätze: «Europa läßt sich nicht mit einem Schlage herstellen und auch nicht durch ein einfaches Zusammenfassen: Es wird durch konkrete Tatsachen entstehen, die zunächst eine Solidarität der Tat schaffen. Die Vereinigung der europäischen Nationen erfordert, daß der jahrhundertealte Gegensatz zwischen Frankreich und Deutschland ausgelöscht wird. Das begonnene Werk muß in erster Linie Deutschland und Frankreich erfassen.» Die Einrichtung der Kohle- und Stahlgemeinschaft sollte die Grundlage für eine europäische Föderation bilden.

Im heutigen Deutschland vergißt man in der Regel den enormen politischen Nutzen, den die Bundesrepublik anfangs aus der Idee eines gemeinschaftlichen Europas gezogen hat. Was den Weg hin zu mehr Gemeinschaftlichkeit betrifft, ignoriert man in Frankreich hingegen gerne den Sinneswandel, der durch die Machtübernahme De Gaulles 1958 einsetzte. Die verschiedenen Verhandlungspartner der Römischen Verträge waren in den Jahren 1956 und 1957 davon überzeugt, daß Europa ein Spiel sei, das den Einsatz lohne, und daß die Summe der auf nationaler Ebene zu erbringenden Opfer weit hinter den Vorteilen zurückbleibe, die jedes Land aus der Bildung einer Gemeinschaft ziehen würde. Indem er sich einer Sache anschloß, die er zuvor bekämpft hatte, erwarb sich allerdings de Gaulle große Verdienste, auch weil er durch seine wenn auch unvollständige Bekehrung Millionen seiner Landsleute mitbekehrte. Obwohl für ihn Verhandlungen um

Europa allen anderen internationalen Verhandlungen glichen, in denen es darum ging, Vorteile oder zumindest Kompensationen zu erreichen. «I want my money back»: in dieser Beziehung war Margaret Thatcher die geistige Ziehtochter des General de Gaulle, wie Gerhard Schröder im übrigen auch, wenn er die Senkung des deutschen Nettobeitrages zum Haushalt der Gemeinschaft wieder einmal als wesentlich betrachtet.

In beiden Ländern, in Frankreich wie in Deutschland, verschweigt man gerne, daß das Europa von 1950 und das von 2002 zum guten Teil als Reaktion auf einen äußeren Druck entstanden sind. Der erste in Aachen verliehene «Internationale Karlspreis» hätte an Josef Stalin gehen müssen. Ohne gemeinsame Angst hätte es keine Gemeinschaft gegeben. Der enorme Schritt, den die Einführung der gemeinsamen Währung bildete, wäre nicht ohne Richard Nixon unternommen worden. Im August 1971 löste der amerikanische Präsident die Bindung des Dollars an den Goldpreis. Von diesem Moment an gab es kein weltweit organisiertes Währungssystem mehr. Als die sechs Mitgliedsländer der Europäischen Wirtschaftsgemeinschaft eine Europäische Rechnungseinheit schufen (den ECU), die noch keine wirkliche Währung bildete, wollten sie in der neuen Situation gewissermaßen Abhilfe schaffen. Drei Jahrzehnte sollte es dann noch dauern, bis eine Einheitswährung von elf der fünfzehn Mitglieder einer Europäischen Union eingeführt und akzeptiert würde, die im Vergleich zur Sechser-Gemeinschaft der Römischen Verträge beträchtliche Ausweitung erfahren hatte.

* * *

«Wie geht es dem deutsch-französischen Paar? Lebt es noch? Und der deutsch-französische Motor für Europa? Läuft er noch?» Diese zwei Fragen sind nicht neu. Immer wieder sind sie seit den fünfziger Jahren, und insbesondere infolge des Scheiterns der Europäischen Verteidigungsgemeinschaft in der *Assemblée Nationale* am 30. August 1954, gestellt worden. Im Jahre 2002 gibt keinerlei dramatisches Ereignis zu diesen Fragen Anlaß. Es handelt sich eher, ob es nun gerechtfertigt sei oder auch nicht, um ein Gefühl der Erschöpfung, ja der Nutzlosigkeit.

Man gelangte zu einer gelasseneren Einschätzung der gegenwärtigen Situation, wenn die Vergangenheit bekannter und besser verstanden wäre. Von 1950 bis 1990 war die Bundesrepublik nicht einfach mit Deutschland gleichzusetzen. Die grundlegenden Elemente der deutsch-französischen Verständigung hingen nicht mit der Idee der Nation zusammen. Es gab stets den Mythos, daß diese Verständigung so gut funktionierte, weil deutsche und französische Spitzenpolitiker miteinander befreundet waren. Das kommunistische Deutschland, die Deutsche Demokratische Republik, konnte sich die ganze Zeit starker Unterstützung in Frankreich, besonders im intellektuellen Milieu, erfreuen. Für zahlreiche französische Germanisten bildete die Bundesrepublik die Wiedergeburt des nationalistischen und extrem bürgerlichen Deutschlands. Da der Feind des Feindes ein Freund sein mußte, verkörperte die DDR dagegen die Tugenden des egalitären und befreienden Antifaschismus. Viele Werke und Artikel sangen ihr Loblied, mittels einer bis weit in die achtziger Jahre sehr gerne benutzten intellektuellen Methode: nämlich die Bundesrepublik aufgrund der Wirklichkeit, die DDR aber aufgrund der kundgegebenen guten Vorsätze zu beurteilen. Das einzige Übrigbleibsel dieser Haltung nach der Wiedervereinigung ist die Tendenz, die Mißerfolge im Zuge der Einheit zu überschätzen und die Verbrechen und Mißerfolge des untergegangenen Regimes zu unterschätzen.

Kanzler Adenauer und General de Gaulle Seite an Seite in der Kathedrale von Reims; Helmut Kohl und François Mitterrand Hand in Hand in Verdun: Gesten, die prägend auf die Geister gewirkt haben, in beiden Ländern. Vielleicht wären sie jedoch besser im ehemaligen Konzentrationslager Dachau vollzogen worden – wo französische Deportierte entdecken konnten, daß es auch deutsche Inhaftierte gab. Die Präambel der französischen Verfassung von 1946, auf die sich der französische Verfassungsrat gegenwärtig ständig stützt, beginnt mit den Worten: «Nach dem Sieg (…) über die Regime, die versucht haben, die Menschen zu versklaven und zu erniedrigen (…).» Weder Nationen noch Völker werden erwähnt, sondern die transnationale Idee des Kampfes gegen Barbarei. Gewiß, die drei politischen Väter des gemeinschaftlichen Europas, Robert Schuman, Konrad Adenauer und Alcide de Gasperi, bezogen ihre Motivation aus der Tatsache, daß sie alle in der Nähe von umstrittenen Nationalgrenzen geboren worden waren. Aber auch die erste europäische föderalistische Bewegung wurde von einem Franzosen, einem Deutschen und einem Italiener gegründet. Henri Frenay hatte die Résistance-Bewegung *Combat* («Kampf») geleitet, Eugen Kogon hatte lange Jahre im Konzentrationslager Buchenwald zugebracht und Altiero Spinelli hatte unter Mussolini Bekanntschaft mit den Gefängnissen gemacht. Sie strebten weniger ein Europa der Nationen als vielmehr grenzüberschreitende Mitverantwortung für freiheitliche Demokratie an. Auf dieser Grundlage beruhte der deutsch-französische Austausch der ersten Nachkriegsjahre, bevor ein Wandel in der Regierungspolitik einsetzte. Das «Politikerpaar» Adenauer und Schuman ermöglichte die Geburt des gemeinschaftlichen Europa, wobei beide jedoch mit viel List zu Werke gingen und Aufrichtigkeit, die eigentlich als Vorbedingung von Freundschaft gilt, nicht immer ihre Stärke war. Sie bewegten und schufen jedoch sehr viel, wohingegen man in Deutschland wie in Frankreich zu glauben geneigt ist, die neuen deutsch-französischen Beziehungen seien von Adenauer und de Gaulle begründet worden. Es heißt, die triumphale Reise des französischen Präsidenten durch Deutschland und die Unterzeichnung des Elysée-Vertrages am 23. Januar 1963 wären entscheidende Momente gewesen. In der Tat wirkte die Reise auf viele Menschen prägend, was an sich schon ein erhebliches politisches Ergebnis darstellte. Der Vertrag indes, der von Anfang an im Bundestag umstritten war, stellte ein sehr wenig aussagekräftiges Dokument dar. Hinsichtlich der Verteidigung bemerkte er lediglich, man würde später versuchen, eine Einigung zu erzielen. Er brachte eine erfolgreiche Institution, das Deutsch-Französische Jugendwerk, sowie eine Verpflichtung hervor, die seitdem eingehalten wurde: mindestens zweimal pro Jahr treffen sich der französische Präsident, der deutsche Kanzler und eine Menge von Regierungsmitgliedern, wobei die Minister der einzelnen Ministerien noch häufiger zusammenkommen. Die Freundschaft der beiden Staatsmänner füreinander kannte viele Vorbehalte, wobei die Bewunderung Adenauers für de Gaulle ebenso tief ging wie de Gaulles Befriedigung, von einem Mann dieses Formates bewundert zu werden.

Bei Willy Brandt und Georges Pompidou konnte man gewiß nicht von persönlicher Freundschaft sprechen. Dennoch hat der französische Präsident die Ostpolitik des deutschen Kanzlers fest unterstützt. Helmut Schmidt und Valéry Giscard d'Estaing arbeiteten ausgezeichnet zusammen, ihre Freundschaft wurde indes erst rückblickend wirklich eng, als beide die Macht verloren hatten. Die Tränen Helmut Kohls beim Begräbnis von François Mitterrand kamen sicherlich spontan und waren echt. Auch ihnen beiden gelang es, gemeinsam Dinge zu bewegen, ohne daß ihre Beziehungen stets von Vertrauen und Aufrichtigkeit gekennzeichnet gewesen wären. Seit 1998 wird die Kälte, ja Feindseligkeit in den persönlichen Beziehungen nur noch von vorgeblich freundschaftlichen Gesten begleitet, nicht mehr aber von gemeinsamen Unternehmungen, bei denen

Staatsmänner ihre persönlichen Gefühle im Namen der Ziele, die es zusammen zu erreichen gilt, beiseite schieben.

Ob es auf politischem oder auf gesellschaftlichem Niveau sei, das deutsch-französische Paar bewahrt jedoch seine Besonderheit. Selbst wenn sich die deutsch-französischen Beziehungen politisch in einer Krise befinden, bleiben sie für beide im ganzen gesehen wesentlich wichtiger als die Beziehungen, die Deutschland und Frankreich zu jedem anderen Land haben. Von den in den gleichen ausländischen Hauptstädten ausgezeichnet zusammenarbeitenden Botschaftern beider Länder über die Parlamente und regionalen Instanzen bis hin zu den Gymnasiasten und Sportlern bleiben die deutsch-französischen Verbindungen zahlreich und stark. Gleichzeitig gibt es auf anderen Ebenen jedoch einen wirklichen Niedergang. Das abnehmende Interesse für die Sprache des Nachbarn ist ein Zeichen dafür. In Deutschland geht das Französische stetig zurück. In Frankreich erlebt das Deutsche einen regelrechten Einbruch. Spanisch als zweite Fremdsprache sticht das Deutsche völlig aus, und an die siebenhundert Deutschlehrer wurden mangels Deutschschülern mit der Übernahme von Lehrverpflichtungen in anderen Fächern betraut.

Eine der Ursachen liegt im Erfolg der deutsch-französischen Bemühungen in der Vergangenheit selbst begründet. Die Normalisierung der Beziehungen hat ihnen ihre Dramatik genommen. Es gibt keinen Anlaß, sich gegenseitig zu beäugen. Es gäbe dafür mehr und mehr Anlaß, gemeinsam auf den Weg zu bringende Projekte zu bestimmen, da inzwischen die Zusammenarbeit Seite an Seite deutlich mehr Sinn macht als das alte Stirn gegen Stirn.

Damit wären wir beim politischen Geschehen angelangt: Der deutsch-französische «Motor» stottert, nicht weil er kaputt zu gehen droht, sondern weil er keinen Treibstoff mehr aus gemeinsamen Vorschlägen und Projekten, ganz besonders in Hinsicht auf Europa, beziehen kann.

Dies verhindert weder die Dauerhaftigkeit zentraler Schwierigkeiten, noch daß allgemein bekannte Zusammenhänge fortbestehen: 1964 hatte de Gaulle bereits die «Politik des leeren Stuhls» betrieben, um dauerhafte Vergünstigungen bei der gemeinsamen europäischen Agrarpolitik zu erzielen. Im März 1999 zeigte sich Jacques Chirac auf dem Gipfel in Berlin aggressiv und unerbittlich bezüglich der Finanzierung der Gemeinsamen Agrarpolitik (GAP). Und die französische Landwirtschaft steht auch im Jahre 2002 im Zentrum der Verhandlungen über den Welthandel und die Erweiterung der Europäischen Union.

Zudem wird das «deutsch-französische Paar» häufig der Untreue bezichtigt. Nicht mehr der Untreue mit Moskau, wie es lange der Fall war. Jedes französisch-sowjetische Gespräch rief Unruhe in Bonn hervor, jeder deutsch-sowjetische Kontakt ließ Paris voreilige historische Parallelen ziehen. Diese Ängste haben sich nach und nach verflüchtigt. Die Angst vor dem britischen «Rivalen» ist an ihre Stelle getreten. Bereits zu Beginn der siebziger Jahre hatte Georges Pompidou, dem es an Vertrauen in Willy Brandt mangelte und der mit Edward Heath einen europäisch gesinnten Premierminister fand, Großbritannien den Weg nach Europa geebnet. Zu Beginn des 21. Jahrhunderts genügen ein französisch-britisches Militärabkommen in Saint-Malo oder eine gemeinsame Erklärung von Gerhard Schröder und Tony Blair, damit erst die deutsche, dann die französische Presse vom «Partnertausch» sprechen. Man vergißt dabei die nachhaltige Besonderheit dieser starken Beziehungen, auf deren Grundlage erneute Bemühungen um Europa entstehen könnten, wären die Spitzenpolitiker angesichts des Wahljahres nur nicht so ängstlich und sich des wirklichen Gehalts der bereits bestehenden Union voll bewußt.

* * *

Man hätte zu Beginn des Jahres 2002 meinen können, der sichtbare Erfolg der Euro-Einführung würde die europäische Gesinnung der Politiker beflügeln. In beiden Ländern ließen beide politischen Lager indes eher Vorsicht walten und übten Zurückhaltung. Zwar geht die europäische Ausgabendisziplin auf eine gerechtfertigte deutsche Forderung zurück. Angesichts eines wachsenden Haushaltsdefizits, das die festgelegte Höchstgrenze zu überschreiten drohte, begann Kanzler Schröder jedoch die Kommission zu attakkieren, wobei er das Recht jedes Landes für sich in Anspruch nahm, über seine Wirtschafts- und Finanzpolitik selbst zu entscheiden. Er hätte folgerichtig sagen sollen, daß der Euro nur dann in vollem Umfang erfolgreich sein könne, wenn die gemeinsame Währung auch eine gemeinsame Politik hervorbrächte, ohne die die Europäische Union weiterhin durch Auswüchse in diesem oder jenem Mitgliedsland bedroht werde, in dem die Vorteile des Euro gerne hingenommen, die Nachteile hingegen nicht akzeptiert würden. Die CDU/CSU hat ihrerseits im Dezember 2001 einen Entwurf für eine europäische Verfassung ausgearbeitet, der völlig von den Begriffen *Beschränkung* und *Klarstellung* dominiert wird: die Kompetenzen von Brüssel gilt es zu beschränken, und um diese Beschränkung besser ins Werk zu setzen, müssen sie deutlich genannt werden. Und das Ganze im Namen eines anscheinend klaren, in Wirklichkeit aber sehr obskuren Prinzips, das der gegen staatlichen Zentralismus und Kollektivismus gerichteten Subsidiarität nämlich. Unter «Brüssel» versteht man in der Öffentlichkeit und in den Reden der Politiker einzig die Kommission. Nun unterbreitet diese dem Rat, dessen Zusammensetzung sich durch die Regierungen der einzelnen Länder ergibt und der paradoxerweise die gesetzgebende Gewalt der Union ist, die wichtigen Entscheidungen. Häufig werden der Kommission Entscheidungen vorgeworfen, die im Rat mit Zustimmung eben desjenigen Landes getroffen worden sind, aus dem der Vorwurf stammt. Und in Deutschland wie auch anderswo würde man es gerne sehen, wenn Brüssel gemeinsame Zwänge durchsetzt, findet es aber dagegen unerträglich, wenn Zwänge auf Betreiben anderer bei einem selbst durchgesetzt werden. Soll man die Subventionen zur Weiterentwicklung nicht-atomarer Energiequellen untersagen? Frankreich würde es wünschen, Deutschland würde sich empören. Soll man gegenüber den Telefongesellschaften, bei denen Abonnements für Handys abgeschlossen werden, durchsetzen, daß die horrenden Tarife für grenzüberschreitende Gespräche überall gesenkt werden? Das wäre im Interesse der Konsumenten, aber nicht im Sinne der in ihren jeweiligen Ländern sehr einflußreichen Unternehmen. Soll man die Dauer der Werbeblökke im Fernsehen begrenzen? Und die Stundenzahl für Ausstrahlungen in Europa hergestellter Produktionen reglementieren? Je nach Thema variieren Forderungen und Weigerungen, folglich die Einschätzung der Subsidiarität. In der Praxis könnte sie folgendermaßen definiert werden: «Subsidiär ist, was ich behalten möchte und du mir wegzunehmen trachtest. Nicht subsidiär ist, was ich dir aus deiner nationalen Kompetenz wegnehmen möchte und du zu behalten trachtest.» Es ist legitim, eine klare Definition der nationalen und europäischen Kompetenzen zu fordern. Dahin zu gelangen ist allerdings extrem schwierig. Und wenn man die Dinge in einem Verfassungstext zu sehr festschreiben will, riskiert man es, jedes spätere gemeinschaftliche Vorgehen zu blockieren.

Die Reden und Texte der Christ- und Sozialdemokraten verlieren kaum ein Wort über die vielleicht wichtigste Institution der Europäischen Union. Wo doch der Europäische Gerichtshof in Luxemburg seit vierzig Jahren eine Art ständige Hebamme europäischer Neuerungen ist. Nicht ohne eine gewisse Übertreibung schrieb Manfred Zuleeg, deutscher Richter in Luxemburg, 1994 in der *Zeit*: «Wenn es den Gerichtshof nicht gäbe, wäre die Gemeinschaft nicht das, was sie heute ist (...) Schließlich gibt es ja kein europäisches Volk, das die EG zusammenhält und auch keine Zwangsgewalt. Die politischen Ziele der Gemeinschaft werden nur über das Recht verwirklicht.»

Die Beschlüsse des Europäischen Gerichtshofes werden respektiert, das heißt die nationalen Gesetze werden dahingehend geändert, daß europäisches Recht zur Anwendung gelangt. Häufig in Hinsicht auf gesellschaftliche Dinge. Im Jahre 2000 sprachen die Richter so einer Deutschen Recht zu, die Klage erhoben hatte, weil ihr der Ausschluß der Frauen von allen militärischen Posten mit Waffengebrauch dem gemeinschaftlichen Recht zu widersprechen schien. Die entsprechende Einschränkung gibt es heute in Deutschland nicht mehr. Unter den siebenhundert im selben Jahr entschiedenen Verfahren war auch die Frage nach den Rechten von Arbeitern bei Unternehmensverlagerungen. Der Gerichtshof kontrolliert ebenfalls die Art und die Höhe der Bußgelder, welche die Kommission gegenüber den Unternehmen verhängen darf, die gegen die Wettbewerbsbestimmungen verstoßen. Ließe sich auf nationaler Ebene der Fall des Kartells jener acht pharmazeutischen Unternehmen lösen, die künstlich die Preise eines Dutzend Vitamine in die Höhe getrieben haben? Hätte die deutsche Bundesregierung gegen den zweitgrößten Vitaminhersteller der Welt, BASF, eine Strafe von 296 Millionen Euro verhängen können?

Die Konsequenzen mancher Beschlüsse aber machen die Regierungen mitunter ratlos: wie soll man die nötigen Gelder aufbringen, um eine Entscheidung des Gerichtshofes in Luxemburg aus dem Jahr 2002 zu finanzieren, die vorsieht, daß die Zeit, wo sie auf Abruf bereit stehen, zur Arbeitszeit des Krankenhauspersonals einschließlich der Ärzte, hinzuzuzählen ist? Würde dies in deutsches Recht umgesetzt, wären mehrere zehntausend zusätzliche Arbeitsplätze zu

schaffen, deren Kosten eine Milliarde Euro weit überschreiten würden. Benötigt sind viele Krankenhausarbeits-
plätze in der Tat. Aber welche Beiträge oder Steuern sollten
– vor einer Bundestagswahl – dafür erhöht werden?

Streitigkeiten um Wörter können trügerisch sein. So sollte man besser vom Gebrauch des Wortes «föderal» abse-
hen. Das Wesen der Europäischen Union ist in dieser Hinsicht außergewöhnlich. Sie ist zugleich mehr und weniger
als föderal. Erklärte man einem Schweizer Bürger der Kan-
tone Uri oder Basel-Land, oder auch einem amerikanischen
Staatsbürger aus Wyoming oder Nebraska, welche gemeinschaftlichen Gesetze, Reglementierungen und Zwänge in
der Europäischen Union bereits bestehen, würde dieser
ausrufen: «Also, wenn wir das in der Schweiz oder in den
USA hätten, würden wir sagen, es sei der Untergang unseres Föderalismus!» Der Bundestag in Berlin und die *Assemblée Nationale* in Paris müssen mehr Texte europäischen
Ursprungs als nationale Gesetzesentwürfe und -vorlagen
behandeln. Ein Gutteil der Bürger, Journalisten und Politiker kennen den Unterschied zwischen einer Verordnung
und einer Richtlinie nicht. Die Verordnung «hat allgemeine
Geltung. Sie ist in all ihren Teilen verbindlich und gilt unmittelbar in jedem Mitgliedstaat.» Die Richtlinie «ist für
jeden Mitgliedstaat, an den sie gerichtet ist, hinsichtlich des
zu erreichenden Zieles verbindlich, überläßt jedoch den in-
nerstaatlichen Stellen die Wahl der Form und der Mittel.»
Es trifft allerdings zu, daß Deutschland wie Frankreich in
dieser Hinsicht nicht gerade glänzen. Im Jahre 2000 gab es
394 französische und 374 deutsche Verstöße, bei denen
Richtlinien nicht in nationales Recht umgesetzt wurden,
gegenüber 233 britischen. Besonders lobenswert tun sich
bei der Umsetzung Luxemburg (nur 81 Verstöße), Schwe-
den (95), Finnland (103) und Dänemark (126) hervor, Spanien schneidet mit 432 Verstößen am schlechtesten ab.

Das Verhalten, das der französische Premierminister Michel Rocard im September 1988 von all seinen Ministern und Staatssekretären forderte, scheint in Berlin und in Paris noch nicht allgemein üblich zu sein: «Berücksichtigen Sie bei ihren Überlegungen und bei der Festlegung der Politik unseres Landes systematisch die europäische, gemeinschaftliche Dimension (…) Sie sollten auf die angemessene, fristgerechte Umsetzung der Richtlinien der Gemeinschaft in unser nationales Recht achten.»

* * *

Es ist seit 1990 klar, daß die Europäische Gemeinschaft den von sowjetischer Herrschaft befreiten Ländern nicht einfach sagen kann: «Unser Europa hört endgültig an der deutsch-polnischen Grenze auf.» Aus neun Mitgliedsstaaten (die Sechser-Gemeinschaft der Römischen Verträge, dann Großbritannien, Dänemark und Irland, die 1973 hinzukamen) waren zwölf geworden, nachdem Griechenland, Spanien und Portugal 1974/1975 ihre Diktaturen abgeschüttelt hatten. War es aber nicht unumgänglich, zunächst das institutionelle System der Gemeinschaft zu stärken, damit eine Erweiterung nicht zu einer Verwässerung der gemeinschaftlichen Wirklichkeit führte? Bereits der Beitritt Finnlands, Schwedens und Österreichs 1995 hatte sich eher auf wirtschaftlicher denn auf politischer Grundlage vollzogen. Sollte man die Vertiefung der Gemeinschaft vernachlässigen und sich anstelle dessen vorrangig um die wirtschaftlichen Chancen und Risiken der Erweiterung besorgen?

Die deutschen Regierungen standen den französischen in ihrer Unaufrichtigkeit nicht nach. Vertiefung und Erweiterung sollten Hand in Hand gehen, im Endeffekt war man jedoch voller Vorbehalte gegenüber institutionellen Reformen und versprach den potentiellen Kandidaten schnelle Beitrittsmöglichkeiten, wobei man ihnen gleichzeitig immer mehr Steine in den Weg legte. Seit dem Gipfeltreffen in Nizza im Dezember 2000 weiß man, welches

Gewicht jeder Staat nach der Erweiterung auf 27 Mitglieder bei den Abstimmungen zur gewogenen Mehrheit des Rates haben wird. Gerhard Schröder akzeptierte schließlich die Aufrechterhaltung der Stimmengleichheit zwischen Großbritannien, Frankreich, Deutschland und Italien (heute verfügt jedes Land über zehn Stimmen von insgesamt 134, nach der vorgesehenen Erweiterung werden es 29 pro Land sein, von insgesamt 345). Seitdem behaupten böse Zungen, insbesondere in Frankreich, daß Deutschland jedesmal, wenn es mehr Machtbefugnisse für das europäische Parlament fordere, aus der Tatsache Vorteil ziehen wolle, daß es dort in Straßburg über 99 Sitze verfügt, die im Verhältnis zur Bevölkerungsanzahl stehen, während Frankreich, Italien und Großbritannien nur 87 Sitze haben. Und in der erweiterten Union, wenn das Parlament 732 Abgeordnete umfassen wird, werden es immer noch 99 Sitze für Deutschland sein, wohingegen die drei anderen nur noch über jeweils 72 Sitze verfügen können.

* * *

Die Verhandlungen mit den Beitrittskandidaten betreffen mehr als dreißig sehr verschiedene Themenbereiche, angefangen bei der Organisation der Justiz und den audiovisuellen Medien bis hin zum Fischfang und dem Umweltschutz. Beträchtliche Fortschritte sind zu verzeichnen, aber es gibt Bereiche, in denen der Lösung wirtschaftlicher Fragen unausweichlich politische Entscheidungen vorausgegangen sein müssen. Zudem gibt es natürlich einige generell zu lösende Probleme zwischen der gegenwärtigen Union und der Gesamtheit der Kandidaten.

Polen stellt für Frankreich und Deutschland einen Sonderfall dar. Auf das besondere deutsch-französisch-polnische Verhältnis, auch «Weimarer Dreieck» genannt, wie es die drei Außenminister 1991 in der «Goethestadt» proklamierten, wurde ständig in allen Reden Bezug genommen, ohne daß dies indes zur Verwirklichung bedeutender Projekte zwischen den drei Ländern geführt hätte. Es symbolisiert aber zumindest eine psychologische Realität. Die gefühlsmäßigen Bindungen zwischen Frankreich und Polen sind sehr ausgeprägt, und die deutsch-polnischen Beziehungen haben seit der endgültigen Anerkennung der Grenze eine Intensität erreicht, die sie den deutsch-französischen Beziehungen verwandter erscheinen läßt als zum Beispiel den deutsch-ungarischen. Weder Berlin noch Paris könnten den Beginn einer europäischen Erweiterung ohne Polen akzeptieren. Im Wissen darum würden die polnischen Regierungen gerne für sich einige Zugeständnisse bei der EU erreichen, was die Nicht-Erfüllung aller Auflagen zum Beitritt angeht.

Zugleich gibt es wirklich ernsthafte Interessenkonflikte. Polen möchte nicht von seinen Nachbarn im Osten abgeschnitten werden. Nun verpflichtet das gemeinschaftliche Europa Polen dazu, an seinen Grenzen zu Weißrußland und zur Ukraine ein Netz zu spannen und sehr strenge Kontrollen sowie Visumspflicht vorzusehen. Ein nicht unbedeutender Preis, den Polen für seinen Beitritt zum Europa der Freizügigkeit, der sich frei bewegenden Bürger zahlen muß. Deutschland aber, das in der Angst vor Strömen polnischer Arbeiter lebt, lehnt diese Bewegungsfreiheit für die Polen ab. Von daher rührt die deutsche Forderung nach einer Übergangszeit von sieben Jahren bis zur vollständigen Anwendung dieser für die Europäische Union so wesentlichen Gegebenheit. Auf Seiten der Polen befürchtet man, daß die reichen deutschen Nachbarn durch den Kauf von Grundstücken in das heute polnische Schlesien zurückkehren. Hier hat Polen bei den Verhandlungspartnern der Gemeinschaft das Anrecht auf eine Übergangszeit erwirkt, die allerdings unter den zu Beginn geforderten 18 Jahren liegt.

Die Verspätung Polens ließ die Tschechische Republik im

Jahre 2001 ungeduldig werden. Sie wollte es weder akzeptieren, daß man für den Beitritt aller Kandidaten wegen der polnischen Schwierigkeiten eine zusätzliche Frist einräumte, noch daß man den Beitritt Polens zuließ, obwohl es nicht bereit war, wo man doch andere nicht beitrittsbereite Kandidaten in diesem Fall abweisen würde. 2002 hat sich die Situation völlig verändert. Unerwartet hat die Vergangenheit eine schwere Krise zwischen der Tschechischen Republik einerseits, Deutschland, Österreich und Ungarn andererseits ausgelöst. Die Frage der «Benesch-Dekrete» aus den Jahren 1945 und 1946 schien wenn schon nicht geregelt, so doch in den Hintergrund getreten zu sein. In diesen Dekreten war die völlige Vertreibung der Sudetendeutschen und die Beschlagnahme all ihrer Besitztümer verordnet worden. Vaclav Havel schrieb in dem Brief, den er an Richard von Weizsäcker richtete und den dieser wiederum bei der Verleihung in absentia des Friedenspreises des Deutschen Buchhandels an Vaclav Havel im Oktober 1989 verlas: «Die Vertreibung erschien mir immer als eine zutiefst unmoralische Tat, die nicht nur den Deutschen, sondern in noch größerem Maße den Tschechen selbst Schaden zugefügt hat, sowohl moralisch als auch materiell. Auf Böses wiederum mit neuem Bösen zu antworten bedeutet, das Böse nicht zu beseitigen, sondern es auszuweiten.» Während Vaclav Havel also verkündet hatte, daß die Vertreibungen verbrecherisch gewesen seien, und während in den deutsch-polnischen Abkommen die Vertreibung von Pommern und Schlesiern als negative geschichtliche Entwicklung Erwähnung findet, klammert sich die tschechische Regierung an die rechtliche Gültigkeit und die heutige Tragweite der Dekrete, nicht nur um jegliche Forderung auf Rückerstattung oder Entschädigung unmöglich zu machen, sondern auch um in flammenden Reden behaupten zu können, die vertriebenen Deutschen seien alle Nazis gewesen und hätten damit die Vertreibung verdient gehabt. Die Sudetendeutsche Landsmannschaft hat das Ihrige getan, um die Spannungen aufrechtzuerhalten. In Deutschland und mehr noch in Österreich erhoben sich Stimmen, die forderten, daß die Aufnahme der Tschechischen Republik so lange ausgesetzt werden sollte, wie die den rechtlichen und moralischen Prinzipien der Gemeinschaft widersprechenden Benesch-Dekrete nicht für ungültig erklärt worden seien.

Diese sehr emotionale Krise – zusätzlich angefacht durch die enorme Bedeutung, die ihr Monat für Monat eine große Tageszeitung wie die *Frankfurter Allgemeine Zeitung* einräumt – verbirgt zuweilen die schwerwiegenden ökonomischen und finanziellen Probleme der Erweiterung, mit Ausnahme der Momente, wo man sich in Deutschland ihre Auswirkungen auf den deutschen Haushalt vor Augen führt. Auf den ersten Blick bestehen gegenseitige Ängste, was die Landwirtschaft betrifft: die deutschen Landwirte fürchten angeblich wie ihre französischen Kollegen die Konkurrenz durch Produkte aus Regionen, in denen die Arbeitskräfte schlecht bezahlt werden, und die polnischen Landwirte hätten Angst, von hochwertig ausgerüsteten, leistungsstarken Landwirtschaften erdrückt zu werden. In der Tat wünschen Kommission und Rat, daß Polen erst dann in den hundertprozentigen Genuß der durch die Gemeinsame Agrarpolitik garantierten finanziellen Unterstützungen kommt, wenn es seine Landwirtschaft umstrukturiert hat, wozu man andere finanzielle Hilfen in Anspruch nehmen kann. Die Übergangzeit von zehn Jahren, mit einstweiliger Auszahlung von nur 25 % der insgesamt vorgesehenen Unterstützungen, erscheint vom Standpunkt Warschaus aus wie eine Provokation.

Auch die Entwicklungshilfen werfen indes Probleme auf. Im Prinzip sollen sie Regionen zukommen, deren Reichtum unterhalb von 75 % des Durchschnitts in der Europäischen Gemeinschaft liegt. Was wird jedoch passieren, wenn der Beitritt der ganzen neuen, relativ armen Kandidaten den

Durchschnitt senkt und damit logischerweise eine Reihe von heute bezuschußten Regionen ausgeschlossen werden? Nicht nur die südeuropäischen Länder haben Anlaß zur Sorge. Die Großinvestitionen von BMW kamen lediglich deshalb in Leipzig zustande, weil es für eine Niederlassung in Westdeutschland keine europäischen Subventionen gegeben hätte. Die Erweiterung um zehn neue Mitglieder (ohne Rumänien und Bulgarien) würde bei dem gegenwärtigen System der Struktur- und Kohäsionsfonds fünfzehn Regionen, darunter fast die ganze ehemalige DDR, nicht mehr bedenken. Gleichzeitig bleibt Deutschland bei weitem der größte Beiträger zum europäischen Budget, aus dem die finanziellen Unterstützungen gewährt werden.

Hat man drei der Beitrittskandidaten für die Europäische Union deshalb 1999 in die Nato aufgenommen, um sie hinzuhalten? Und unterzieht man nach der Aufnahme von Polen, Ungarn und der Tschechischen Republik aus demselben Grund die Beitrittsgesuche von Slowenien, der Slowakei, Rumänien, Bulgarien, Albanien und Mazedonien einer Prüfung? Die politische Tragweite der Aufnahmen in die Nato ist beträchtlich, vor allem aus Sicht von Moskau: können die Russen doch den Eindruck gewinnen, daß das Ende des Kalten Krieges ganz einfach die Ausweitung des westlichen Militärsystems bedeutet. Aber die drei neuen Mitglieder sind noch nicht richtig in die Strukturen der Nato eingebunden, und ihre wirklichen Beweggründe waren sehr verschieden. Für Polen ging es darum, der «Grauzone» zwischen dem Westen und Rußland zu entrinnen. Für jenen in Budapest befragten ungarischen Staatssekretär im Verteidigungsministerium um den Schutz ungarischer Minderheiten in der Slowakei und Rumänien. Dabei ist es der Sinn und die Zweckbestimmung der Nato an sich, die in unseren Tagen Probleme aufwerfen.

* * *

Vierzig Jahre lang schien dieser Sinn jedoch offensichtlich gewesen zu sein. Aufgerüttelt durch den «Prager Februarumsturz» im Jahre 1948, als die Kommunisten die gesamte Regierungsgewalt an sich rissen, hatten Frankreich, Großbritannien und die drei Benelux-Länder ein militärisches Bündnis geschlossen und die USA um Schutz und Sicherheitsgarantien gebeten. Da diese aufgrund ihrer Verfassung nicht das Recht hatten, eine solche automatische Verpflichtung einzugehen, sah der am 4. April 1949 in Washington unterzeichnete Nordatlantikpakt auch keine automatische militärische Intervention vor. Im Anschluß an den 11. September 2001 beriefen sich deutsche Politiker und Medien ohne Unterlaß auf die Verpflichtung, der von Terroristen angegriffenen USA beizustehen. In Artikel 5 des Paktes sei diese Verpflichtung enthalten. Wobei dieser besagt: «Die Parteien vereinbaren, daß ein bewaffneter Angriff gegen eine oder mehrere von ihnen in Europa oder Nordamerika als ein Angriff gegen sie alle angesehen wird; sie vereinbaren daher, daß im Falle eines solchen bewaffneten Angriffs jede von ihnen (…) der Partei oder den Parteien, die angegriffen werden, Beistand leisten, indem jede von ihnen unverzüglich für sich und im Zusammenwirken mit den anderen *die Maßnahmen, einschließlich der Anwendung von Waffengewalt trifft, die sie für erforderlich erachten (…).*»

Das Entstehen der Nato und ihrer Organisationsstrukturen, an der die amerikanischen Streitkräfte teilhatten und die unter dem Oberkommando eines amerikanischen Generals standen, verschaffte den Partnern und dem potentiellen Gegner die Gewißheit, daß sich die USA bei einem in Europa ausbrechenden Konflikt unausweichlich beteiligen würden. Das System der Abschreckung schützte auch die Besatzungszonen der Alliierten in Deutschland, somit die Bundesrepublik. Am 5. Mai 1955 wurde sie ins Bündnis und in die Organisation aufgenommen. Zuvor hatten die Franzosen gleich zweimal merkwürdigen Erfindungsreichtum bewiesen. Um nicht der amerikanischen Forderung nachgeben zu müssen, die Wiederbewaffnung Deutschlands solle durch den Beitritt der Deutschen in die Nato gewissermaßen überwacht werden, hatte die französische Regierung die Europäische Verteidigungsgemeinschaft erfunden. Nach ihrem Scheitern akzeptierte man als Notlösung genau das, wogegen man die Verteidigungsgemeinschaft, die militärische Integration zu sechst in Europa, hatte errichten wollen, die Aufnahme Westdeutschlands nämlich in das atlantische System. Es handelte sich dabei so sehr mehr um militärische Unterstellung unter die Nato als um gleichberechtigte Beteiligung, daß es keine wirklich nationale deutsche Armee gab, denn sie sollte über kein unabhängiges Kommando verfügen.

Daß die Wiederbewaffnung nicht begeistert aufgenommen wurde, lag großenteils an der Abruptheit der ideologischen Kehrtwendung. Die Alliierten hatten gegen den Nationalsozialismus und Militarismus Krieg geführt. Das Hauptziel der Besatzung lag in der Auslöschung des einen wie des anderen. Indem sie Waffen ablehnten, bewiesen junge Deutsche die richtige demokratische Einstellung. Nun sollte plötzlich die Akzeptanz von Waffen demokratische Gesinnung belegen, und lehnte man dies ab, machte man sich unterbliebener Solidarität, wenn nicht sogar des Verrates schuldig.

Dieser Tatsache ist es großenteils geschuldet, daß der Pazifismus in Deutschland so dauerhaft und stark war. Die Vergangenheit erlaubte es jedenfalls nicht, auf Begriffe wie Nation oder Vaterland zurückzugreifen, um die Existenz einer militärischen Streitkraft zu rechtfertigen. Die Brüder und Väter von vielen waren für «Führer, Volk und Vaterland» gestorben. Das Leben durfte nur noch für die Verteidigung der Freiheit aufs Spiel gesetzt werden, wenn man nicht gleich den Wehrdienst aus Gewissensgründen verweigerte. Der Soldat sollte auch Bürger sein, die Armee insge-

samt eine Bürgerarmee. Weder die Ausbildung der Offizie-
re durch die *Innere Führung*, noch die Existenz eines
Wehrbeauftragten des Bundestags, der Funktionsweise und
Geisteshaltung der Streitkräfte kontrollierte, waren es, die
für die demokratische Verfaßtheit garantieren sollten – es
war der Wehrdienst selbst durch sein Bestehen. Daher
mußte die Entscheidung Jacques Chiracs aus dem Jahre
1995, den Militärdienst in Frankreich abzuschaffen, die
deutsche Regierung so sehr schockieren, umso mehr als es
im Vorfeld entgegen der eigentlichen partnerschaftlichen
Verabredungen keine Absprache oder auch nur Informationen gegeben hatte. In Frankreich ist das Ende dessen, was
einst als Zusammenhalt, als «Kitt» des republikanischen
Volkes angesehen wurde, kaum diskutiert worden. In
Deutschland beeinflußt die staatsbürgerliche Fundierung
des Wehrdienstes weiterhin die Entscheidungsträger, während die Vorbehalte im Ausland gegen ein deutsches Berufsheer praktisch verschwunden sind, und vor allem die
Nützlichkeit von Wehrpflichtigen in Zeiten, wo militärische Einsätze fern von der Heimat stattfinden, gering erscheint.

Die Situation der deutschen und der französischen Armee ähneln sich in der Tat recht stark, wobei die Problematik beim Einsatz der Streitkräfte außerhalb der eigenen
Grenzen unterschiedlich ist. Die Aufgaben nehmen ständig
zu, während immer weniger Männer und Ausrüstung zur
Verfügung stehen. Zwischen 1990 und 2001 ist der Vertei-
digungshaushalt in Deutschland von 57,5 Milliarden Mark
auf 46,9 Milliarden Mark zurückgegangen. Der Anteil an
Investitionen sank von 18,5 auf 11,2 Milliarden Mark. Die
Streitkräfte umfassen nur noch 360 000 Mann, darunter
120 000 Soldaten, die ihren zehnmonatigen Wehrdienst ab-
leisten. Für die Zukunft schlug Verteidigungsminister
Scharping vor, auf 285 000 Mann zu reduzieren, von denen
85 000 Wehrpflichtige einen neunmonatigen Wehrdienst

verrichten sollen, während eine Reformkommission unter Vorsitz des ehemaligen Bundespräsidenten von Weizsäcker 30 000 Wehrpflichtige vorsah, die in einer Armee von insgesamt 240 000 Mann zehn Monate Wehrdienst verrichten. Warum also weiterhin einen kleinen Teil der Jugend zu den Waffen rufen, umso mehr als sie nicht ins Ausland geschickt werden können, außer sie verpflichten sich freiwillig? Die französische Armee befand sich im übrigen ebenfalls in dieser Situation.

Die Bundeswehrstreitkräfte waren ursprünglich dazu gedacht, die Grenze gegen einen eventuellen russischen Überfall zu schützen und bei der Verteidigung eines europäischen oder atlantischen Bündnispartners unterstützend zu wirken. Das Auseinanderbrechen von Jugoslawien, weitere Aktionen im Rahmen von verschiedenen Missionen auf anderen Kontinenten warfen die Frage nach Einsätzen außerhalb der Nato-Zone auf. Als Blauhelme der UNO oder Militärbeobachter, bei humanitären Einsätzen und Minenräumungen – es gab oder es gibt deutsche Soldaten in Bosnien, im Kosovo, in Mazedonien, im Persischen Golf, in Somalia und Kambodscha, in Osttimor und in Ruanda. Um an einer Militäraktion im Ausland teilzunehmen, bedarf es der Genehmigung durch den Bundestag. Im Oktober 1998 hatte noch der alte Bundestag fast einstimmig seine Zustimmung zur Beteiligung an einer Nato-Streitkraft zum Schutz der Beobachter im Kosovo gegeben. Nach dem 11. September 2001 haben CDU und CSU heftig die Art und Weise kritisiert, wie die Beteiligung an den Kämpfen in Afghanistan beschlossen wurde, während sich die deutsche Regierung, ganz wie die USA, auf die UNO-Resolution 1368 stützte, die Militäreinsätze gegen den Terrorismus genehmigt, ohne jedoch das Taliban-Regime ausdrücklich beim Namen zu nennen.

Nato und UNO: existiert demzufolge kein wirklich europäisches Militärsystem? Es ist wichtig, hier «Militär» und nicht «Verteidigung» zu sagen, um die Gefahr zu vermeiden, die beiden ständig miteinander zu verwechseln. Für ein Land wie die Schweiz sind Militär- und Verteidigungspolitik ein und dasselbe. Für Frankreich, Deutschland und das gemeinschaftliche Europa indes schließt Militärpolitik zwar Verteidigung ein, hat aber einen weiteren, darüber hinausgehenden Aspekt, den des Gebrauchs – oder der Androhung des Gebrauchs – militärischer Mittel zur Durchsetzung politischer Ziele. Nun ist es dem gemeinschaftlichen Europa niemals gelungen, diese Ziele zu definieren. Einige Fortschritte wurden in Hinsicht auf den Zusammenschluß von Streitkräften erzielt, angefangen bei der deutsch-französischen Brigade und dem Beginn einer Integration im Rahmen der Westeuropäischen Union (WEU). Als es aber darum ging, im ehemaligen Jugoslawien einzugreifen, mußte man feststellen, daß man ohne die materielle Unterstützung der USA nicht viel ausrichten konnte. Die Nato ruhte bei diesem Unternehmen nicht auf zwei Pfeilern, von denen einer europäisch war, sondern diente gewissermaßen als Deckmantel für die Aktionen der Europäer, als Mittel, amerikanische materielle Unterstützung nicht als solche darzustellen, wobei die Resolutionen der Vereinten Nationen die höchste Rechtfertigung bildeten.

Für den Krieg gegen den Irak hatten die USA die Nato um Unterstützung gebeten, und Großbritannien sowie Frankreich waren mit dem angenehmen Gefühl angetreten, endlich wieder einmal bevorzugte Verbündete zu sein, wohingegen Deutschland sich damit begnügte, Finanzmittel zur Verfügung zu stellen. Für Afghanistan entschied die amerikanische Regierung einen Alleingang, wobei sie von anderen Ländern lediglich Unterstützung akzeptierte. Wofür war denn die Nato da? Und angesichts der begeisterten und überall gern zur Schau getragenen nationalen Unterstützung von Tony Blair konnte man sich außerdem die Frage stellen, ob trotz aller französisch-britischen und deutsch-französischen Versuche ein militärisches Europa existiert, ja ob es jemals existieren würde. Es trifft allerdings auch zu, daß die multinationale Struktur der Nato immer ein ziemlicher Mythos gewesen ist. Darin liegt einer der Gründe, warum de Gaulle 1966 den spektakulären Austritt aus der gemeinsamen Militärstruktur vollzog (ohne jedoch die politische Struktur zu verlassen). Erreichen deutsche Generäle hohe Kommandofunktionen in der Organisation und bezieht die deutsche Presse daraus einen gewissen Stolz, so sei daran erinnert, daß bereits in den fünfziger Jahren in den Büros der Nato ein Stempel existiert, der die Buchstaben AEO – «American eyes only» trug.

✳ ✳ ✳

Das militärische Europa ist in der Realität also sehr begrenzt. Trotzdem ist die Europäische Union sowohl bei militärischen Konflikten vertreten als auch bei Versuchen, zerstörten oder aufgrund blutiger Auseinandersetzungen destabilisierten Regionen politisch und wirtschaftlich wieder auf die Beine zu helfen. Mehr als einmal und besonders für Afghanistan bewahrheitete sich der ironische Ausspruch «US fights, UN feeds, EU funds» – Die Vereinigten Staaten kämpfen, die Vereinten Nationen sorgen für Nahrungsmittel und die Europäische Union bezahlt, wobei im ehemaligen Jugoslawien die USA noch nicht einmal gekämpft haben. Indessen haben zahlreiche Persönlichkeiten in kreativer Weise an der Befriedung mitgewirkt. Nur selten haben Deutsche in ihrem Land dafür Ruhm geerntet. Der ehemalige christ-demokratische Postminister Christian Schwarz-Schilling, ebenfalls ehemaliger Vorsitzender des Bundestagsunterausschusses für Menschenrechte, war so von 1995 bis 1998 sehr nutzbringend als Streitschlichter in Bosnien-Herzegowina eingesetzt. Der ehemalige sozialdcmokratische Bürgermeister von Bremen, Hans Koschnick, kurbelte 1994 und 1995 als Administrator im Auftrag der Europäischen Union den Wiederaufbau der fast gänzlich zerstörten Stadt Mostar an. Beider Leistung wird in Deutschland nicht angemessen wahrgenommen. Und als es dem Botschafter Michael Steiner im März 2001 gelang, im Auftrag der EU die schroffen Gegensätze zwischen den Parteien in Pristina zu besänftigen und damit den Weg für eine friedliche Bildung einer Koalitionsregierung im Koso-vo freizumachen, interessierten sich die Medien bereits nicht mehr dafür, während es kurz zuvor an bissigen Kommentaren nicht gemangelt hatte: hatte sich der Kanzler nicht von seinem Berater in außenpolitischen Fragen trennen müssen, weil dieser eine beleidigende Haltung gegenüber dem Bodenpersonal eines Flughafens angenommen hatte?

Geeint ist die Gemeinschaft jedoch seit langem gegenüber der restlichen Welt in einem nicht gerade unbedeutenden Bereich, dem des Handels nämlich. Die Art, wie Pascal Lamy im Auftrag der EU 2001 Verhandlungen führte, war anscheinend zur Zufriedenheit aller. Die Verdienste des Belgiers Jean Rey, vierunddreißig Jahre zuvor, haben kaum Erwähnung gefunden. Er hatte so ausgezeichnet die Interessen der Sechser-Gemeinschaft während der sogenannten «Kennedy round» 1966 und 1967 zu vertreten gewußt, daß er anschließend zum Präsidenten der Kommission ernannt wurde und Glückwünsche von de Gaulle erhalten hatte, der eigentlich sonst wenig erbaut war, wenn jemand anders im Namen Frankreichs sprach.

Seit einem halben Jahrhundert ist es üblich, daß alles unternommen wird, um die Hindernisse beim freien Welthandel zu beseitigen. Dabei ist richtig, daß der Handel seit dem Mittelalter ein wesentliches Element der wirtschaftlichen Entwicklung ist. Nieder also mit Kontingentierung, Zollgebühren, Subventionen für Produktion oder Export, allen

Hindernissen beim freien Fluß der Waren, hinsichtlich der unbeschränkten Ausdehnung der Unternehmen! Das Problem liegt darin, daß alle Welt Tricks anwendet, angefangen bei den USA, deren protektionistische Praktiken immer zahlreich waren, ohne allerdings jedesmal so spektakulär zu wirken wie die im Jahre 2002 auf Stahlimporte verhängten Strafzölle.

Deutschland sieht sich selbst schon lange als Spitzenreiter bei der wirtschaftlichen Durchlässigkeit der Grenzen an. Es müßte demzufolge den Ankauf deutscher Unternehmen durch ausländische Konkurrenten erleichtern, so wie es sich über deutsche Übernahmen im Ausland freut. Durch ein kompliziertes System, das die Banken mit einbezog, wurden solide Hindernisse errichtet, die ausländische Unternehmen an Übernahmen hinderten. Offiziell lief alles nach einem Verhaltenskodex ab, der die Regeln des richtigen Verhaltens festschrieb. Dann löste im Herbst 1999 jedoch das «feindliche» Übernahmeangebot des britischen Unternehmens Vodafone an Mannesmann Alarm aus. Die Schröder-Regierung ergriff sodann die Steuermaßnahme, die zwar den Haushalt des Jahres 2002 so sehr belasten sollte, die Konzentration großer Unternehmen auf die Aktivitäten in ihrem Hauptgeschäft aber erleichterte. Für Veräußerungsgewinne aus Beteiligungsverkäufen wurde Steuerfreiheit erlassen. Aber würden die Ankäufe nicht von ausländischen Unternehmen getätigt werden? Diese Frage führte zu einem deutschen Einlenken in Brüssel. Zwölf Jahre lang hatte man eine Richtlinie über Firmenübernahmen verhandelt. Als sie endlich vom Rat verabschiedet war, unterbreitete man sie dem europäischen Parlament zur Zustimmung. Trotz Eingreifen des Vermittlungsausschusses zwischen dem Parlament und den Regierungen, von denen sich alle außer einer mit dem Beschlußtext einverstanden zeigten, erreichte dieser am 3. Juli 2001 nur 273 Stimmen, bei 273 Gegenstimmen! Die Stimmengleichheit zog eine

Ablehnung nach sich, worüber man sich in Deutschland sowohl auf Seiten der Regierung als auch beim BDI, dem Bundesverband der deutschen Industrie, sehr freute. Die Ablehnung hatte jedoch zwei offensichtlich negative Folgen. Zum einen erschien Deutschland, trotz aller anders lautenden Argumentationen, in einem protektionistischen Licht, zum anderen meinte man vor allem durch das Abstimmungsverhalten der deutschen Abgeordneten, ob sie nun Christ- oder Sozialdemokraten waren, die Ängste vor einem deutschen Mißbrauch der hohen Anzahl der Sitze, die ihnen dank der Bevölkerungsanzahl zustehen, bestätigt zu sehen.

Doch war diese Affäre nicht als geringfügig zu bezeichnen im Vergleich zu der Unterstützung, welche die protektionistische Agrarpolitik der Gemeinschaft von Seiten der Deutschen ständig erhält? Eine auch von Frankreich stets hartnäckig und teils heftig verteidigte Politik. Deutschland hat sich insbesondere das schlechte, auch von den Landwirten vorgebrachte Argument zu eigen gemacht, wonach es Subventionen für den Export erlauben, arme Länder zu einem niedrigeren Preis zu ernähren, während doch die Einfuhr billiger europäischer Produkte ein Hemmnis für die Entwicklung der lokalen Produktion darstellt.

Gleichzeitig hat Frankreich Deutschland zu einer Politik der Besteuerung und Kontingentierung verleitet, die dafür gesorgt hat, daß die Europäische Gemeinschaft viermal durch die Schiedsstellen und die Welthandelsorganisation verurteilt worden ist. Die Banane steht im Mittelpunkt eines Konfliktes, den es schon bei der Unterzeichnung der Römischen Verträge im Jahre 1957 gab und der sich mit der Wiedervereinigung verschärft hat, da die Ostdeutschen große Liebhaber dieses nahrhaften und eigentlich billigen Produktes waren. Die Franzosen argumentierten, man solle die Einfuhr von Bananen aus denjenigen Ländern schützen, wo die Arbeiter angemessen bezahlt würden, was für die

Importe aus zentralamerikanischen Ländern, die in der Hand großer, die Arbeitskräfte ausbeutender US-Gesellschaften liege, nicht gelte. Ein zusätzliches Problem ist dabei, daß die geschützten und teuersten Importe vor allem aus den ehemaligen französischen Kolonien oder den französischen Departements in Übersee kommen, aber auch aus Jamaika.

Ist es unrechtmäßig, zwischen den Ländern, die Unterstützung benötigen, eine Auswahl zu treffen? Die Gemeinschaft hatte, als sie nur sechs Mitglieder umfaßte, diese Frage verneint, zumal Großbritannien und Belgien ebenfalls ehemalige Kolonialmächte waren. Von 1957 an gewann die Sechser-Gemeinschaft Länder und Gebiete in Übersee als Partner. Die Assoziierungsabkommen von Jaundé (Kamerun) im Jahre 1963 und 1969 wurden durch die Gründung eines Europäischen Entwicklungsfonds begleitet. In der Zeit der vier Abkommen von Lomé (Togo), die zwischen 1975 und 2000 geschlossen wurden, wuchs die Anzahl der sogenannten AKP-Länder (die Staaten Afrikas, des karibischen Raumes und des pazifischen Ozeans) auf 71 an. Sie gelangten in den Genuß eines asymmetrisch angelegten Systems, da sie zum einen Zollerleichterungen erhielten, um ihre Waren nach Europa zu exportieren, und zum anderen europäische Importe besteuern durften, außerdem noch finanzielle Unterstützung bekamen. Nach und nach haben die allgemein angestrebte Liberalisierung durch die diversen Abkommen der GATT, die 1996 zur Welthandelsorganisation wurde, und vor allem die Notwendigkeit für die Deutschen, dem ehemals kommunistischen Europa zu Hilfe zu kommen, die Ausgangslage verändert. Soll deshalb jegliche strukturelle Entwicklungshilfe für arme Länder aufgegeben werden? Ob es sich nun um Bananen oder irgend ein anderes Produkt handelt, in der öffentlichen Auseinandersetzung in Deutschland hat man sich diese Frage fast nie gestellt.

Dagegen hat das gemeinschaftliche Europa, ob es nun in politischer, militärischer oder wirtschaftlicher Hinsicht sei, häufig zu deutsch-französischen Spannungen geführt, was die Haltung gegenüber den Amerikanern betrifft. Die psychologischen Grundlagen sind in den beiden Ländern nicht dieselben. De Gaulle ist in Frankreich weder zu seiner eigenen Zeit noch nachträglich dafür kritisiert worden, daß er den USA unverbrüchliche Unterstützung bei Bedrohung zusicherte, wie es besonders 1962 während der Kuba-Krise der Fall war, ihnen aber sonst starke Opposition entgegenbrachte, die den Anspruch auf Unabhängigkeit von der amerikanischen Dominanz einlösen sollte. Allgemein gesagt mögen viele Franzosen die USA, wenn man von Lafayette spricht, der General Washington zur Seite gestanden hatte («da waren sie noch klein, und wir haben ihnen geholfen»), und verabscheuen es, über den Marshall-Plan zu sprechen («da waren wir schwach, und sie haben unsere wirtschaftliche Wiedergeburt möglich gemacht, das ist unverzeihbar»). Einen angenehmen Klang hatte zudem die von Stolz geprägte und gleich zweifach falsche Behauptung von François Mitterrand vor der UNO im September 1983: «Frankreich verfügt selbst über die Waffen zu seiner Verteidigung. Nicht mehr und nicht weniger als das.» «Nicht mehr» vernachlässigte die Solidarität mit den Partnern, «nicht weniger» unterschlug den unverzichtbaren amerikanischen Atomschutzschild.

In der Bundesrepublik hingegen war trotz der stark antiamerikanischen Haltung eines Teils der pazifistischen Linken die Dankbarkeit gegenüber den USA stets vorhanden, sowohl für den Wiederaufbau durch den Marshall-Plan und die Verteidigung von West-Berlin, als auch für den dauerhaften Schutz gegenüber der sowjetischen Macht. Mehr Unabhängigkeit für Europa? Sicherlich. Ein mächtiges Europa? Ein hervorragendes Ziel. Aber nur dann, wenn das Erreichen der einen oder der anderen Option nicht einfach darin bestand, in Opposition zur USA zu treten. Bereits 1963 hatte die deutliche Absicht de Gaulles, Adenauer zwischen Paris und Washington wählen zu lassen, den Bundestag dazu gebracht, eine vernichtende Präambel für dasjenige Gesetz zu verabschieden, das die Unterzeichnung des Elysee-Vertrages erlaubte. Auch im Jahre 2002 wird jegliche französische Initiative, die darauf abzielt, daß die Europäische Union eine gewisse Distanz zu amerikanischen Positionen entwickelt, in Deutschland mit Argwohn betrachtet, als sei sie Zeichen eines tiefverwurzelten Antiamerikanismus. Aus Paris gesehen zeugt die deutsche Haltung dagegen von Unterwerfung oder zumindest von Verzicht. Deutlicher als Kanzler Schröder hat Joschka Fischer seit 1998 den Willen zum Ausdruck gebracht, sich nicht von der Seite der USA zu lösen – bis zu jenem Moment, als im Frühjahr 2002 die gesamte Europäische Union Präsident Bushs Unterstützung für die kontraproduktive Politik von Sharon und seiner Regierung nicht mehr hinnehmen konnte.

Die USA und ihre Einstellungen stehen aber in Deutschland wie in Frankreich im Zentrum der Debatte um Globalisierung, die man im Französischen «mondialisation» nennt. Die Leidenschaften der Franzosen schlagen dabei höher, die deutschen Diskussionen sind häufig besonnener. Die Unterstützung der Gegner der Welthandelsorganisation, von denen die Zerstörung dieses Steuerungsinstrumentes gefordert wird, ist in Deutschland weniger ausgeprägt, selbst wenn das Netzwerk ATTAC 2002 deutsche Unterstützung erhalten konnte. In Deutschland gibt es keine Gestalt wie den wohlhabenden Schafherdenbesitzer José Bové, den Held der Antiglobalisierung, der seine gesamte Milch an Roquefortproduzenten verkauft, die immer mehr vom Weltmarkt leben. Selbst der Kult um den wirtschaftlichen Liberalismus gerät jedoch angesichts der dramatischen Konsequenzen der ideologischen Vorgehensweise des Internationalen Währungsfonds und der Weltbank ins Wanken. Seitdem er nicht mehr an der Spitze des Internationalen Währungsfonds steht, predigt der Franzose Michel Camdessus einen ethischen Kurswechsel. Dem Deutschen Horst Köhler, der 1998 seine Nachfolge angetreten hat, wird vorgeworfen, durch seine unnachgiebigen Forderungen die soziale Krise in Argentinien und anderswo beschleunigt zu haben.

In beiden Ländern entdeckt man, in welchem Maße der Freihandel sowie die Handlungsfreiheit der internationalen Unternehmen kreativ und destruktiv zugleich sein können. Man sucht umso mehr einen Kompromiß zwischen der Ausräumung von Handelsbarrieren und Hemmnissen einerseits und der Notwendigkeit eines Minimums weltweiter Steuerung andererseits, als die Opfer sich nicht nur auf weit entfernten Kontinenten befinden. Ende 2001 entdeckte man, daß sich die Führungskräfte eines riesigen Unternehmens wie ENRON ungeheure persönliche Gewinne verschaffen konnten, wobei sie Aktionäre und Angestellte ruinierten, umso mehr als diese sowohl um ihre Gehälter als auch um das Geld für ihre künftigen Renten, das sie dem Unternehmen anvertraut hatten, gebracht wurden.

Der systematische Antikapitalismus war 1990 fast verschwunden. Die ausschließliche Leidenschaft für den entfesselten weltweiten Kapitalismus ist nun ihrerseits dabei, sich rapide abzuschwächen. Selbst im vereinigten Deutschland, obwohl es ja weitgehend im Namen des Wirtschaftsliberalismus vereinigt wurde. Daß diese Regelungen und Kontrollen benötigt werden, wird nun auch von seinen leidenschaftlichsten Verfechtern anerkannt.

Anders und doch gleich

Unterscheidet sich die «Berliner Republik» von der «Bonner Republik»? Natürlich, aber in vielerlei Hinsicht wird eine Kontinuität gewahrt, die bedeutender als die Veränderungen erscheint. Mein erstes, 1953 erschienenes Buch hieß *L'Allemagne de l'Occident (Das Deutschland des Westens)*, weil die Bundesrepublik dem von den drei westlichen Alliierten besetzten und beherrschten Teil Deutschlands entsprach, im Gegensatz zur Sowjetunion und ihrem Teil Deutschlands. 1985 bedeutete der Buchtitel *L'Allemagne en Occident,* der in der deutschen Übersetzung im selben Jahr als *Das Deutschland im Westen* beibehalten wurde, daß diese Bundesrepublik voll und ganz Bestandteil der europäischen und transatlantischen westlichen Welt war. Vier Jahre später schien diese Vorstellung durch die Wiedervereinigung hinfällig geworden zu sein. Diese hat indes durch Erweiterung der Bonner Demokratie den bereits bestehenden psychologischen und gesellschaftlichen Schwierigkeiten lediglich neue Probleme hinzugefügt. Der Vergleich zwischen vorher und nachher verweist auf mehr Beständigkeiten als Brüche. Hat das vereinte Deutschland im Ausland zusätzliche Macht und vermehrte Einflußmöglichkeiten gewonnen? Oder hat die Notwendigkeit, im Inland für Gleichberechtigung der Länder der ehemaligen DDR zu sorgen, einen dauerhaften Schwächezustand mit sich gebracht?

Die systematisch Mißtrauischen unter den Franzosen haben nur die erste der beiden genannten Möglichkeiten sehen wollen. Ihnen genügte es, die neue europäische

Landkarte zu betrachten, um fortan einen neuerlichen deutschen Traum von Vorherrschaft zu unterstellen. Deutsche, die davon träumten, traf man so gut wie gar nicht, aber was hieß das schon, weil *diese Deutschen* noch nicht die Ansprüche kannten, die die Geopolitik unausweichlich in ihnen wecken würde. Die geistige und politische Revolution indes, als notwendige Konsequenz von 1990 angekündigt, läßt auf sich warten. Die provozierende Formulierung vom November 1989, «Die Mauer ist gefallen. Ein Toter ist zu beklagen: Jacques Delors» hat seit der Einführung des Euro jeglichen Sinn verloren – außer man stellt in Frankreich glücklicherweise immer seltener anzutreffende Überlegungen an, wie z. B. «Die europäische Einigung verzögert sich? Na klar, weil die Deutschen in aller Ruhe die anderen mit ihrer neu hinzugewonnenen Macht als Nation dominieren wollen. Sie beschleunigt sich? Na klar, weil die Deutschen ihre Dominanz den anderen gegenüber aus dem Innern der Europäischen Gemeinschaft heraus verstärken wollen!»

Auch der Gebrauch des bestimmten Artikels ist rückläufig. *Die* Deutschen und *die* Franzosen haben einem differenzierteren Verständnis von der Wirklichkeit Platz gemacht: «Es gibt Deutsche, die ... während andere Deutsche nicht ....», «es gibt Franzosen, die ... während andere Franzosen nicht ...»

Diese doppelte Differenzierung läßt jeden Vergleich ständig spannender, zugleich aber auch schwieriger werden. Bis zu dem Punkt, wo jegliche Äußerung schnell in Zweifel gezogen werden kann. Mit Überzeugung brachte ich so stets vor, daß die brutale Gewalt an Schwachen aufgrund deren Schwäche eine deutsche Eigenheit sei, wohingegen die Rechtsverletzungen durch organisierte soziale Gruppen eine französische Besonderheit bilde. Nun erfährt man allerdings, daß Jugendliche und Heranwachsende in Frankreich schutzlose bzw. geistig behinderte Klassenkameraden grausam gequält haben, mit dem einzigen Beweggrund, sich am Leiden anderer zu ergötzen. Im übrigen ist die These Daniel Goldhagens, nur Deutsche hätten sich von ganz normalen Menschen in Schlächter verwandeln können, durch die Aufdeckung furchtbarer französischer Gewalttaten im Algerienkrieg 1954–1962 weiter geschwächt worden.

Es war üblich geworden, daß die Deutschen, aus eigenem Antrieb oder wegen des erhobenen Zeigefingers von anderen, ständig zurückblickten und sich um die Inhalte ihres eigenen «kollektiven» Gedächtnisses besorgten. Aber auch in Frankreich ist die Sorge um die Vergangenheit heute zu einem immer stärker werdenden Anliegen geworden. Dabei geht es nicht um die ruhmreiche Geschichte, vergangene Größe, die den Eindruck eines anhaltenden Niedergangs Frankreichs entstehen läßt, sondern um die finsteren Zeiten und schlimmen Taten, von denen sich viele Franzosen zunehmend verfolgt und gequält fühlen. Vier Jahre Vichy-Frankreich scheinen mehr Interesse auszulösen als ein halbes Jahrhundert Nachkriegsgeschichte, ausgenommen die Jahre des Algerienkrieges. Der Masochismus treibt Blüten, ohne daß jedoch eine zu große Ähnlichkeit mit der deutschen Situation entstehen könnte.

«Auferstanden aus Ruinen/Und der Zukunft zugewandt». So begann die Nationalhymne der DDR, die später, da sie von der Einheit sprach, von den Machthabern verboten wurde. In Deutschland und Frankreich hat man, so scheint es, mehr Mühe als anderswo und insbesondere in den USA, sich von der Vergangenheit abzuwenden, eher von Zukunftsprojekten zu sprechen als rückwärtsgewandt Reue zu zeigen. Obwohl beide Länder im Laufe der letzten Jahrzehnte ungeheuer große und bezüglich der meisten Dinge recht ähnliche Veränderungen erlebt haben.

Einige stark vereinfachende Unterscheidungen bleiben dennoch möglich. So besteht im Gegensatz zur französischen Tendenz, sich selbst zu überschätzen, in Deutschland weiterhin die Neigung zur Selbstzerfleischung und zum Selbstmitleid. Weithin bekannt ist der belgische Witz, der als Antwort auf alle in Frankreich so beliebten und verbreiteten Witze über Belgien gelten darf: «Wie wird man am besten reich? Kaufen Sie Franzosen, für was sie wert sind und verkaufen Sie sie, für was sie sich wert dünken!» Stolz scheint in Deutschland verpönt zu sein, sich ungerecht behandelt zu fühlen ist dagegen weithin angeraten. Trotz allem treffen manche französische Jungmanager bei der Arbeit in Deutschland auf herablassende Deutsche, während manche Deutschen in vergleichbarer Situation in Frankreich mit ständigen Nörglern zu tun haben.

Es gibt Bereiche, wo nationale Identifizierungen leicht erscheinen. Die Verteidigung der französischen Sprache findet nicht nur im Namen der Frankophonie, die großenteils ein Mythos ist, statt. Hunderttausende Franzosen nehmen an den im Fernsehen direkt übertragenen, kollektiven Diktaten von Bernard Pivot teil und können sich für die Grammatikrubrik ihrer Lieblingszeitung begeistern. In Deutschland hat eine von oben verordnete, absurde und teilweise lächerliche Rechtschreibreform zu einem unglaublichen Durcheinander geführt. Unter den hochgeachteten Zeitungen besteht keine Einigkeit, welche Rechtschreibung, die neue oder die alte, anzuwenden sei. Die Grundschullehrer befinden sich in der Zwickmühle, die Verleger von Wörterbüchern wollen keine Umkehr, um ihre Produktion nicht noch einmal umstellen zu müssen. Gleichzeitig ist bei beiden Sprachen international ein ähnlicher Niedergang festzustellen. Die Franzosen täuschen sich, wenn sie glauben, in Prag oder Budapest sei das Deutsche wieder übermächtig geworden: die jüngeren Generationen haben sich dem Englischen verschrieben!

Indes besteht tatsächlich ein Identitätsunterschied in bezug auf den Status und die Bedeutung beider Länder im internationalen Zusammenhang. Frankreich und Deutschland sind ebensowenig Großmächte wie Großbritannien, weil nur noch eine einzige Großmacht existiert. Sie sind auch keine «Mittelmacht», ein Begriff ohne große Bedeutung. Durch seinen ständigen Sitz im Sicherheitsrat der Uno und sein Vetorecht, durch die weitere Präsenz auf dem afrikanischen Kontinent und durch die Manie, sich immer und überall als besonders wichtig auszugeben, behält Frankreich einen internationalen Rang, der dem Land, an seiner Macht und selbst an seinem Einfluß gemessen, nicht notwendigerweise zusteht.

Deutschland übt sich in manchmal vorgespiegelter, meistens reeller Bescheidenheit. Der ständige Sitz im Sicherheitsrat wird ohne großen Nachdruck gefordert. Ideal wäre es, wenn Frankreich und Großbritannien auf ihre Sitze verzichten würden und für eine gemeinsame europäische Außenpolitik ein oder zwei gemeinsame Sitze im Sicherheitsrat zur Verfügung stünden! Für Deutschland gilt, sich unter Staaten zweiten Ranges zu behaupten, auf einer Höhe mit Frankreich und Großbritannien zu sein, ohne jedoch auf eine Selbstbeschränkung zu verzichten, die jede Überheblichkeit, jedes Machtstreben gegenüber kleineren Staaten auszuschließen vermag. Deutschland ist in Wirklichkeit ein kleinerer «wirtschaftlicher Riese» als man gedacht hätte. Es ist – aber war es jemals in dieser Rolle seit den sechziger Jahren? – auch kein «politischer Zwerg» mehr, wobei auch keinerlei Anspruch auf eine Rolle als politischer Riese zu verspüren ist. Das beste deutsche Werk über die fünfzig Jahre Außenpolitik der Bundesrepublik, das von Helga Hafendorn, trägt einen anfechtbaren Titel, weil es künstliche Alternativen aufbaut: die internationale Politik Deutschlands hätte sich «zwischen Selbstbeschränkung und Selbstbehauptung» entwickelt. In Wirklichkeit verhindert Selbstbeschränkung keineswegs Selbstbehauptung.

In seiner Neujahrsansprache 2002 gab Kanzler Schröder

seiner Freude über die bevorstehende Einführung des Euro zunächst mit recht prosaischen Überlegungen Ausdruck: «Wir werden alle morgen dabei sein, wenn Geschichte geschrieben wird. Wir erleben dann den Anbruch einer Zeit, von der Menschen in Europa jahrhundertelang geträumt haben: Grenzenlose Reisefreiheit und Bezahlung in einer gemeinsamen Währung.» Er fügte aber hinzu: «Wir haben in den vergangenen Jahren lernen müssen, daß die Weltgemeinschaft von Deutschland mehr erwartet als bisher (…) Es ist uns nicht mehr gestattet, abseits zu stehen.»

Damit spielte er auf militärische Einsätze an. In höherem Maße hätte er über die Notwendigkeit finanziellen Engagements auf dem europäischen Kontinent und anderswo sprechen können. Mit solchen Worten erweckt man aber nicht den geringsten Enthusiasmus. Das dominierende Merkmal der deutschen öffentlichen Meinung besteht vielmehr in dem Wunsch, bei größtmöglichem Wohlstand in aller Ruhe leben zu können, unbehelligt von den tiefgreifenden Veränderungen auf dem Kontinent und in der Welt nach 1990. Sicher bin ich mir nicht, ob jene Haltung, die ich 1975 in meiner Dankesrede für den Friedenspreis des Deutschen Buchhandels anprangerte, abgelegt worden ist: «Wenn man mir 1945 gesagt hätte, dreißig Jahre später würde ich den Deutschen vorwerfen, keine Weltpolitik haben zu wollen, so wäre mir das doch als Witz oder als eine Provokation vorgekommen. Und doch: so gut die Einsicht sein mag, daß man keine Großmacht mehr ist, daß die Welt anders als am deutschen Wesen genesen soll, so unerfreulich wäre die Abdankung, die Flucht aus der Verantwortung, die für eine der größten Wirtschaftsmächte der Welt darin bestehen würde, einfach zu sagen: ‹wir sind ja so klein! Laßt uns nur in Europa unseren Beitrag zum besseren Frieden leisten und ansonsten bereichernden Handel treiben. Amerika soll führen!›»

Aber warum gilt es, weltweit präsent zu sein, woanders

aktiv zu werden als im Innern der Europäischen Gemein-schaft? Warum ist es wichtig, gemeinsames europäisches Handeln in der Außenpolitik zu befördern? Sicherlich nicht nur, um den Nachschub von Erdöl und das Wohler-gehen der weltweit tätigen deutschen Großunternehmen si-cherzustellen. Führende Politiker und Parteien, Medien, Intellektuelle und Kirchen werden nicht müde, sich auf eine Moral zu berufen, die nach innen und nach außen wirksam werden soll. Gleiches läßt sich für die anderen europaischen Länder sagen. Der Europäische Gerichtshof für Menschenrechte spricht seine Urteile auf der Grundlage eines Textes, der auf eine Moral zurückgeht. Für die von den fünfzehn Mitgliedern der Europäischen Gemeinschaft in Nizza verabschiedete Charta gilt das gleiche, außer daß sie weniger einengend ist als die Charta der 43 Mitglieder des Europarates. Worin sollte also die deutsche Besonder-heit liegen?

Auf den ersten Blick zeichnet sich das internationale Ge-schehen durch dieselben Widersprüche und Heucheleien aus. Unterdrückungen, Lager, Gefängnisse und die Untaten gewisser Regimes werden verurteilt, während man bei an-deren beide Augen zudrückt. Wenn die Staats- und Regie-rungschefs gegenüber den chinesischen Machthabern sa-gen, man habe Verständnis dafür, daß sie auf der Grundlage «asiatischer Wertvorstellungen» handelten, legen sie sich keine Rechenschaft ab, daß sie damit die Leichen der auf dem Platz des Himmlischen Friedens massakrierten Stu-denten mit Füßen treten, die überlebenden Tibetaner belei-digen, die unzähligen, in ganz China in Lagern Inhaftierten einfach vergessen.

Es gibt nicht nur Heuchelei. Es existieren auch tatsäch-liche Unsicherheiten. Nicht nur bezüglich dessen, was man tun soll, sondern auch hinsichtlich von Einschätzungen, die man vornehmen muß. In einer bei der Deutschen Gesell-schaft für Auswärtige Politik im März 1995 gehaltenen

Rede warf Bundespräsident Roman Herzog eine Frage auf, die sich in allen «multikulturell» gewordenen Gesellschaften sowie der sogenannten «weltweiten Gesellschaft» stellt: «Wie weit geht eigentlich der ethische Kern, der allen Kulturen gemeinsam sein muß und wo beginnt der Bereich, in dem man jeder Kultur die eigene Gewichtung und Prioritätensetzungen überlassen muß?» Ob es sich nun um die Stellung der Frauen, die Grenzen der Toleranz gegenüber anderen Gemeinschaften, um das Verhältnis zwischen dem Recht des einzelnen oder dem der Gruppe geht, die Antwort ist nicht einfach.

In Frankreich dachte man, die Antwort verkörpere sich in der Idee von der Republik. Die Republik würde genau jenen zentralen Kern bilden, von dem Roman Herzog sprach. Eine Bestandsaufnahme würde sehr leicht die Grenzen aufzeigen, die der republikanischen Idee durch Regierungen und verschiedene gesellschaftliche Gruppen gesteckt werden. Und die kolonialen Eroberungen zwischen 1850 und 1950 haben wahrlich nicht zur tatsächlichen Anwendung republikanischer Prinzipien in den eroberten Ländern geführt.

In Deutschland liegt die Besonderheit anderweitig begründet. Die Bundesrepublik bleibt der einzige Staat in der Europäischen Union, der sich, wie wir gesehen haben, nicht auf die Idee der Nation, sondern auf eine politische Moral stützt. Seine Einheit hat sich auf der Grundlage dieser Moral vollzogen. Nach innen ist er ihr im großen und ganzen treu geblieben. Nach außen hin war er kaum in der Lage, ihre Anwendung durchzusetzen. Es kam sogar vor, daß der Leitartikler einer großen Wochenzeitschrift das Bestreben, die in Deutschland angewandten Werte in unterdrückerischen Staaten zur Anwendung gebracht zu sehen, als neuen Imperialismus bezeichnet hat, der kaum besser als der alte sei.

Seit 1990 ist in Deutschland und in bezug auf Deutschland häufig vom Begriff *Normalisierung* die Rede. Soll er lediglich bedeuten, daß Deutschland gänzlich ein Staat wie alle anderen geworden ist, handelt es sich um eine Selbstverständlichkeit. Geht es aber darum, die Moral, aus der er entstanden ist und die seine Entwicklung auch seit der Wiedervereinigung maßgeblich beeinflußt hat, in den Hintergrund treten zu lassen, sollte man innerhalb und außerhalb Deutschlands verkünden, die Normalisierung müsse darin bestehen, daß die anderen Staaten sich zu den deutschen Prioritäten bekennen würden, da diese auch die erklärten Prioritäten des gemeinschaftlichen Europas sind.

Die deutsche Nationalhymne, das heißt die dritte Strophe des *Deutschlandliedes*, für das Joseph Haydn mit dem «Kaiser-Quartett» eine so schöne musikalische Vorlage geliefert hat, verkündet eine Trinität, die dem französischen «Liberté, égalité, fraternité» («Freiheit, Gleichheit, Brüderlichkeit») gleichkommt: «Einigkeit und Recht und Freiheit». Der Unterschied bestand bislang in der Bedeutung, den der Gedanke der Nation in Frankreich annahm und der zu der Auffassung führen kann, daß alles, was die Nation unternimmt, per se der republikanischen Devise entspricht. Deutschland hat insgesamt, vor 1990 wie auch jetzt im Jahre 2002, in Achtung der Werte gelebt, die es sich gesetzt hat. Der Begriff der Einigkeit verweist eben darauf, daß über die beiden anderen Begriffe Einvernehmen besteht, ein Einvernehmen, das selbst bei den heftigsten Wahlkampfauseinandersetzungen nicht in Frage gestellt wird.

Politik und Zeitgeschichte

Verlag C. H. Beck München

Politik und Zeitgeschichte

Ralf Dahrendorf
Über Grenzen
Lebenserinnerungen
2002. 200 Seiten mit 25 Abbildungen auf Tafeln. Leinen

Fritz Stern
Das feine Schweigen
Historische Essays
Zweiter, unveränderter Nachdruck der 1999 erschienenen
1. Auflage 2000. 187 Seiten. Gebunden

Jan Philipp Reemtsma
«Wie hätte ich mich verhalten?»
und andere nicht nur deutsche Fragen
2001. 217 Seiten. Gebunden

Michail Gorbatschow
Über mein Land
Rußlands Weg ins 21. Jahrhundert
Aus dem Russischen von Norbert Juraschitz
2000. 232 Seiten. Gebunden

Rupert Neudeck
Die Menschenretter von Cap Anamur
2002. 315 Seiten mit 29 Abbildungen. Gebunden

Bernard Wasserstein
Jerusalem
Der Kampf um die heilige Stadt
Aus dem Englischen von H. Jochen Bußmann
2002. 432 Seiten mit 18 Abbildungen und 12 Karten. Gebunden

Verlag C. H. Beck München